高质量推进乡村振兴：
理论研究与江西实践

郑瑞强　张宜红　陈洋庚　著

中国农业出版社

北　京

图书在版编目（CIP）数据

高质量推进乡村振兴：理论研究与江西实践 / 郑瑞强，张宜红，陈洋庚著. —北京：中国农业出版社，2022.11

ISBN 978-7-109-30216-7

Ⅰ.①高… Ⅱ.①郑… ②张… ③陈… Ⅲ.①农村—社会主义建设—研究—江西 Ⅳ.①F327.56

中国版本图书馆 CIP 数据核字（2022）第 218359 号

中国农业出版社出版

地址：北京市朝阳区麦子店街 18 号楼

邮编：100125

责任编辑：赵 刚

版式设计：杜 然 责任校对：刘丽香

印刷：北京中兴印刷有限公司

版次：2022 年 11 月第 1 版

印次：2022 年 11 月北京第 1 次印刷

发行：新华书店北京发行所

开本：720mm×960mm 1/16

印张：19.25

字数：315 千字

定价：78.00 元

出版支持

国家社会科学基金一般项目（20BJL085）

江西省宣传思想文化青年英才计划（2019）

江西社科青年创新团队项目（22WT22）

江西省社会科学规划重点项目（21WT31、22ZXQH13）

江西省高校人文社科重点研究基地项目（JD21079）

江西省现代农业产业技术体系建设项目（JXARS－03）

　　摆在您面前的这本书，是江西省社科青年创新团队聚焦"巩固拓展脱贫攻坚成果，接续推进乡村全面振兴"主题取得的最新研究成果。为便于大家了解，这里简要向读者交代一下写作背景和问题聚焦、逻辑构设和研究方法，以及研究内容与主要结论。

　　脱贫攻坚战取得全面胜利，标志着我国创造了历史性消除绝对贫困的人间奇迹、第一个百年奋斗目标顺利实现。"十四五"时期，我国迈入全面推进乡村振兴新阶段，走上全面建设社会主义现代化国家、实现第二个百年奋斗目标新征程。恰逢百年变局加速演进、国际局势更趋复杂、改革开放继续深化等时代背景，系统探讨过渡期巩固拓展脱贫攻坚成果同乡村振兴有效衔接，对加快农业农村现代化步伐，促进农业高质高效、乡村宜居宜业、农民富裕富足有着特殊的重大意义。

　　江西是著名革命老区，是全国脱贫攻坚的主战场。经过波澜壮阔的脱贫攻坚战，全省25个贫困县全部摘帽，3 058个"十三五"贫困村全部退出，281万贫困人口全部脱贫，历史性解决了绝对贫困问题，交出了一份优异的脱贫攻坚成绩单，书写了人类减贫史上中国奇迹的江西篇章。立足新发展阶段，全面、完整、准确贯彻落实新发展理念，高质量推进江西巩固拓展脱贫攻坚成果同乡村振兴有效衔接工作，全面推进乡村振兴，要牢记习近平总书记的殷殷嘱托，聚焦"作示范、勇争先"目标要求，全面落实党中央、国务院关于实现巩固拓展脱贫攻坚成果同乡村振兴有效衔接的决策部署，准确把握江西乡村发展现实情况，将乡村振兴战略顶层设计与基层实践创新有机结合，探索出具有赣鄱特色的革命老区乡村振兴新路子，奋力打造新时代乡村振兴样板之地，绘就新时代乡村全面振兴的江西画卷。

　　研究聚焦过渡期乡村振兴战略要求与主攻领域，科学构设"如何巩固拓展脱贫攻坚成果？如何接续推进乡村振兴？如何高质量推进过渡期江西乡村振兴战略？"研究进路，依循"区域资源禀赋改善与乡村发展实践探索良性互动中促进农民农村共同富裕"的逻辑主线，时刻紧扣现实考察，明确全面推进乡村振兴的行为逻辑、重要任务、关键支撑、治理创新、技术赋能等理论内涵，比较借鉴典型区域推进乡村发展的路径探索经验，结合目标区域资源禀赋、比较优势和战略定位，深入思考有序推动乡村振兴特别是持续巩固脱贫攻坚成果、全面推进乡村"五大振兴"与"六大样板"打造、促进农民农村共同富裕的重要举措，有助于丰富区域发展和乡村振兴理论认知，消除制度屏障，促进乡村振兴和区域协调发展，提升乡村发展水平与民众福利水平。

围绕研究主题，全书涵盖时代背景、现实基础、行为逻辑、重要任务、关键支撑、固本强基、技术赋能、经验借鉴、守牢底线、创新探索、老区示范、未来展望共 12 个章节。研究人员在撰写过程中走到田间地头、工厂社区，参观项目现场、文化场馆，深入访谈基层干部群众，基于区域发展空间重构、资源禀赋改善与产业结构优化互动、促进农民农村共同富裕等视角，对于巩固脱贫攻坚成果同乡村振兴有效衔接工作进行理论剖析，针对江西特别是赣州革命老区构建乡村振兴新格局实践开展案例解读，同时对于调研过程中发现的粮食生产、数字乡村试点、高标准农田建后管护等重心工作，充分吸收基层干部群众宝贵建议，尝试提出涉及领域相关政策举措的完善建议。

从推动形成"双循环"新发展格局的时代背景上看，"双循环"新发展格局建设将通过打破传统固化的资源流动渠道和市场交易网络，立足国内国外两个市场尤其是强化内需激活，通过"不破不立"甚至"牺牲短期利益换取逐步赢得核心竞争优势基础上的长远优势"的发展思路，基于产业比较优势和竞争优势优化产业链和供应链，不断推进产业升级和区域高质量发展。本质意义上解读脱贫攻坚与乡村振兴之于脱贫人口和乡村发展的影响，重在改善与重构脱贫人口生计空间与乡村区域发展空间。推进巩固脱贫攻坚成果同乡村振兴有效衔接，需要加强两大系统转换与接续发展过程中资源配置、产业发展、社会治理、民生保障等领域的政策与机制创新。在巩固脱贫攻坚成果同乡村振兴有效衔接的关键过渡期，恰逢"双循环"新发展格局提出和推进实施，更是对于作为巩固脱贫攻坚成果同乡村振兴有效衔接重点领域的发展空间重构、实现稳定脱贫和乡村治理创新等领域带来诸多机遇与挑战，应善加整合资源，谋求协同推进。

从高质量解决区域整体贫困和群众绝对贫困的现实基础上看，江西持续发力巩固拓展脱贫攻坚成果工作，妥善做好过渡期政策平滑衔接，力促帮扶产业提档增效，多举措保障脱贫人口稳岗就业，推进搬迁扶贫人口生计持续改善，积极防范因灾致贫返贫，切实做好各类风险防范化解；统筹协调，强化培训指导，破解政策调整优化质量与实施风险；精准服务，加大资金投入，破解扶贫产业持续升级与农户稳定增收风险；赋能为基，完善就业支持，破解新冠肺炎疫情与能力约束带来的失业风险；协同发力，创新帮扶机制，破解搬迁劳动力就业不够稳定与配套产业抗风险能力弱的可持续发展风险；全面排查，完善就业支持，破解因灾致贫与因灾返贫风险。准确把握革命老区构建乡村振兴新格局的"全面深化改革"总基调，坚持以高质量发展为总领方向，以供给侧结构性改革为主线，着力破解基础设施建设瓶颈，实施创新驱动，促进关乎乡村发展的体制设计和制度设计，利城富乡，清除发展路上的"拦路虎"，注重形成相对均衡的利益格局，有机衔接新型城镇化与乡村振兴战略，持续增进乡村发展活力，在畅通要素流动中促进革命老区城乡融合，区际协作中推动城乡一体化协调发展，不断提高革命老区乡村群众的获得感和幸福感。

从资源配置优化与延续效应发挥的行为逻辑上看，有序推进和深入开展脱贫攻坚与乡村振兴两大战略的有机衔接，要基于战略目标倒逼分析各战略的重点任务，"从优化资源配置实现乡村高质量发展，更好满足人民日益增长的美好生活需要，更好推动人的全面发展、社会全面进步"的核心要求入手，从认知升华、行为驱动和资源效应发挥三个层面厘清脱贫攻坚与乡村振兴有机衔接行为的内在逻辑：减贫规律认知升华，是推进脱贫攻坚与乡村振兴有机衔接的重要前提；行为"外嵌"转向发展自觉，是推进脱贫攻坚与乡村振兴有机衔接的核心驱动；资源配置优化与延续效应发挥，是推进脱贫攻坚与乡村振兴有机衔接的基础支撑。打好全面脱贫与乡村振兴有效衔接的"接续战"，理论层面需要思考"一张蓝图"规划到底，做好机制接续；由特惠转向普惠，做好政策接续；推进产业可持续发展，做好产业接续；激发内生动力，做好观念接续；创新投入机制，做好要素接续。实践层面应深入贯彻落实新发展理念，科学分析"双循环"新发展格局影响，统筹编制"十四五"系列规划；接续推进精准扶贫、精准脱贫，构建相对贫困治理的长效机制，梯次推进城乡扶贫治理一体化；着力资源要素整合和区域发展联通，聚焦重点难点任务，扎实推进乡村振兴；强化领导体制，创新工作机制，重视现有帮扶力量衔接；畅通要素流动，优化乡村发展环境，促进城乡融合发展。

从积极实施乡村建设行动的重要任务上看，乡村振兴战略本质上反映的是国家与社会的关系，更为具体的是反映了国家意志与社会力量在乡村社会的互动。新时代乡村建设行动要以落实新发展理念、加快农业农村现代化和全面实现小康社会为价值引领，涵盖生态文明（环境政治、资源约束等）、经济发展（富民增收、产业融合等）、生活与文化（生活质量、文化传承等）、社会系统（社会管理、公共服务等）与政治系统（基层民主、组织制度等）等，通过政府、乡村群众、社会力量等多主体协同配合，逐步实现惠农（转变发展方式、优化产品供给和实现绿色发展等）、富农（持续稳定增收、产业结构优化与群众民生保障等）和强农（缩小城乡差距、产业竞争力提升和农村内生发展等）"三大"目标。系统探讨新时代乡村建设行动"培育积极公民，优化乡村治理；繁荣乡村文化，培育文明乡风；改善人居环境，完善公共服务；发展乡村产业，推动富民增收；促进开放合作，强化跨域协同"的政策意蕴，深入分析乡村建设行动"网络多维协同"治理格局建构、过程驱动机制健全、"泛社区化存在"的未来乡村建设等实践理路，预测性讨论乡村建设行动内生动力不足、关键领域工作缺乏实质创新、实绩考核高耗低效等行为风险及防范策略，有助于高质量推进乡村建设行动，全面推进乡村振兴。

从实现稳定脱贫与产业兴旺良性互动的关键支撑上看，空间演化与社会重构是相互影响的动态过程，脱贫攻坚和实施乡村振兴战略改变着传统的社会经济形态和空间生产。稳定脱贫，产业兴旺，推进乡村振兴，既着眼当前脱贫攻坚与乡村振兴有机衔接过渡期脱贫人口生计可持续发展与群众持续增收的瓶颈约束破解，又长远谋划城乡融合背景下乡村产业高质量发展和乡村治理水平现代化，以更好地解决乡村发展不平衡不充分问题和不断满足人民日益增长的美好生活需要。结合扶贫开发过程中逐步形成的"拓展发展新空间培育发展新动力，利用发展新动力开拓更广发展新空间"的新时代脱贫攻坚的全域空间发展思想，稳定脱贫的实现需要，脱贫人口生计空间与区域发展空间的协同耦合；思考乡村产业"要素型高速增长及结构性发展困境"，产业兴旺目标的实现需要转变打破传统经验主义发展模式，在更高层次、更广领域的异质空间融合中推进"要素组合优化驱动的高质量发展"。空间重构是脱贫攻坚和乡村振兴的重要抓手，强化稳定脱贫与产业兴旺同频共振，关联分析稳定脱贫和产业兴旺，核心是在"坚持产业扶贫是脱贫根本之策，要素增益是产业高质量发展之基"，揭示脱贫人口生计要素变化逻辑与驱动机制、比较优势视角下解构产业发展与区域要素禀赋互动关系，关注扶贫产业结构优化升级与居民生计方式转型联动。

从有序推进新时代乡村治理的固本强基上看，推动新时代乡村治理体系现代化，必须立足新时代村民最新诉求和乡村振兴战略发展的现实需要，注重乡村治理与经济建设、政治建设、社会建设、文化建设和生态建设之间的有机联系，创新丰富"三治融合"内涵及载体，以整体性思维提升乡村治理综合水平，坚持党总揽全局、协调各方，建立健全涵盖组织体系、内容体系、运行体系、保障体系的现代化乡村治理新体系，共同助推实现新时代乡村治理体系现代化。从脱贫攻坚到乡村振兴，需要传承贫困治理的宝贵经验，推进乡村治理的衔接与转变。脱贫攻坚时期积累的贫困治理经验包括：突出精准治理，密切了党群干群关系；促进"社会参与"，共建多元的贫困治理格局；巧用"科技"构筑扶贫大数据，提升贫困治理效能；建立了简约高效的组织领导体系，强化了组织与政治保障。进入乡村振兴新阶段，乡村治理面临新使命，需要破除"等、靠、要"思想、拓展治理的内涵、调和城乡价值冲突、改善乡村公共服务。新时代乡村治理要夯实治理共同体、增强基层治理活力，从贫困型治理向发展型治理转变，从技术治理向价值治理转变，从总体性治理向服务型治理转变等路径应对挑战，进而实现衔接转变。

从积极实施数字乡村建设的技术赋能上看，数字乡村建设发展利用技术赋能释放出均等化的市场机会，重新统筹城乡关系，并使得多元化、大众化的主体共同参与到乡村振兴中，可有效提升乡村发展内生动力，发挥信息惠农的作用。高质量推进新时代数字赋能未来乡村发展，需要明确未来乡村在推进共同富裕进程中形成"城乡互利共生"态势、健全高质量发展机制中增进"要素组合优化"水平以及全面深化基层治理改革中实现群众"高品质生活"追求的发展逻辑，进而有效协调数字赋能未来乡村发展进程中政府主导推动引领与乡村主体主动承接、技术影响单一规范与社会治理复杂多变等关系，辩证思维数字赋能未来乡村发展的关键影响，厘清赋能行为的施动主体、承接领域与工作重心等关键问题，突出发展场景引领，力求政策均衡及保障有效，促进数字技术与未来乡村发展良性互动，推动数字赋能未来乡村发展行稳致远。

共同富裕是社会主义的本质要求，是中国式现代化的重要特征，要坚持以人民为中心的发展思想，在高质量发展中促进共同富裕。党的二十大报告指出：全国推进乡村振兴，坚持农业农村优先发展，巩固拓展脱贫攻坚成果，扎实推动乡村产业、人才、文化、生态、组织振兴，这为中国广袤农村发展和亿万农民对美好生活的向往擘画了新坐标、描绘了理想蓝图，系统审视巩固拓展脱贫攻坚同乡村振兴有效衔接过渡期江西乡村振兴实践，切实回应基层干部群众普遍反映的"一个实践困惑"，以及如何实现持续稳定增收、民生服务改善和扶持政策优化等"三类突出问题"，聚焦"作示范、勇争先"目标要求，科学研判乡村振兴战略要求和区域功能定位，应坚持以乡村高质量发展为主题，深入实施"一网覆盖、三链牵引、五动赋能"战略。第一，连带成网，加快构建赣风鄱韵现代化秀美乡村振兴网络。第二，三链牵引，协同推进江西乡村产业发展、乡村建设、乡村治理工作：一是筑牢"党建链"，牵引乡村治理品质提升；二是整合"服务链"，牵引高水平乡村建设；三是提升"产业链"，牵引高价值乡村产业。第三，五动赋能，努力在高质量推进革命老区乡村振兴工作上作示范：一是持续深化农村综合改革，释放乡村发展动能；二是加快补齐农村数字短板，提高乡村智治水平；三是始终坚持服务引领乡村发展，营造长期稳定可预期的发展环境；四是持续促进农民稳定增收，夯实革命老区共同富裕基础；五是尽快明确现阶段乡村振兴示范村（镇）、示范带（区）创建指标体系，为打造乡村振兴样板之地提供切实可行的参考依据，聚力打造保障粮食等重要农产品供给、巩固拓展脱贫攻坚成果、推动农业绿色发展、建设数字农业和数字乡村、改进乡村治理、深化农村改革"六大样板"，构建新时代乡村振兴新格局，奋力开创新时代乡村振兴建设新局面。

本研究认为：巩固拓展脱贫攻坚成果，全面推进乡村振兴，加快农业农村现代化，是需要全党高度重视的一个关系大局的重大问题。全面建设社会主义现代化国家，实现中华民族伟大复兴，最艰巨最繁重的任务依然在农村，最广泛最深厚的基础依然在农村。高质量推进乡村振兴，前提是做好巩固拓展脱贫攻坚成果同乡村振兴有效衔接，重点是推动产业发展、乡村建设和乡村治理工作提质增效，关键是契合时代特征找准乡村发展定位，核心要义是要立足乡村发展阶段性特征和区域禀赋，持续推动乡村全面深化改革，主动适应社会经济主要矛盾变化，转变乡村经济发展方式、优化乡村社会发展结构、转换乡村系统增长动力，兼顾乡村发展系统全要素生产率提高与公共资源配置效率提升，推动广袤乡村在"双循环"发展格局尤其是新型工农城乡关系重构中实现全面振兴，促成乡村在新的战略机遇期实现跨越式发展阶段的"转变再平衡"。总体表现为乡村发展活力得以全面激发，乡村发展系统实现结构性变革和能级跃升，通过全域性高质量发展逐步实现农业农村现代化，在全面推进乡村振兴中高效满足人民日益增长的美好生活需要，促进农民农村共同富裕。

立足新发展阶段，完整、全面、准确贯彻新发展理念，高质量推进乡村振兴与促进农民农村共同富裕互为基础和前提，高质量乡村振兴是促进农民农村共同富裕的根本途径，农民农村共同富裕是高质量乡村振兴工作的核心目标，在高质量乡村振兴中促进农民共同富裕是目标与手段的有机统一。面对在全面推进乡村振兴中促进农民共同富裕过程中存在的乡村产业转型升级困难、益农增收利益联结机制松散、乡村发展支撑要素保障能力不强、生态产品市场价值实现方式亟待创新、传统乡村治理体系难以适应、民生服务供给提升空间较大等诸多障碍，要始终坚持党的全面领导，坚持以人民为中心，致力于高质量发展，强化顶层设计，突出创新驱动，做好五个领域的工作：推进产业发展"双融合"，打造高能级产业体系；勇于集成式惠民改革，增进高浓度创新策源能力；畅通拓宽"两山"双向转化通道，推进高标准绿色发展；进一步强化精致服务，全力营造乡村高水平发展环境；促进均衡优质发展，创新高品质人民生活。

在本书出版之际，要特别感谢全国哲学社会科学规划办公室和江西省社会科学界联合会的资助，还要衷心感谢为这项课题研究活动的顺利开展提供了大力支持和帮助的中共江西省委宣传部、江西省乡村振兴局、江西省农业农村厅、江西省社会科学院、中共江西省委党校、浙江省乡村振兴局、山东省乡村振兴局、南昌大学经济管理学院、江西师范大学新苏区振兴研究院、江西财经大学经济学院、华东交通大学人文社会科学学院、中国社会科学院农村发展研究所、中国农业大学经济管理学院、浙江大学中国新农村发展研究院、华南农业大学经济管理学院、江西农业大学经济管理学院、贵州大学哲学社会科学研究院、中国人民大学农业与农村发展学院、南京农业大学经济管理学院、四川大学经济学院、西北农林科技大学经济管理学院、吉林农业大学经济管理学院、华中农业大学经济管理学院、三峡大学经济管理学院、河海大学公共管理学院等单位及工作人员以及配合我们调研的城乡居民朋友们，尤其是相关领域各位专家给予的理念启示、思路引导、调研机会等对于研究开展、结果论证与成果转化弥足珍贵。没有他们的支持、指导和帮助，本项研究是难以顺利完成的。

研究开展期间，我们共在《江西社会科学》《内蒙古社会科学》《华中农业大学学报（社会科学版）》《云南民族大学学报（哲学社会科学版）》《江西日报（理论版）》等 CSSCI 源刊及权威报刊发表论文 12 篇；参加中国社会学会学术年会、全国乡村振兴论坛、中国高质量发展西部论坛等全国性学术会议 10 余次并进行了论坛发言。同时，围绕研究主题，积极向当地政府建言献策、服务区域发展，共提交乡村振兴政策建议 15 份，9 件政策建议获得省级领导肯定性批示，部分政策建议被政府职能部门采纳，参与课题调研的研究生撰写的相关调研报告亦在国家级调研赛事中获奖。公开发表的论文得到较多关注，政策建议切合实际，成果转化取得较好成效。

由于我们自身知识结构和学术水平的限制，本书的分析研究肯定存在不妥之处，衷心希望能得到大家的批评和指教，以期推动这一领域的研究不断走向深入。

著　者

2022 年 10 月 27 日

目 录 □□□□□□□□□□□□□□□□□□□□

第1章

时代背景：推动形成"双循环"新发展格局

☆ 主要观点 ☆

（1）"双循环"新发展格局是以全球视野、辩证思维来对未来中国经济发展空间进行的新的历史定位。推动形成"双循环"新发展格局的关键在于"破而后立"，转危为机，于变局中开新局；着眼高质量发展理念引领，资源传递优化和核心竞争力获取视角下思考"双循环"新发展格局战略内涵，主要表现为通过促进商流、物流、信息流、资金流等"流"的作用疏通、畅通传统产业链供应链的"堵点、痛点"，灵活整合和优化配置资源，突破体制藩篱和空间区隔，聚焦核心技术创新与市场需求挖潜提升，双向提高两侧（供给侧和需求侧）市场竞争力，增进国家和区域发展的动态协调发展能力。

（2）基于全球视野和资源要素交流视角，系统思考我国"构建国内国际双循环相互促进的新发展格局"战略，既是改善发展环境、转变危机的现实举措，更是破解当前发展"不平衡不充分"主要矛盾的长远考虑："双循环"新发展格局建设将通过打破传统固化的资源流动渠道和市场交易网络，立足国内国外两个市场尤其是强化内需激活，通过"不破不立"甚至"牺牲短期利益换取逐步赢得核心竞争优势基础上的长远优势"发展思路，基于产业比较优势和竞争优势优化产业链和供应链，不断推进产业升级和区域高质量发展。

（3）本质意义上解读脱贫攻坚与乡村振兴之于脱贫人口和乡村发展的影响，重在改善与重构贫困人口生计空间与乡村区域发展空间。推进巩固脱贫攻坚成果同乡村振兴有效衔接，需要加强两大系统转换与接续发展过程中资源配置、产业发展、社会治理、民生保障等领域的政策与机制创新，在巩固脱贫攻坚成果同乡村振兴有效衔接的关键过渡期恰逢"双循环"新发展格局提出和推进实施，更是对于作为巩固脱贫攻坚成果同乡村振兴有效衔接重点领域的发展空间重构、实现稳定脱贫和乡村治理创新等领域带来诸多机遇与挑战，应善加整合资源，谋求协同推进。

当今世界百年未有之大变局加速演进，国际形势发生着深刻变化，国内改革发展稳定任务艰巨繁重。为了应对经济社会发展的不确定性，国家提出了"构建国内国际双循环相互促进的新发展格局"战略，做出了我国进入新发展阶段的科学论断，为"十四五"时期经济社会发展谋篇布局，对于全面建成小康社会、开启全面建设社会主义现代化新征程中的乡村振兴等战略实施带来机遇和挑战。脱贫攻坚与乡村振兴是国家两大战略，脱贫攻坚要解决现有标准下的农村贫困人口的脱贫问题，贫困县全部摘帽，解决区域性贫困问题，为实现第一个"百年目标"补齐短板；乡村振兴是党的十九大科学研判农业农村发展形势基础上做出的重大战略部署，优先任务是打好脱贫攻坚战，核心要义是推动实现农业农村现代化，为实现第二个"百年目标"夯实基础。处在两大战略的政策叠加期、历史交汇期，基于推进农业农村现代化发展目标引领，着眼"双循环"新发展格局背景系统谋划促进两大战略的有效衔接问题，明确"双循环"新发展格局建设影响，可有效促进过渡期两大战略有效衔接及其与"双循环"新发展格局建设良性互动。

1.1 "双循环"新发展格局的提出与战略内涵

逆全球化势头下的贸易保护主义、新冠肺炎疫情冲击等多重因素影响使得全球经济持续萎缩，全球产业链和供应链受到强烈冲击并进入重构阶段，全球对外贸易投资发展压力骤增。面对复杂严峻的经济社会发展形势，在科学研判和准确把握我国"外贸依存度高、高能级产业链和产业链高附加值环节竞争力弱、内需市场广阔和国内大循环基础趋于牢固"等特征的基础上，国家提出"构建国内大循环为主体，国内国际双循环相互促进的新发展格局"战略，这既是贯彻新发展理念实现高质量发展的内在要求，更是促进全球经济复苏和社会秩序稳定的积极探索。2020 年 8 月习近平总书记在经济社会领域专家座谈会上的讲话中指出，"推动形成以国内大循环为主体、国内国际双循环相互促进的新发展格局。这个新发展格局是根据我国发展阶段、环境、条件变化提出来的，是重塑我国国际合作和竞争新优势的战略抉择。"习近平总书记强调，"新发展格局绝不是封闭的国内循环，而是开放的国内国际双循环。"① 深刻理解和把握"双循环"新发展格局战略丰富内涵，对于思考和推进未来经济社会领域工作非常重要。

作为"不断扩大内需""畅通国民经济循环、促进形成强大国内市场"等重大方针的升华②，"双循环"新发展格局是以全球视野、辩证思维来对未来中国经济发展空间进行的新的历史定位。聚焦"双循环"新发展格局理论要义，共识性的认知是：推动形成"双循环"新发展格局的关键在于"破而后立"，转危为机，于变局中开新局；着眼高质量发展理念引领，系统审视和重构传统经济社会发展秩序，以期提高资源配置效率和获取核心竞争优势，更好满足和实现人民对于美好生活的向往，分析维度多选择内需为主、技术创新、市场体系、内外循环相互促进、积极开发等领域③。在资源传递优化和核心竞争力获取视角下思考"双循环"新发展格局战略内涵，主要表现为通过促进商流、物流、信息流、资金流等"流"的作用疏通、畅通传统产业链供应链的"堵点、痛点"，灵活整合和优化配置资源，突破体制藩篱和空间区隔，聚焦核心技术创新与市场需求挖潜提升，双向提高两侧（供给侧和需求侧）市场竞争力，增进国家和区域发展的动态协调发展能力。

1.1.1　促进核心技术创新，加速高能级产业链建设与完善

长期起来，消费、投资和净出口是我国经济发展的主要驱动力，尤其是1978年改革开放以来，我国充分利用具有比较优势的廉价劳动力、低成本土地、优惠政策甚至在初期是超国民待遇的政策支持等发展要素，大量国外投资以及附着其上的技术、管理等被引进，完善了产业体系，加速了工业化进程，使得我国短时间内能够参与并逐步融入全球产业链中低端环节。期间国民财富大大增加，我国国内生产总值由1978年的3 645亿

---

① 习近平. 在经济社会领域专家座谈会上的讲话 [M]. 北京：人民出版社，2020.

② 蔡普华. 推动内外双循环实现良性互动 [N]. 联合时报，2020-08-25.

③ 甄新伟. 从五个维度深刻理解"双循环"战略内涵 [N]. 第一财经日报，2020-08-20.

元增至 2021 年的 1 143 670 亿元、人均国内生产总值由 1978 年的 381 元增至 2021 年的 80 976 元，外贸依存度也由 1978 年的 9.8% 增至 2021 年的 31.3%。但当前多数产业具有高附加值的服务环节"两头在外"，亦即多数处于产业链"微笑曲线"中段低值环节，产业发展水平与具有较高竞争力的面向产品全生命周期的全新服务模式相比还有较大距离。针对我国产业发展"两端要素流通趋紧、中段产业生产趋同"的特征，国家在持续深化供给侧结构性改革的基础上提出和部署"双循环"新发展格局战略，短期内或因资源短缺、外部市场萎缩、内需不足等原因导致产能相对过剩基础上的产业竞争态势更趋激烈。依据市场竞争优势获取理论，虽不乏低端产业"局部塌陷"的风险，但着眼长远分析参与竞争的企业等市场主体，理性视角下市场主体将会在现状竞争状态下整合资源并用于技术创新、服务升级等领域，以科技创新催生新发展动能，提升产业链水平，以免在竞争中因比较优势丧失而被淘汰，通过内强自身、外联高端，逐步走向和占据区域产业网络中心位置与产业链高端环节，获取更高超额利润并且显著提高资源配置效率，在促进产业结构优化升级的同时也将大大提升我国产业在国际环境下的市场竞争力。

1.1.2 深耕国内市场与拓宽国际市场，提高民众福利水平

国家推动实施"双循环"新发展格局战略，根本在于高标准市场化体系建设，促进形成强大国内市场，持续释放内需潜力，积极拓宽国际市场；底气源自于我国已经形成的较为完整的现代产业体系和由 14 亿人口为基数的庞大消费市场。鉴于区域发展水平、产业梯度转移及资源禀赋差异等因素影响，加之市场体系建设水平的参差不齐，区域间要素顺畅交流和要素等值交换很难实现，较为直接的表现为收入分配差距较大，分工精细化基础上的劳动力价格不高且收入不稳定。正如李克强总理在 2020 年十三届全国人大三次会议闭幕后的记者会上披露的信息，"中国是一个人口众多的发展中国家，我们人均年可支配收入是 3 万元人民币，但是有 6 亿中低收入及以下人群，他们平均每个月的收入也就 1 000 元左右"[1]，因

---

① 新华社. 李克强总理出席记者会并回答中外记者提问 [EB/OL]. http://www.gov.cn/gongbao/content/2020/content_5517496.htm.

此，扎实做好"六稳""六保"尤其是采取增加就业机会、提高就业质量等方式促进民众增收是深耕国内市场的基础，通过复工复产推动居民消费回升、构建多元化投融资模式支持扩大公共消费等全方位激活内需。在贸易壁垒下"出口高增长"即将结束的转型期，调整产业结构，扩大内需，建立一个以国内循环为主的新格局需要放松经济管制[①]，注重为市场主体提供开放有序的发展环境，激活市场主体活力，实现"发展环境友好——高质量产品和服务提供——有效需求增加——产业结构（尤其是就业弹性大的服务产业）优化升级——市场竞争力增强——企业收益和劳动力价格双提升、消费者需求得到有效满足"的良性循环，亦即减税让利激活民间社会活力、调节收入分配稳定社会秩序以及增加财政转移支付惠及民生等举措无疑将成为"双循环"新发展格局建设题中应有之义。同时基于传统优势基础不断强化产业转型升级，提升和畅通产业链，巩固和提高我国在全球产业链和供应链的位置，努力稳定国外市场，亦可在一定程度上为高水平国内循环格局建设与完善提供资源支撑和赢得缓冲时间，协同推进国内国际双循环相互促进的新发展格局战略实施。

1.2 "双循环"新发展格局对于脱贫攻坚同乡村振兴有效衔接的机遇与挑战[②]

本质意义上解读脱贫攻坚与乡村振兴之于脱贫人口和乡村发展的影响，重在改善与重构脱贫人口生计空间与乡村区域发展空间。基于全球视野和资源要素交流视角，系统思考我国"构建国内国际双循环相互促进的新发展格局"战略，既是改善发展环境、化解危机的现实举措，更是破解当前发展"不平衡不充分"主要矛盾的长远考虑：构建"双循环"新发展格局，将通过打破传统固化的资源流动渠道和市场交易网络，立足国内、国外两个市场尤其是强化内需激活，通过"不破不立"甚至"牺牲短期利

① 郑秉文. 不设增速目标与保就业：应对危机的良性循环市场化改革新路子 [J]. 保险研究，2020（6）：3-19.

② 郑瑞强，等. "双循环"格局下脱贫攻坚与乡村振兴有效衔接的进路研究 [J]. 华中农业大学学报（社会科学版），2021（3）：19-29.

益换取赢得核心竞争优势基础上的长远优势"发展思路，基于产业比较优势和竞争优势优化产业链和供应链，不断推进产业升级和区域高质量发展。推进巩固脱贫攻坚成果同乡村振兴有效衔接，需要加强两大系统转换与接续发展过程中资源配置、产业发展、社会治理、民生保障等领域的政策与机制创新。在巩固拓展脱贫攻坚成果同乡村振兴有效衔接的关键过渡期，恰逢"双循环"新发展格局提出和推进实施，对于作为巩固脱贫攻坚成果同乡村振兴有效衔接重点领域的发展空间重构、实现稳定脱贫和乡村治理创新等领域带来诸多机遇与挑战，要善于整合资源，谋求协同推进。

1.2.1 益于城乡发展空间重构，乡村资源承接转化能力仍需提升

高质量发展是区域均衡、产业体系健全、生态优势彰显、民间活力激发、群众生活水平提升的全面发展。决胜全面建成小康社会、决战脱贫攻坚进程中，乡村发展水平和城乡融合水平稳步提高，城乡要素交流愈加畅通，城乡协同发展状态下的生态、土地、房屋、劳动力等乡村资源禀赋优势凸显，尤其是乡村产业高质、多态、高值化发展使得国民经济产业链和供应链中乡村融入水平不断提高。"双循环"新发展格局战略就是要为我国经济可持续高质量发展找到相匹配的内源性动力和外向型动力，并有序提高两种动力之间自主可控、安全高效的灵活转换机制①。由于"二元"经济结构影响，城乡居民收入水平和消费支出差距明显，农村居民的边际消费倾向高于城镇居民边际消费倾向，因此挖掘国内需求潜力，必须有效启动广阔的农村市场。要让农村居民"敢消费、愿消费"，促增收强保障是前提，收入分配体制改革是核心。"双循环"新发展格局战略推进将以继续深化供给侧结构性改革为重要任务，扩大有效投资，优化稳定产业链，既强化出口拉动，又重视本地市场效应。对于乡村发展而言，围绕重点产业链、带动性强的大中型企业、重大投资工程项目以及有序推进以智慧基础设施为代表的新型基础设施建设等财政投资将明显增加，教育与技能培训、医疗卫生、就业创业和高标准市场体系建设等公共服务水平将大为提高，区域内部或区际之间的产业链各环节整合优化和产业转型升级步

---

① 王济光. 加快形成双循环相互促进的新发展格局 [N]. 人民政协报，2020 - 08 - 27.

伐加快等，诸多行为的背后是涌动的资源与变化的发展秩序，人力、资本、技术和管理等要素的变化影响和重构着脱贫人口生计空间和乡村区域发展空间。耗散结构理论表明，系统从原来的平衡态逐渐演化到新的平衡态，需要不断与外界交换物质和能量，并通过内部的作用产生自组织现象，使系统从原来的无序状态自发转变为时空上和功能上的宏观有序状态①。脱贫攻坚同乡村振兴有机衔接中，需要强化资源的承接转化能力，对于"双循环"新发展格局战略带来的资源投入与政策调整，能够准确把握变换的发展环境，敏锐感知和捕捉政策信息与资源流向，抓好人才队伍建设，分阶段梯次推进，有效"吸收"，着力脱贫攻坚和乡村振兴的重点任务高效"转化"，实现系统稳定有序基础上的产出最大化。差异化的资源承接转化能力将会影响和决定乡村发展水平，如浙江省湖州市创新农业"标准地"破解农业发展用地难题，不仅增加了集体资产和就业岗位，降低了经营主体成本，而且促进了乡村产业规模化发展和高效化经营，也为全国农村一二三产融合发展用地破题提供了经验镜鉴②。

1.2.2　益于巩固拓展脱贫攻坚成果，相对贫困治理问题仍需重视

"双循环"新发展格局，直面传统行政区划下"区域性竞争"发展战略带来的"地区分割""区域间产业结构雷同"等负面影响，面向国内国外多样化、个性化的市场需求，刀刃向内，通过"对于地理上分散的资源按照集中在一起的情况来看待和处理，将并行的活动联系起来而不是将任务集成，围绕结果而不是任务进行组织，提高产业社会化水平，尽可能让使用流程最终产品的人参与流程的进行"③ 等形式，开展区域和产业发展的组织再造和流程再造。"双循环"新发展格局强调市场在资源配置中起决定性作用和更好发挥政府作用，基于动态能力提升视角，对于传统资源流向、产业组织、政策体制等进行有机协调，通过流程再造和组织再造，

---

① I. Prigogine and P. M. Allen. The Challenge of Complexity，Self Organization and Dissipative Structures [M]．University of Texas Press，Austin，1982：9.

② 马牧青．浙江湖州出让首宗农业"标准地"破题农村发展用地改革 [EB/OL]．http：//www. zj. chinanews. com/jkzkj/2020 - 06 - 09/detail - ifzwytza7962461. shtml.

③ Hammer M. Reengineering Work：Don't Automate，Obliterate [J]．Harvard Business Review，1990，68（4）：104 - 112.

打破现行体制内组织区隔和组织内体制区隔，将提升国家和区域发展中的动态能力作为业务流程再造的载体，同时又把业务流程再造视作动态能力的外在表现，实现"双循环"新发展格局下资源观念、组织系统理念、商业运作模式等发生根本性转变，更好适应市场化、全球化和网络化发展趋势的冲击。国内国外发展资源的循环畅通，为资源要素等值和顺畅交流提供了前提和基础，贫困人口因其所在发展环境动态能力提升，与其关联的政府部门、带贫企业、合作社、家庭农场及其他帮扶主体也将从发展意识、市场竞争行为能力、发展主体间协作中全方位受影响，灵活的发展观念、逐步提高的生计可行能力、拓宽的就业渠道和致富门路、日益增长的劳动力等要素价格以及以区域发展水平提升为基础上的民生保障改善等，夯实了脱贫人口稳定脱贫的基础。

"双循环"新发展格局下，区域动态能力提升也会在一定程度上增加系统发展风险，如区域市场失序、企业倒闭、部门社会政策失控等，涵盖贫困人口在内的弱势群体在相关负面影响发生时首当其冲：综合素质与技能水平不高，导致失业风险骤增，贫困户收入水平降低与消费支出相对增加，生计脆弱型脱贫人口和略高于贫困标准的"边缘户"面临返贫风险，收入型贫困与支出型贫困现象并存。持续"减少贫困人口的绝对数量"以及做好由广大低收入群体组成的相对贫困治理工作成为接续减贫的重点任务，相对贫困治理所要解决的不只是基本生存问题，更多的是发展问题以及发展成果的共享问题；不仅要持续解决收入上的相对贫困，还要着力解决多维的相对贫困；不仅要尽力减少相对贫困人口，还要努力缩小贫富差距，着力构建长效机制，不断提升相对贫困治理的能力和水平[①]。

1.2.3 益于新型城乡关系建设，乡村治理现代化创新仍需加强

亚当·斯密认为，城市和农村是一种依存关系，城乡之间是一种基于产业分工而形成的互为市场的互利关系，是一种通过人的活动形成和维系的存在于城市和乡村两种实体之间的关系[②]，体现为要素流动形成的发展

---

① 农民日报评论员. 把解决相对贫困纳入乡村振兴战略 [N]. 农民日报，2020-09-02.
② 亚当·斯密. 国民财富的性质及其原因的研究 [M]. 王亚南，译，北京：商务印书馆，2014：145-147，178-200.

系统间共生交互与"空间关系"重组过程①。受力于传统二元经济社会结构尤其是城市偏向政策的长期影响，城乡发展不平衡矛盾突出，影响区域协调和民众共享发展。随着城乡一体化与城乡融合推进，城乡协调、互惠共生的新局面正在逐步形成，"双循环"新发展格局旨在通过各种"流"（人员、资金、信息、商品等）紧密城乡关联，立足于"生产—发展—生活"发展视角，通过要素市场改革、基础设施改善、民生保障健全、制度政策创新等，逐步改善城乡基础设施的非均衡性、城乡公共服务体系的非包容性、城乡生产方式的非开放性、城乡空间布局的非协调性和城乡生活形态的非共享性②，推进形成共建共治共享的"对称互惠共生"的城乡关系，为实现稳定脱贫和乡村振兴提供坚实保障。实现城乡非均衡发展向融合发展转变，需要协同推进"双循环"新发展格局、脱贫攻坚、乡村振兴和区域协调发展等重大战略，中心任务是完善乡村治理体系、提高乡村治理水平，如乡村党建与多元整合型乡村治理结构重构、村庄公共服务和居民自我服务水平改善、村级集体经济发展、城乡贫困治理一体化推进、乡村精神文明建设、城乡要素流动的社会管理机制建设等，逐步将扶贫开发和乡村振兴相关工作纳入到"双循环"新发展格局中统筹考虑，让贫困治理、乡村发展不平衡不充分的相关问题在区域整体发展进程中得到解决。

---

① Lefebvre. The Production of Space [M]. translated by Nicholson Smith, Oxford：Blackwell，1991：73.

② 杨发祥，杨发萍. 乡村振兴视野下的城乡关系研究 [J]. 人文杂志，2020（3）：119-128.

第2章

现实基础：高质量解决区域性整体贫困和群众绝对贫困

☆ 主要观点 ☆

（1）作为革命老区，江西始终坚持以习近平总书记关于扶贫工作的重要论述为根本遵循，牢记习近平总书记对江西脱贫攻坚的殷殷嘱托，传承红色基因，坚定初心使命，坚持人民至上，坚守政治担当，聚焦头等大事、一号民生工程，江西打造"五个一"模式、"三个环节"育实创业致富带头人队伍等一批经验做法，合力八年攻坚，江西如期完成了脱贫攻坚目标任务，25个贫困县全部脱贫退出，3 058个"十三五"贫困村全部退出，现行标准下346万农村贫困人口全部脱贫，消除了绝对贫困和区域性整体贫困。站在接续历史的更高起点上审视乡村发展，地处中部地区的江西，其乡村发展处于中间水平，在巩固脱贫攻坚成果同乡村振兴有效衔接的过渡期仍然具有人口总量大、收入水平整体不高、基础设施建设和公共服务供给总体水平较低等发展不均衡不充分的现象，在全面推进乡村振兴中促进农民农村共同富裕还存在着乡村产业发展质量亟待提升、乡村基础设施和民生领域欠账较多、农民主体意识不强、乡村发展环境有待进一步优化等问题。

（2）江西坚持以习近平新时代中国特色社会主义思想为指导，聚焦"做示范、勇争先"目标要求，立足新发展阶段，全面、准确、完整贯彻新发展理念，构建新发展格局，大力发扬脱贫攻坚精神，聚焦"巩固拓展"这个核心，扎实做好防止返贫动态监测和帮扶工作，确保不发生规模性返贫；聚焦"有效衔接"这个要求，着力打造新时代乡村振兴样板之地，促进"五大"振兴，实现农业高质高效、乡村宜居宜业、农民富裕富足，推动共同富裕取得更为明显的实质性进展。囿于当前乡村社会正在形成与以往不同的新特征，农民主体也在发生着与以往不同的新变化，应该在重视政府能力建设基础上，进一步提升农民主体性作用的空间。

（3）作为农业大省，江西推进高质量跨越式发展，全面建设幸福江西，农业、农村、农民是发展潜力和后劲所在，全面推进乡村振兴是全面建设幸福江西的重要任务和必由之路。聚焦保障粮食等重要农产品供给、巩固拓展脱贫攻坚成果、推动农业绿色发展、建设美丽乡村、改进乡村治理、深化农村改革等六大新时代乡村振兴样板，农业是幸福江西建设的重要基础，高质量发展理念引领的乡村产业体系、生产体系和经营体系构建至为关键；农村是幸福江西建设的重要阵地，良好的生态与营商环境、健全的社会治理和公共服务是重要保障；农民是幸福江西建设的重要主体，乡村现代化进程中农民持续稳定增收、逐步走向共同富裕则是打造新时代乡村振兴样板之地的根本追求。

江西是著名革命老区，是全国脱贫攻坚主战场之一。全省 100 个县（市、区）中，有原中央苏区县 54 个，贫困县 25 个，罗霄山片区县 17个。有"十三五"贫困村 3 058 个，其中深度贫困村 269 个。全省 2013 年底建档立卡贫困人口 346 万人，贫困发生率 9.21%（表 2-1）。党的十八大以来，江西遵照习近平总书记视察江西时提出的"在脱贫攻坚上领跑，不让一个老区群众在全面小康中掉队""脱贫攻坚战进入最后冲刺阶段，务必尽锐出战、越战越勇""要着眼长远，推进脱贫攻坚与乡村振兴相衔接，实现已脱贫人口的稳定脱贫，减少和防止贫困人口返贫"等重要要求，按照党中央、国务院和省委、省政府关于脱贫攻坚决策部署，依据"核心是精准、关键在落实、实现高质量、确保可持续"的工作方针，务实攻坚，历史性、高质量解决了区域整体贫困和群众绝对贫困。

表 2-1　江西脱贫攻坚基本信息表（2013—2020 年）

年份	贫困人口（万人）	江西贫困发生率（%）	国家贫困发生率（%）	中央下达财政专项扶贫资金（亿元）	省本级财政专项扶贫资金（亿元）	国家扶贫标准（元）	省级扶贫标准（元）
2013	346	9.21	8.5	11.34	7.28	2 736	2 736
2014	276	7.8	7.2	12.15	9.48	2 800	2 800

（续）

年份	贫困人口（万人）	江西贫困发生率（%）	国家贫困发生率（%）	中央下达财政专项扶贫资金（亿元）	省本级财政专项扶贫资金（亿元）	国家扶贫标准（元）	省级扶贫标准（元）
2015	200	5.7	5.7	14.07	12.43	2 968	2 855
2016	136.38	3.3	4.5	22.97	17.43	3 146	2 952
2017	87.54	2.37	3.1	26.44	26.63	3 335	2 952
2018	50.9	1.38	1.7	27.10	28.79	3 535	2 995
2019	9.6	0.27	0.6	30.81	33.45	3 747	3 218
2020	贫困人口全部脱贫			36.67	40.14	4 000	4 000

资料来源：课题组根据调研资料整理所得。

2.1 精准扶贫八年久久为功，坚决完成如期脱贫目标任务[①]

江西深入贯彻习近平总书记视察江西重要讲话精神，聚焦"做示范、勇争先"目标要求，牢记"要在脱贫攻坚上领跑"殷切嘱托，精准施策、尽锐出战，推动脱贫攻坚取得重大胜利。

2.1.1 坚持对标对表，推进决策部署走深走实

一是强化政治站位。江西省委、省政府始终把脱贫攻坚作为头等大事和第一民生工程，对标习近平总书记关于脱贫攻坚重要讲话指示精神和做到"六个精准"、实施"五个一批"、解决"四个问题"重要要求，系统跟进学习，制订"核心是精准、关键在落实、实现高质量、确保可持续"方针，定期调度推进，确保决策部署全面深入贯彻落实。二是强化责任压实。健全"省负总责、市县抓落实、乡镇推进和实施"机制，各级党政一把手落实扶贫开发领导小组"双组长"制，各地各部门深入实施"精准帮扶十大行动"。三是强化作风攻坚，深化扶贫领域腐败和作风问题专项治

[①] 本章资料的时间段为2013—2020年。信息源自课题组调研及省农业农村厅、省乡村振兴局及各地市乡村振兴公开披露资料。内容刊载：郑瑞强，等. 脱贫攻坚经验总结及成果巩固策略研究——以江西为例 [J]. 农林经济管理学报，2020（5）：634－642.

理，构建重遏制、强高压、长震慑的纪律氛围。聚焦打造懂扶贫、能帮扶、作风硬的扶贫干部队伍，仅2018—2020年三年就举办培训班12 979期、培训136.43万人次。四是强化严考实督。坚持最严考核，坚持常态督导，实现对各县（市、区及功能区）全覆盖，深入基层乡村，既督导发现问题，又指导解决问题。

2.1.2 坚持精准施策，推进攻坚举措落地落实

一是全面兜牢脱贫保障。教育扶贫实行"双负责"制，完善控辍保学，2013年以来对贫困家庭学生1 263.18万人次发放资助资金。健康扶贫统筹基本医保、大病保险、医疗救助和补充保险，2 259个县域内定点医疗机构均实现"先诊疗后付费"和"一站式"结算，1 686个定点乡镇卫生院均开通门诊统筹。危房改造紧盯识别关、鉴定关和管控关，累计投入资金完成26万户贫困户危房改造。饮水安全着力提升农村自来水普及率、供水保证率和水质达标率，累计建设农村饮水工程3 600多处，解决和巩固96.7万贫困人口安全饮水保障。二是全面增强发展动能。产业扶贫培育产业基地、龙头企业、合作社、致富带头人等新型扶贫经营主体，扶贫资金占产业投入比例逐年提高到2019年33.4%、2020年44.5%，73万户贫困户获得产业扶持，光伏扶贫电站扶贫规模达153.58万千瓦。就业扶贫深化"6+1"模式，2013年以来组织贫困劳动力培训32.52万人次。搬迁扶贫实现"十三五"时期13.47万人全部入住，安置点周边建设近600个扶贫车间和400余个产业基地促进发展产业、务工就业，886个集中安置点成立社区管理机构406个、纳入村（居）委会管理480个。三是全面加强攻坚投入。每年选派1 000余名科技特派员，实现贫困村全覆盖，依托省市县乡近万名指导员开展产业技术指导培训。民营企业实施"千企帮千村"项目1.12万个，社会组织推进"百社解千难"项目5 272个，爱心人士依托"社会扶贫网"注册443.3万人次，对接帮扶贫困户143.3万次。四是全面筑牢基层基础。扎实开展年度扶贫对象动态调整，建档立卡数据质量位居全国前列。党的十八大以来，累计选派驻村干部12.2万人次，推进抓党建促脱贫攻坚，村党组织书记和村委会主任"一肩挑"比例达81.3%，村集体年经营收入5万元以上占比78.92%。2013—2020年江西雨露计划培训人数与就业帮扶情况见表2-2。

表 2-2　江西"雨露计划"培训人数与就业帮扶情况（2013—2020 年）

年份	"雨露计划"培训		帮扶贫困劳动力就业（万人）
	培训人数（万人）	培训资金（万元）	
2013	3.66	3 229	—
2014	3.59	3 981	—
2015	3.10	3 240	—
2016	4.81	6 855	—
2017	4.02	8 100	84.2
2018	5.23	11 687	95
2019	5.79	15 741	117.7
2020	7.03	18 857	130.9

资料来源：课题组根据调研资料整理所得。

2.1.3　坚持攻坚克难，推进脱贫成效做优做实

一是脱贫任务全部完成，25 个贫困县全部摘帽，3 058 个"十三五"贫困村全部退出，区域性整体贫困彻底解决；贫困户以 2013 年 346 万人为基底，现行标准下农村贫困人口全部脱贫，绝对贫困问题全面消除。二是脱贫保障全面夯实，建档立卡贫困户 80.1 万户 281.6 万人稳定实现"两不愁""三保障"和饮水安全全覆盖，易地扶贫搬迁 13.47 万人全部入住，特困群体基本生活全面兜牢，住房难、喝水难、上学难、看病难等问题全面解决。三是生活水平大幅提高，贫困群众内生动力和发展动能持续增强，生产生活显著改善，全省贫困地区农民人均可支配收入从 2012 年 5 419 元增至 2020 年 12 877 元（表 2-3）、年均增幅 11.4%，贫困户人均收入由 2014 年 2 654 元增至 2020 年 12 626 元，年均增幅 30%，老区群众脱贫展笑脸，生活水平芝麻开花节节高。四是人居环境显著改善，贫困地区基础设施和公共服务不断提高，全面实现农村组组通水泥路，提前完成农村电网改造升级目标，提前实现行政村有线宽带和 4G 网络全覆盖，人居环境明显提升，乡村蝶变展新颜。习近平总书记曾作出"这次在江西，看到农村气象新、面貌美、活力足、前景好"评价。五是攻坚格局稳固筑牢，坚持五级书记带头抓、各级各部门合力抓、驻村干部和基层干部具体抓，筑牢"党政主导、部门齐抓、社会参与、党建引领、镇村联动"大扶

贫格局。六是治理能力明显提升，实行"乡镇领导包片、乡镇干部包村、驻村干部驻村、结对干部包户"责任制，基层党组织凝聚力战斗力显著增强，党群干群关系更加密切，党在农村执政基础更加巩固。广大干部扎根基层帮扶，锤炼了过硬作风，锻炼了过硬本领，成为基层工作宝贵财富。七是制度体系持续完善，健全扶贫减贫治理体系，出台一系列政策制度，完善脱贫攻坚"八大体系"，为巩固拓展脱贫成果、接续推进乡村振兴提供了丰富经验。八是创新举措亮点纷呈，全国就业扶贫、产业扶贫、"互联网＋"社会扶贫现场会和消费扶贫观摩培训、贫困村致富带头人培训、建档立卡动态管理培训等在江西举办，产业扶贫、消费扶贫、扶贫小额信贷、扶贫扶志行动、巩固提升机制等经验获国家肯定推广。

表 2-3　江西贫困群众持续增收情况（2013—2020 年）

年份	全省贫困地区农民人均可支配收入（元）	全省农民人均可支配收入（元）	全省贫困地区农民人均可支配收入增长（%）	全省农民人均可支配收入增长（%）
2013	6 053	9 089	17.10	12.2
2014	6 830	10 117	12.8	11.3
2015	7 760	11 139	13.60	10.1
2016	8 643	12 138	11.40	9.0
2017	9 602	13 242	11.10	9.1
2018	10 635	14 460	10.80	9.2
2019	11 767	15 796	10.60	9.2
2020	12 877	16 981	9.4	7.5

资料来源：课题组根据调研资料整理所得。

2.1.4　坚持总结探索，推进经验做法出新出实

一是激活"红色基因"，筑实党建引领脱贫攻坚。充分发挥党的领导和社会主义制度的政治优势，把红色教育融入扶贫干部培训，以苏区干部作风回答好脱贫攻坚"时代之问"；推进抓党建促脱贫攻坚，把支部建在扶贫产业链上，以基层组织带头推行"一领办三参与"产业扶贫模式。二是打造"五个一"模式，做实产业扶贫提质增效。推行"选准一项主导产业、打造一个龙头、设立一笔扶持资金、建立一套利益联结机制、培育一

套服务体系"发展模式，推动扶贫产业高质量可持续发展。三是把好"三个环节"，育实创业致富带头人队伍。"遴选"环节强化人员筛选、台账管理、绩效考核，"培育"环节加强政策保障、基地建设、分级培训，"带动"环节紧扣产业扶贫、消费扶贫等利益联结，打造"不走的扶贫工作队"。四是促进"四项对接"，拓展扶贫产品销售渠道。用好消费扶贫"江西馆"和办好"百县千品""赣品网上行"等活动，对接网络促销；推进专柜专区专馆建设和实施"消费扶贫月""扶贫展销会"活动，对接市场展销；推进机关企事业单位采购、工会会费购买，对接单位购销；在中央和省级媒体投入公益广告，开设推广专栏，对接媒体推销。五是建立"6＋1"模式，夯实贫困群众就业增收渠道。实行"搭建六类平台、完善一套机制"的"6＋1"就业扶贫模式，通过扶贫企业、工业园区、扶贫车间、扶贫合作社、公益岗位、非正规就业组织等就近就地就业，建立涵盖政策扶持、资金奖补、就业服务、监测管理等一整套机制，促进稳就业、稳增收、稳脱贫。六是健全"四个三"模式，落实易地扶贫搬迁后扶。实行县城（工业园区）、乡镇和中心村"三级梯度"搬迁安置，做好优先在安置点搭建就业平台、到周边园区务工、安排公益岗位"三优先"帮扶就业，强化多形式发展产业、"一领办三参与"组织合作、完善利益联结"三落实"扶持产业，抓好管理机构、管理人员、管理服务"三到位"规范社区管理。七是强化"5＋6"机制，夯实脱贫成果巩固提升。健全脱贫成果回查监测、脱贫人口增收发展、防止返贫保险保障、扶贫项目运维管护、志智双扶激励约束"五项机制"，筑牢责任、组织、政策、帮扶、基层、作风"六项保障"，巩固提升脱贫成果。八是用好"互联网＋"平台，聚实社会力量助力攻坚。紧扣"社会扶贫网"的平台影响力、帮扶精准度、社会参与度和用户活跃度等"一力三度"，出台实施推广管理办法，持续打造"升级版"，实现爱心人士帮扶资源与贫困群众脱贫需求的精准对接，凝聚社会力量构建大扶贫格局。九是构建"两项保险"，织实返贫致贫风险防线。以县为单位实施对贫困户及边缘易致贫户防贫保险，创新特色险种和完善农业保险政策，形成防贫保险、农业保险"双保"机制，抵御返贫致贫风险。十是开展"四大行动"，切实激发脱贫内生动力。开展感恩自立教育、自强培育、自力激励、自尊治理"四大行动"，推进"三讲一评颂党恩"活动，推广"爱心超市""增收激励""红黑榜"等做法，教育群众感党恩、听党话、跟党走。十一是建强"扶贫站室"，充实基层精准扶贫功能。按照机构、人员、场所、经费"四固定"标准，创新打造乡村扶贫工作站（室），配备每站不少于3名、每室1～2名扶贫专干，实现精准扶贫在基层有组织保障、有机构管事、有队伍做事、按规章办事。十二是推行"挂乡包村"，压实县乡脱贫攻坚责任。统筹安排县级领导担任"大乡镇长"，县直部门和乡镇领导担任"大村长"，健全脱贫攻坚总负责、总调度、总落实的指挥推进体系。

2.2　接续推进乡村振兴，扎实做好巩固拓展脱贫攻坚成果同乡村振兴有效衔接

迈向实现第二个百年奋斗目标新征程，江西省委、省政府坚持以习近平新时代中国特色社会主义思想为指导，深入贯彻落实习近平总书记关于"脱贫摘帽不是终点，而是新生活、新奋斗的起点"重要指示。全省上下大力弘扬伟大建党精神和脱贫攻坚精神，赓续传承弘扬井冈山精神、苏区精神和长征精神，精准对标对表党中央、国务院决策部署，省第十五次党代会提出全面建设幸福江西，把巩固拓展脱贫攻坚成果作为建设"幸福江西"的重要内涵，打造"新时代乡村振兴样板之地"的首要任务，纳入奋力书写全面建设社会主义现代化江西精彩华章的重要篇章。走好巩固拓展脱贫攻坚成果、全面实施乡村振兴战略的接续赶考之路，扎实做好巩固拓展脱贫攻坚成果同乡村振兴有效衔接工作，呈现"责任明、政策清、工作实、机制强、成效新"的良好局面。

2.2.1　优化工作格局，持续保持狠抓推进落实的强劲态势

坚持"省负总责、市县抓落实、乡镇推进和实施"工作机制，横向到边、纵向到底，狠抓责任、政策和工作落实。

一是健全机制协同推进。在省委、省政府主要领导任"双组长"的省委农村工作领导小组框架下，成立省巩固拓展脱贫攻坚成果专项小组，由省委、省政府分管领导任"双组长"，14个省直部门为成员，强化统筹协调，定期调度落实。全省11个市、有巩固拓展任务的109个县（市、区及功能区），均成立相应的领导小组、联席会议或建立专项

机制，由党政主要领导共同牵头负责，构建了"责任清晰、各负其责、合力推进"的工作体系。建立省市县三级视频"双月调度"机制，聚焦年度阶段性重点工作，做到推进工作底数清、情况明、常态化。各级扶贫机构全部转为乡村振兴部门，1 565 个乡镇扶贫工作站、1.75 万个村级扶贫工作室全部转为乡村振兴工作站（室），全面实现组织机构平稳有序过渡。

二是压实责任狠抓落实。聚焦传导压力、促进落实，严明各级各方责任。重点压实市县主体责任，组织暗访督导，从省市县抽调骨干组建督导组，既督导发现问题，又指导立行立改；制定考核办法，严格考核评估市县脱贫攻坚成果巩固拓展成效，统筹压实部门行业责任，构筑"各炒一个菜、共办一桌席"工作格局，严明部门牵头和监管责任，建立部门之间及时沟通、定期会商、信息共享制度。严格督导干部帮扶责任，突出重点乡村，完成新一轮选派驻村第一书记和工作队，确保驻村不断档、帮扶不掉线、责任不落空。深入落实基层实施责任，以推进抓党建促乡村振兴为平台，健全基层网络化管理机制，加强乡村振兴工作站（室）规范化建设，切实做到对问题早发现、早干预、早处置，走实巩固拓展脱贫成果"最后一公里"。

三是完善政策有效衔接。保持过渡期主要帮扶政策总体稳定，严防责任弱化、政策缩水、工作断档。省委、省政府出台《关于巩固拓展脱贫攻坚成果同乡村振兴有效衔接的实施意见》，遵照中央决策部署，对照过渡期"四个不摘"要求，认真梳理国家已出台 43 项衔接政策，对应配套制订省级层面政策 42 项，转发落实 1 项（教育部等 9 部门印发《中西部欠发达地区优秀教师定向培养计划》），优化了政策体系，搭建起了巩固拓展脱贫攻坚成果同乡村振兴有效衔接的"四梁八柱"，确保政策不留空白、工作不留空当。

四是保障投入强化支撑。及时下达年度财政衔接推进乡村振兴补助资金，2021 年为 78.73 亿元，其中中央投入 38.59 亿元、省级投入 40.14 亿元。深入推进脱贫人口小额信贷，完善政策、稳控风险，当年新增贷款 26.47 亿元、5.83 万户，历年累计贷款 206.91 亿元、32.48 万户。完善防贫保险，当年投入 1.38 亿元购买"防贫保"。

五是建强队伍提升能力。全面完成各级扶贫机构转为乡村振兴机构的重组挂牌和职能划转，延伸推进全省乡镇（村）扶贫工作站（室）向乡村振兴工作站（室）转化，确保思想不乱、工作不断、队伍不散、干劲不减。扎实推进干部培训，编发《巩固拓展脱贫攻坚成果200问》16万册，省级先后举办市级党政主要领导、省直单位主要领导、县级党政分管领导、市县乡村振兴局局长、创业致富带头人、驻村第一书记等培训班，市县深入组织乡村振兴干部和村组干部全员培训，切实提高各级干部接续推进巩固拓展脱贫攻坚成果同乡村振兴有效衔接的政策水平、业务素质和实战能力。

六是总结宣传激发斗志。全面总结脱贫攻坚辉煌成就，扎实开展先进典型评选表彰活动，大力弘扬脱贫攻坚精神。全省54名个人、40个集体获党中央、国务院表彰，瑞金市叶坪乡获"全国脱贫攻坚楷模"荣誉，全省脱贫攻坚总结表彰大会隆重表彰841名个人、396个集体。全面深入讲好脱贫攻坚江西故事，全方位、多角度生动展示江西老区脱贫攻坚的辉煌成就，有力有效激励全省上下接续巩固拓展脱贫攻坚成果同乡村振兴有效衔接的不懈斗志。

2.2.2　聚焦重点任务，坚决守住不发生规模性返贫底线

脱贫攻坚取得全面胜利之后，巩固拓展脱贫攻坚成果面临新形势、新挑战。2021年2月25日，习近平总书记在全国脱贫攻坚总结表彰大会上指出，对易返贫致贫人口要加强监测，做到早发现、早干预、早帮扶。围绕严防返贫致贫的底线任务，着眼脱贫基础更加稳固、成效更可持续的发展要求，切实推进巩固拓展脱贫攻坚成果同乡村振兴有效衔接走深走实。

一是动态监测帮扶严防返贫。开发江西省防返贫监测平台，动态监测脱贫不稳定户、边缘易致贫户、突发严重困难户三类对象，采取农户自主申报、干部走访排查、部门信息比对"三线预警"机制，快速发现、预警提示、及时帮扶。全省对监测对象分类精准施策，有劳动能力的帮扶发展产业就业，无劳动能力的实行兜底保障，基本生活困难的加强临时救助，确保把返贫致贫风险消除在萌芽状态。

二是筑牢脱贫保障巩固成果。聚焦"三保障"和饮水安全，加强部门联动协作，合力夯实脱贫保障，共同推进巩固提升。全省2 259个县

域内定点医疗机构均坚持"先诊疗后付费"和"一站式"即时结算，建设产权公有村卫生室 12 591 个，农村困难群众基本医保参保率 100%。持续落实教育帮扶"双负责制"，坚持控辍保学联控联保机制。截至 2021 年 12 月末，教育资助农村脱贫家庭学生 133.1 万人次，动态排查新增脱贫户和监测对象居住危房户 1 000 余户，全部列入改造计划并抓紧实施，2021 年底可全部竣工验收。全面摸排脱贫户和监测对象饮水安全状况，对排查监测问题户，加强饮水工程管护和水质管理，已全部解决。

三是促进稳岗就业增加收入。紧扣就业规模稳定、劳务输出不减，完善部门联动机制，强化政策支持、资金补助、信息监测、技能培训等举措。2021 年全年组织脱贫人口和监测对象开展就业技能技术培训 3.0 万人，"雨露计划"完成中高职业补助 9.0 万人。加强劳务输出服务，完善园区企业、产业基地、帮扶车间、专业合作社、公益岗位等就近就业平台，进一步拓渠道、稳岗位、促增收，全省脱贫劳动力实现就业 135.2 万人，较上年增加 4.3 万人，就业率达 78.0%，其中帮扶车间 2 799 个，吸纳 2.6 万人，公益岗位安置 15.9 万人。

四是加强产业帮扶助力发展。着力培育有带动脱贫户和监测对象增收功能的龙头企业、农民合作社、家庭农场、创业致富带头人"四类带动经营主体"5.11 万个，积极建设村级（联村）扶持产业基地 1.46 万个，通过培育带动经营主体，直接带动脱贫户及监测对象发展产业 28.52 万户，稳定就业 18.65 万人；通过建设扶持产业基地直接带动脱贫户及监测对象发展产业 17.02 万户、稳定就业 8.03 万人。提升创业帮扶，通过政策扶持、产业搭台、培训助力、典型带动等措施，激发创新创业内在活力，全省共培育创业致富带头人 3.3 万人，带动 15.69 万户脱贫户和监测对象增收。强化农业科技推广应用，选定优秀科技人员 1 300 余名组成 161 个科技特派团，派驻乡村开展产业科技帮扶。深化拓展消费帮扶，全省认定帮扶产品 1.68 万个、供应商 0.43 万家，布放专柜 0.2 万台、开设专区 300 余处、建设专馆 200 多个。

五是深化搬迁后扶推进融入。在全省推行易地搬迁后扶"点长制"，聚焦 3.5 万户搬迁脱贫群众，落实产业就业帮扶，健全长效机制。全省 886 个安置点周边累计建设产业基地 529 个，改造升级产业基地 177 个，带动 1.29 万户 2.68 万搬迁脱贫群众发展产业。强化安置社区治理，完善配套基础设施，推动 26 个较大规模安置点成立专门社区，23 个 800 人以上安置点配套建设"一站式"服务窗口，安置住房产权办证率 100%，搬迁群众既住上了新房子，又融入了新生活。

六是规范资产管护增强功效。开发"江西省扶贫项目资产管理系统"，加强清查录入、确权登记、后续管护和监督管理，实现资产与资金项目一键查询、资产管理风险一键预警、资产效益状况一键监管，实现从资金到项目到资产的无缝衔接。全省清查扶贫项目资金总规模、资产总规模，资产占比 97.35%。通过加强数据分析、强化运维监管、促进保值增值，扶贫项目资产持续发挥帮扶功效，成为巩固拓展脱贫成果、全面推进乡村振兴的源头活水。

2.3 着眼重心转移，奋力打造新时代乡村振兴的样板之地

遵照习近平总书记关于"民族要复兴、乡村必振兴"重要指示精神，深刻认识全面推进乡村振兴是时代的呼唤、发展的需要、人民的期盼，奋力推进乡村振兴谱新篇。

2.3.1 明确奋斗目标，聚力打造新时代乡村振兴样板之地

把实施乡村振兴战略作为新时代"三农"工作的总抓手，坚持五级书记抓乡村振兴。围绕乡村振兴深度、难度、广度都不亚于脱贫攻坚的艰巨任务，精心谋划推进乡村"五大振兴"，在省委农村工作领导小组分别设立五个专项小组，由省委、省政府有关领导分别领衔牵头负责。落实落细《江西省乡村振兴促进条例》，把推进乡村振兴纳入法制化轨道。省第十五次党代会提出，坚持农业农村优先发展，明确把深入实施乡村振兴战略作为"五个一流""六个江西"建设的重要任务，确定了打造新时代乡村振兴的样板之地的奋斗目标，以促进实现农业高质高效、乡村宜居宜业、农民富裕富足，加快农业农村现代化，扎实推动共同富裕，让广大人民群众尤其是脱贫群众获得感、幸福感、安全感更加充实、更有保障、更可持续（图 2-1）。

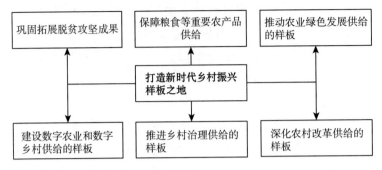

图 2-1　江西打造新时代乡村振兴"六大样板"

2.3.2　分类施策推进，因地制宜实施乡村振兴

将全省 100 个县（市、区）划为先行示范县 18 个、整体推进县 57 个、重点帮扶县 25 个，分类指导帮扶，统筹协调发展。重点支持欠发达革命老区，选择井冈山市、资溪县两地，争取 2021 年中央彩票公益金，配套整合地方财政、社会资本，帮扶打造乡村振兴示范区。同时，各级确定乡村振兴重点帮扶村共 5 902 个，其中省级选定"十四五"重点帮扶村 1 841 个。省级财政每年安排每村不少于 100 万元支持。在省"十四五"重点帮扶村中，巩固提升类 1 074 个，占 58.34%（含"十二五"脱贫村 842 个、"十三五"脱贫村 232 个）；补短强弱（即非脱贫村）类 767 个，占 41.66%。指导组织各地确定市级重点帮扶村 737 个、县级重点帮扶村 3 324 个，推动各地统筹资金、项目、政策等给予倾斜支持。

衔接期各地推动乡村各项事业稳定发展的典型探索

序号	1	领域	巩固拓展脱贫攻坚成果	区域	赣州市

代表性做法：

　　一、抓责任压实，推动工作体系健全完备。按照脱贫攻坚时期的组织架构，组建以市委、市政府主要领导挂帅、涵盖 30 多个行业部门的有效衔接工作领导小组。主要领导坚持高位推动、以上率下，亲自指挥调度，经常深入一线现场办公、解决问题；分管领导常态调度、有力推动。乡村振兴部门充分发挥牵头抓总作用，加强统筹调度、督促指导，制定巩固拓展脱贫攻坚成果各责任主体职责清单；细化行业部门共性及专项职责任务，及时调整完善一揽子行业帮扶政策措施，确保政策不断档、不缩水；出台驻村帮扶工作选派管理办法，新选派 1 775 支工作队、5 392 名驻村帮扶队员，按照分类帮扶原则，实现干部结对帮扶监测对象和脱贫户全覆盖；2021 年全年举办巩固成果专题培训班近

200 期、培训各级干部 11 万人次，进一步提升了各级干部抓巩固拓展脱贫攻坚成果的能力水平。

二、抓关键举措，推动防贫底线织密筑牢。 坚持把防返贫监测和帮扶作为第一任务，建立健全"一月一排查、一季一报告"监测机制，注重稳固"两不愁、三保障"成果、帮扶产业可持续发展、促进稳岗就业、易地搬迁后续扶持上下工夫，力争收入稳定增长。大力实施农村饮水安全巩固提升"百日攻坚行动"，易地搬迁后扶"点长制""四个一"特色做法在全国推广，"防贫保"长效机制入选"中国改革 2021 年度地方全面深化改革典型案例"，健康帮扶"乡村一体化"运行机制入选国家卫生健康委员会 2021 年典型案例。

三、抓督查考核，推动脱贫成果巩固提升。 坚持以问题排查整改为重要抓手，把国家和省考核、暗访等反馈的各类问题统筹起来，一体整改，举一反三，全面自查整改。通过挂片督战、定期通报、发函督办、回访抽查等措施，督促整改到位，通过狠抓问题整改补齐短板、提升成效。将巩固拓展脱贫攻坚成果工作纳入县级领导班子及领导干部实绩考核的重要内容，作为县（市、区）高质量发展综合考评"一票否决"事项，树立了鲜明的工作导向。坚持以国家后评估、省考核为检验工作成效、提升工作水平的航向标、助推器。

序号	2	领域	防止返贫监测帮扶	区域	新余市

代表性做法：

一、信息化运用到位。 依托居民家庭经济状况核查系统，研发全市防返贫监测信息系统。系统有监测筛查、精准帮扶、监管抽查和信息比对等模块，既可将预警数据同步省监测信息系统，又可衔接相关部门领域信息系统，还覆盖市县乡村，并支持相关部门、银行、保险等 60 多家单位常态化开展数据比对。政府将农村脱贫户、低保户、特困户、残疾户，以及突发支出骤增或收入骤减的困难农户等低收入人口 5.3 万余人全部列入筛查范围。通过系统比对，准确核查农户收支变化、"两不愁、三保障"及饮水安全等情况，第一时间发现返贫致贫风险，按识别程序及时纳入监测，做到应纳尽纳。

二、行业部门参与到位。 印发《关于加强部门参与长效开展防止返贫监测和帮扶工作的实施方案》，发动 32 个部门参与防返贫监测帮扶，常态化开展信息比对，建立共享机制。2021 年全市卫健、医保、教育、应急管理、农业农村、民政、残联等部门定期推送信息至市监测系统，2021 年以来全市部门推送信息近 1.3 万余条。同时，建立了部门联席会议制度，定期研判风险，分类响应处置。对农户、干部、部门的预警信息，乡村干部 48 小时内完成核查，一旦发现风险，立即纳入监测并开展帮扶，真正做到"早发现、早干预、早帮扶"。

三、精准帮扶落实到位。 针对三类人群帮扶，大力整合部门和社会资源，出台 10 多项政策性文件，发挥政策作用，按照"缺什么、补什么"原则，因户施策，分层分类精准帮扶。对单一风险的，采取单项措施帮扶；对综合风险的，采取政策叠加方式，在产业引领、就业引导、社会帮扶和内生动力激发等方面，多措并举帮扶，切实筑牢了防返贫防线。

四、工作责任压实到位。 严格落实"市县抓落实、乡村具体实施、部门主动履职"责任机制，印发《关于进一步做好建立健全防止返贫致贫预警监测和帮扶机制的通知》《关于进一步强化防止返贫动态监测和帮扶工作的实施方案》等5个文件，制定了《防止返贫动态监测和帮扶工作责任清单》，明确了市直部门、县区、乡镇和村级责任，建立县乡每月调度、村每周分析的常态化机制，将防返贫监测帮扶情况纳入各级纪检监督和年度绩效考核的重要内容，加强日常督促指导，强化执纪问责，确保防返贫监测帮扶落实到位。

序号	3	领域	产业帮扶	区域	修水县

代表性做法：

一、完善政策帮扶，增添创业动力。 政策帮扶是乡村产业发展和巩固拓展脱贫攻坚成果的重要手段，区域政府进一步调整优化产业政策支持方向，平稳有序推进巩固脱贫攻坚产业成果，保持过渡期内脱贫户（边缘户）产业直补、小额信贷、农业经营主体扶持政策。因时因势优化推进乡村产业振兴政策，优化调整、新增产业基地建设，龙头企业培育，农产品加工、品牌创建，着力完善农业产业体系、生产体系、营销体系，进一步优化生产空间、生活空间、生态空间。聚焦重点增设"一乡一园"建设扶持政策，充分发挥九江国家农业科技园示范引领作用，构建产业发展新业态，推动农村一二三产融合发展，完善水电路配套设施，全面支持每个乡镇创建1个市级标准以上"一乡一园"产业园，做到政策支持不"断面"，增强产业示范引领功能。扶持壮大村级集体经济发展，根据村级产业基础和优势，培育村级经济实体，把村级集体培育成乡村振兴重要力量。

二、注重发展质量，增强带动能力。 认真落实衔接资金绩效考核要求，用最少的钱办最好的事，突显资金使用效益最大化。生态绿色发展，把"两茶一桑一蔬"定位为乡村发展的主打产业，对新发展的产业基地进行推广良种良法、标准化建园，资金支持由原先的每亩1 000元增加到现在的每亩2 000元。三产融合发展，把园区化、设施化、标准化、集约化融入乡村产业发展，积极拓展农业新业态，做好农业向旅游拓展、旅游向农业延伸两篇文章，2021年县创建农旅、茶旅、桑旅、文旅乡村休闲旅游基地45个，千亩产业基地45个，71个规模以上农业龙头企业、2 000余家农民专业合作社。实施品牌发展，充分发挥县域拥有的修水宁红茶、金丝皇菊品牌2个国家地理标志商标、3个中国驰名商标、12个省著名商标、148个绿色有机食品等品牌效应，着力将品牌创建作为农产品挤占市场的"通行证"。

三、加强利益联结，增加两业活力。 把培育村级集体、农业经营主体作为现代农业领头雁、主力军，健全完善利益联结，带领群众就业增收。通过"企业＋基地＋合作社＋农户"等利益联结模式和"一领办、三参与"合作方式，带动脱贫户（含三类人群）8 900余户就业，户均通过产业链途径增收约3 100元，促进了产业增效、农民增收。

四、优化产业服务，增进发展效力。 着力在"补短板、强弱项、固基础、扬优势"方面发力，加快农业农村现代化进程。强化生产技术服务，开展"指导到山头、工作到基地、服务到企业"活动 800 多场次。做好产销对接服务，组织开展帮扶产品进机关、进食堂、进社区等"六进"活动，直播直销活动，实行全县职工工会福利费的 70% 用于直购或采购帮扶产品等；搭建好消费帮扶合作社、县帮扶产品专馆、专区、电商（直播直销）四大平台；通过农产品展示展销、广告宣传、设立专卖店等手段，扩大修水茶叶、茧丝绸制品、山茶油、富硒大米等特色农产品市场覆盖率，破解农产品"卖难"问题。开展金融贷款服务，继续实施脱贫人口小额信贷、"财政惠农信贷通"等金融惠农政策，着力解决脱贫户和农业经营主体产业发展"贷款难""贷款贵"问题。实施农业保险服务，扩大农业保险品种和覆盖面，组织实施茶叶低温冻害保险、油茶灾害政策性保险，特别是蚕桑鲜茧价格特色保险试点试行，为全县 9 000 余户养蚕户吃下"定心丸"。

序号	4	领域	乡村建设和乡村治理	区域	鄱阳县

代表性做法：

一、坚持规划先行，从一开始就体现争当"领头雁"，打造乡村振兴样板的高标准大气魄

一是高标准规划主城区，实行龙头带动。按照城区、园区、景区、高铁新区、港口新区"一城五区"布局，进一步拉开主城区框架，高标准规划建设绕城高架快速通道，推动团林、三庙前、昌洲等近郊乡镇与县城融合发展。二是全方位规划城镇群，形成立体效应。构建"一主一副多节点"城镇体系，"一主"指主城区，"一副"指县域副中心田畈街镇，"多节点"指以油墩街镇、谢家滩镇、凰岗镇等省市重点镇为节点，建设新型城镇网络。三是多举措规划行政村，体现村组特色。将县域经济发展总体规划与生态文明建设规划、乡村发展规划相衔接，做到先规划后建设、不规划不建设，持续优化生产、生活、生态空间布局。通过以城带乡、以点带面，使全县城乡"有山有水有灵气、有人有序有生机"。

二、坚持整体提升，在短时期内体现争当"领头雁"，打造乡村振兴样板的快节奏新变化

一是快速推进美丽集镇建设。推动 22 个美丽集镇建设和 380 个新农村村庄整治，打造了 14 个高品质的秀美乡村示范点，创建了 9 个美丽宜居乡镇、13 条美丽示范线路、198 个美丽宜居示范村、2.7 万个美丽示范庭院。二是切实改善农村生产生活条件。2021 年全年改造危房 297 户，鄱阳县农村危房改造荣获国务院表彰。持续推进农村公路、水利、电力建设，鄱阳县被评为全省"四好农村路"示范县。投资 80 亿元实施圩堤除险加固工程，将从根本上解决长期困扰鄱阳人民的水患之苦。三是深入推动农业农村改革。全面启动宅基地改革，持续加大绿色殡葬改革力度，实现全县火化率和入公墓率两个 100% 目标。深入推进农村"厕所革命"，全县实现旱厕清零。四是大力推进农村生活垃圾与生活污水治理。建立"村收集、乡转运、县处理"三级联动模式，促进城乡环卫一体化，实现了全域生活垃圾第三方治理。建立农村人居环境长效管护机制，村庄由"干净整洁"向"美丽宜居"提升。严格落实河长制、湖长制、林长制，禁捕退捕在全省率先实现船网回收、渔民参保、就业安置三个 100%。

三、坚持共建共治，在新征程中体现争当"领头雁"，打造乡村振兴样板的大格局新气象

一是不断夯实党执政的基层基础。全面落实村两委换届选举候选人县级联审机制，563个村（社区）实现党组织书记、主任"一肩挑"。严格落实"四个不摘"要求，持续为162个"十三五"脱贫村、96个"十四五"省定乡村振兴重点帮扶村、3个易地扶贫搬迁安置点选派驻村第一书记与工作队。研究出台了推动村级集体经济发展壮大的20条措施，全县村级集体经济经营性收入全部达到了10万元以上。二是持续展示乡风文明的崭新风尚。县乡村（社区）三级全面成立新时代文明实践中心（站、所），成为宣传党的创新理论、弘扬社会主义核心价值观、培育主流价值、推动移风易俗的重要阵地。三是积极构建多方参与的和谐格局。发挥工会、共青团、妇联、科协、残联等群团组织联系群众的桥梁与纽带作用，引导群众参与民主管理、民主监督。农民合作经济组织、社会服务组织等参与村级事务、开展为民服务。企业参与乡村治理，到农村投资兴业、扶贫济困。用好"党建＋好商量"平台，推进基层民主协商议事。

| 序号 | 5 | 领域 | 抓党建促乡村振兴 | 区域 | 井冈山市 |

代表性做法：

一、强化组织领导，凝聚乡村振兴合力。井冈山把"巩固脱贫攻坚成果，推动乡村振兴"作为头号政治任务来抓。一是工作上主动谋划。按照中央、省、市关于乡村振兴的部署要求，制定《井冈山市实现巩固拓展脱贫攻坚成果同乡村振兴有效衔接实施意见》等文件，规划26个涉农重大项目，明确发力重点，让每一名党员干部明白乡村振兴要干什么、怎么干。二是责任上持续压实。严格落实"四个不摘"要求，压实"五级书记抓乡村振兴"责任。同时，把抓党建促乡村振兴纳入述职评议考核的重要内容，压紧压实党员干部抓乡村振兴政治责任。三是机制上不断完善。严格落实村干部坐班值班、民事代办、承诺践诺等为民服务机制，健全村民自治机制、监督机制，落实"四议两公开"。建立"乡风文明积分银行"，评选"文明家庭""美丽庭院"，不断发挥榜样示范带动作用，激发群众参与实施乡村振兴的积极性。

二、夯实组织基础，提升乡村振兴动力。牢牢抓住组织建设这个根本和关键，推动组织振兴和人才振兴在基层落地生根见效。一是支部领航，建强"火车头"。大力推进基层党建"三化三争"建设，实施"四项提升"工程，规范建设128个村"党群服务中心"。创新打造新时代"红色讲习所（点）"160余个，培训党员干部群众5.5万余人次。坚持建管并举、景村融合，打造"红色名村"29个，创建省5A级乡村旅游点2个、4A级6个、3A级4个。二是头雁领飞，选好"排头兵"。把乡村振兴作为培养干部的主战场，93％以上的乡镇党政正职来自乡村振兴一线。大力实施"头雁"培育工程，41.2％的村（社区）党组织书记拥有大专以上学历，90％的村书记成为"双带"，一批有思想、能带富、善治理的党组织带头人走上了乡村振兴舞台。三是人才领跑，锻造生力军。在每个乡镇建立"村级年轻干部培育中心"，推进党员与致富带头人、村组干部的"三向"转化，培育村级后备干部585名。坚持农技人员"市管乡用、下沉到村"，培育乡土人才

528名，人才助力乡村振兴的作用日益凸显。

三、整合组织资源，激发乡村振兴活力。 把组织资源转化为发展资源，引导山上山下、山里山外共同参与乡村振兴。一是抓统筹，凝聚力量动起来。每年统筹乡村振兴资金，扶持项目400余个。同时，强化对口帮扶，组织251个机关、企业等党支部与128个农村党支部开展"支部共建"，31家红色培训机构到乡村建立社会实践点，136家企业开展百企帮百村，动员党员干部点亮"微心愿"3.5万个。二是抓发展，撬动经济活起来。坚持村党支部牵头、党员带头，通过"龙头企业＋产业协会＋村党支部＋农户"四位一体机制，大力发展茶竹果富民产业、康养民宿、红色研学等经济业态，所有行政村集体经济经营性收入均达10万元以上，最高的达114万元，产业势能显著增强。三是抓治理，促进服务优起来。全面推行"红色治理法"，深化"全要素"网格市域治理，建立起"128个村党组织，268个网格党小组，800余户党员中心户"的严密组织体系。大力实施农村人居环境整治提升行动，获评国务院"农村人居环境整治激励县"称号，农村群众获得感幸福感安全感不断增强。

序号	6	领域	扶贫项目资产管护	区域	广昌县

代表性做法：

一、聚焦管护内容，解决了"管什么"的问题。 将全县农饮工程、山塘、泵站、水陂、高标准农田、主渠、田间渠道、乡村道路、公厕、新农村村塘等扶贫资产项目以及全县农村公墓的管理责任移交，由第三方公司按照"环境卫生干净、河库水体洁净、道路安全畅通、公共设施完好、绿化养护到位"的管护标准，进行日常检查。对垃圾、杂草、淤塞等情况进行及时清理，对损坏的设施及时维修，做到卫生整洁、工程完好、设备运行正常、沟渠道路供排水通畅。

二、创新管护体系，解决了"谁来管"的问题。 一方面，广昌县坚持市场化运作与政府补助相结合，明确管护服务主体是第三方公司。县管护公司统揽全局，各乡镇成立管护中心，各行政村设立管护站点。整合原供水公司管护人员，并通过乡镇推荐、社会招聘扩充管护队伍，并进行专业化管护培训，持证上岗。另一方面，要求各行政村建立村民理事会，将扶贫资产管护纳入村规民约，强化农户"门前三包"监督，组织开展文明农户、卫生家庭、美丽庭院、道德"红黑榜"等评比活动，倡导群众积极自觉参与管护。

三、整合管护资金，解决了"没钱管"的问题。 通过多轮磋商，确定第三方服务费。资金来源主要是整合农村饮水安全工程维养、农业水价综合改革及农村道路日常养护等补助资金，吸纳省市秀美乡村管护专项资金和村乡县共同筹集资金，不足部分由县财政兜底解决。此外，引导各村委会、村民理事会定期走访本地能人志士，成立村级管护基金，动员乡贤通过认领项目、捐资捐物、个人投资等方式支持管护工作，出台了长效管护资金管理办法，将管护资金纳入村级"三资"监管范围，由县财政局等有关部门共同监管。

四、建立考核机制，解决了"管不好"的问题。 为保障市场化管护常态化开展，真正实现"管得好、能长久"，广昌县建立了有制度、有标准、有队伍、有经费、有督查的"五有"管护长效机制。制定了切实可行的考核办法，将扶贫资产管护列为年终农村人居环境整治考核重要内容。实行"一月一巡查、一季一考核"，根据考核得分核算管护经费。同时，要求维养公司制定内部考核机制，乡镇加强监督，实行每月不定期巡查和每季定期绩效考核，确保管护人员责任有落实、考核有实效、管护有保障，探索出了一套政府、企业、群众三方共赢的扶贫资产建后管护模式。

序号	7	领域	带动经营主体培育	区域	南昌县

代表性做法：

一、以培育壮大经营主体为引领，确保"有带动能增收"。牢固"一把钥匙开一把锁"的理念，根据各乡镇村的资源禀赋和市场的实际需求，大力推动农业产业化龙头企业、农民合作社、家庭农场、种养大户等新型经营主体的培育示范，带动脱贫户增收致富。2021年，全县脱贫户的人均纯收入达到17 340元，同比增长21.9%。一是强龙头。全县培育各类农业产业化龙头企业101家，其中国家级5家、省级36家，上市企业4家，国家级、省级龙头企业数量均列全省县（区）第一；认定市级扶贫龙头企业5家，县级扶贫龙头企业12家，有53家龙头企业联系带动538户脱贫户实现了增收。二是促合作。全县培育农民合作社1 228个，家庭农场6 957家，种养大户3 865户，均位居全省（县区）前列；有44家农民合作社带动脱贫户170户，325名创业致富带头人带动脱贫户575户，有193个家庭农场带动脱贫户451户实现了增收。三是做示范。推动全产业链发展做示范，培育农业产业化联合体36家，认定省级现代农业示范园8个、市级31个、县级46个，培育建设市级田园综合体8个；通过"公司＋协会＋合作社＋基地＋农户"发展模式，冈上镇水禽全产业链示范园的花边鸭、大麻鸭养殖分别占全国90%、45%的市场份额。

二、以探索"四位一体"模式为抓手，确保"联结上有实效"。着力推行"园区＋企业＋合作社＋党建"四位一体联合发展模式，实现了强组织、有联合、兴产业、富百姓的良性发展。一是突出园区建设引领一批。大力推进发展"一乡镇一产业"布局发展，围绕水稻、蔬菜、水产和水禽等四大特色主导产业，先后创建了黄马乡、幽兰镇等4个全国"一村一品"示范村镇、冈上镇1个全国产业发展强镇，稻米、水禽、蔬菜、现代种业等4个市级现代农业产业园，引领带动了全县现代农业产业发展和全县农户、脱贫户增收。二是突出龙头企业带动一批。全县有3 000多户农民签署了土地托管协议，托管面积达到1万余亩①。如：南昌智慧大田农业科技有限公司于2018年托管蒋巷镇柏岗山村、高梧村2 100亩耕地，按照"管理费＋保底红利＋超产红利收益"模式，助推脱贫户巩固脱贫质量。其中，给予村集体每年每亩10元的产业帮扶基金，用于村巩固脱贫成果工作，有82户脱贫户从中受益。三是突出合作示范联动一批。鼓励专业大户、家庭农场开展合作经营、共同经营、订单经营。扶持一批示范性专业大户和家庭农场，发挥其示范

---

① 亩为非法定计量单位，1亩≈667平方米，下同。

效应，稳步推进农民合作社、家庭农场参与巩固拓展脱贫攻坚成果工作。县财政每年安排 80 万元资金扶持 30 个新型农业经营主体发展，开展示范创建。四是突出"党建＋"促动一批。充分发挥基层党组织的战斗堡垒作用，每年县财政安排资金进行奖补，通过"激活集体资金、盘活集体资产、用活集体资源、探索发展土地托管经营服务"等模式，提升村集体经济发展水平，带动脱贫户、脱贫村巩固脱贫成果。2021 年全县村集体经济收入平均达到 55 万元，全县合作社、家庭农场实现了行政村全覆盖。

三、以强化政策支持扶持为保障，确保"推得动有成效"。坚持把培育经营主体作为巩固拓展脱贫攻坚成果的动力之源，在政策、资金、人才等三方面强力保障，推动经营主体培育工作向纵深发展。一是强化政策保障。制定出台了《南昌县扶持新型农业经营主体发展实施方案》《南昌县全面实施乡村振兴战略产业发展扶持办法》《南昌县蔬菜产业高质量发展实施意见》等系列强农惠农政策，鼓励全县农户和脱贫户发展特色种养业。二是强化资金保障。县财政每年安排资金用于乡村振兴农业产业发展，同时加快对新型农业经营主体的授信。三是强化人才保障。推动 50 余家农业龙头企业与省内外 23 家科研院校的 54 名专家学者合作，积极开展农业产业实用技术培训。近年来，有 4 000 余人次获得了技术指导，有近 3 000 人次的脱贫劳动力和创业致富带头人等参加了特色种养、花卉苗木栽培等不同类型的技能培训。

序号	8	领域	乡村人才振兴	区域	浮梁县

代表性做法：

一、"强设计"绘好顶层蓝图。一是定好制度抓保障。通过制定并印发《关于创建乡创特派员制度的实施方案（试行）》《浮梁县乡创特派员管理暂行办法》《浮梁县创建乡创特派员制度工作领导小组及下设办公室成员名单与职责》《关于进一步推动乡创特派员制度实施的十条措施》等文件，为浮梁县乡创特派员工作提供坚强的制度保障。二是促进联合抓推动。县乡村振兴创建办公室定期召开乡创推进会，及时调度解决乡创工作中的痛点堵点问题；深入乡创项目一线开展调研，征集问题意见，搜集需求和政策建议；将落实和推进乡创特派员制度纳入高质量发展考核体系和基层党建述职评议，切实提高重视程度和积极性，破解单个部门"单打独斗"的难题，形成多部门协同推动格局。三是引入外力抓创新。积极携手清华大学文创院，导入文化创意的高端人才与前沿理念，聘请清华大学文创院执行院长胡钰等专家为"浮梁文化使者"，探索出一套可辐射、可复制、可推广的乡村振兴新路径。

二、"筑基石"打牢项目基础。一是身份加持聚引力。对文创人才或特派员，在浮梁工作期间，提供村里办公场所，由县里统一为其提供人身安全保险和年度体检，享受有关人才政策，积极鼓励申报市级专业技术拔尖人才；对乡创特派员的企业以及乡创特派员团队推动的创新创业项目，给予授牌。二是赋权赋能添动力。建立乡创特派员与乡镇党委书记"一对一"联系服务机制。落实乡创特派员列席村"两委"会议，确保乡创特派员对乡、村重大项目的知情权、建议权和乡村工作参与权。积极推荐乡创工作有成效、群众公认度高的乡创特派员担任县乡"两代表一委员"。三是政策服务激活力。统筹推进县农林水、文旅、规划等部门对乡创项目立项审核和建设过程中的服务、指导和监督，确保特派员不踩红线，合规合法地开展项目。

三、"搭平台"孵化乡创人才。一是乡创联盟优中选。通过浮梁乡创学院牵头联合积极参与乡创实践的个人和机构成立浮梁乡创联盟，对达到要求的对象，及时列入乡创特派员使用。二是乡创学院"定期培"。发挥乡创学院培育和吸引人才的作用，定期组织乡创特派员参加岗前培训和年度培训，培养乡（镇）村两级干部、新农人、乡村创客等，提升对乡创的理念认知，汇聚更多乡创力量，为乡创实践赋能。三是研学考察精心育。定期组织乡创论坛、乡创学堂、乡创研学团、乡创工作营等多种形式的交流、考察、实践活动，择期组织乡创特派员和相关单位负责人到国内优秀知名的乡创实践样板地区学习考察，开拓乡创工作的思路与眼界，借鉴吸收乡创成功经验做法。

四、"造高地"营造浓厚氛围。一是内部专刊定期发。积极在官媒"浮梁发布"上刊发乡创专刊，重点报道制度文件、选聘工作、行政村简介、重大活动会务、交流互动、外地成功案例等内容，为乡创工作营造了浓厚氛围。二是权威媒体重点推。县乡创办及时将乡创重大活动、成果积极与新华社、中国文化报、凤凰网等权威媒体进行对接，积极扩大了浮梁乡创影响力与知名度，擦亮了浮梁乡创品牌。三是文创活动线上播。县委、县政府联合清华文创院共创"浮梁红·守千年"焕新中国节"春节篇"线上过大年活动，成功创造了浮梁乡创新 IP。

序号	9	领域	稳岗就业帮扶	区域	莲花县

代表性做法：

一、抓服务，提升稳定就业能力，做好"强本"文章。一是加强就业监测。建立脱贫劳动力需求数据库和就业培训服务平台，统筹整合国家防返贫监测、农民工就业创业服务等系统，组织乡村持续开展摸底排查，及时、准确掌握脱贫劳动力就业创业情况及需求，实施动态管理。二是强化技能培训。对未就业劳动力全面开展就业培训需求调查摸底，及时对接培训机构开展实用技术培训；对技能培训要求高、在本县缺乏相应培训机构的则积极推送到外地培训，不断提升脱贫劳动力的劳动技能，起到了稳定就业和高质量就业的作用。加强农村致富带头人队伍建设，进一步巩固拓展创业致富带头人带贫益贫效果，确保脱贫群众稳定增收。2021 年全县安排创业致富带头人培训专项资金，举办 7 期创业致富带头人培训班。三是实现高效就业，推进供需对接。为更好地促进就业，为脱贫劳动力免费提供职业指导、举办招聘会、开展岗位推荐，让脱贫劳动力快捷高效地应聘到自己心仪的就业岗位。四是鼓励外出就业。对脱贫劳动力外出务工的，每年都发放一次性交通补贴。疫情期间，开通外出务工绿色通道，根据需求组织专车免费输送脱贫劳动力至火车站外出务工。

二、搭平台，拓宽就近就业渠道，做好"固基"文章。一是公益性岗位安置就业。针对部分没有一技之长、文化水平较低、有就业愿望的脱贫劳动力和弱劳动力，大力开发扶贫公益性岗位并出台了管理细则方案，帮助其就业。二是帮扶车间吸纳就业。制订出台了《莲花县乡村振兴就业帮扶车间规范管理方案》等文件，从帮扶车间发展计划、范围和条件、补贴标准等方面进行规范与细化；整合衔接补助资金与就业专项资金，对吸纳脱贫劳动力的企业、合作社进行补贴，通过统一设计标志、规范帮扶车间品牌，不断提升影响力，扶持就业帮扶车间发展壮大。2021 年全县 81 家就业帮扶车间，吸纳了3 319 名劳动力就业，其中脱贫劳动力 673 名。2020 年新冠肺炎疫情期间，给予在帮扶车间就业的贫困人员发放交通和用餐补贴 70.83 万元，免费提供消毒药品、防护口罩，为企业复工复产保驾护航。三是劳务用工增加就业。鼓励乡镇成立劳务公司积极承建农村公益性项目，创新就业方式，增加劳务用工，在壮大村级集体经济的同时解决农村剩余劳动力就业。在全县农业农村基础设施建设领域积极推广以工代赈方式，动员农村低收入群体参与工程建设获取劳务报酬。

三、强产业，鼓励创业促进就业，做好"增效"文章。一是特色农业间接就业。通过推广"公司＋基地＋农户"模式，发挥一批投资规模大、带动能力强的农业龙头企业的引领作用，大力推进肉牛养殖、白鹅养殖等产业发展，带动脱贫户务农增收。二是红色培训衍生就业。以甘祖昌干部学院为龙头，通过发展红色培训，带动民宿、土特产销售、农业特色种养脱贫产业，衍生大量就业机会，成为家门口就业的有效途径。三是扶持创业解决就业。针对缺少创业资金但是有创业愿望、创业项目及创业能力的脱贫劳动力，开辟绿色通道；对于本县创办企业及有一定规模的种养业且稳定经营 6 个月以上、具有工商营业执照的脱贫户，给予一次性创业补贴；对于能人创业带动脱贫劳动力就业的有限责任公司、合伙企业、专业合作社、就业帮扶车间等经济实体，优先给予小额贴息贷款，资金额度方面给予倾斜。

序号	10	领域	乡村治理	区域	余江区

代表性做法：

一是坚持政治引领机制。把加强基层党组织建设、巩固党的执政基础贯穿"五治融合"社会治理体系建设始终。全区整合资源，加强基层阵地建设，实现了"党群服务＋文明实践＋综治中心＋N"综合平台建设全覆盖。同时，积极推动大学生回村工程，选聘大学生回农村，专职负责党建、宣传、综治信息平台管理等工作，为农村基层党建和社会治理工作注入新鲜"血液"。利用数字化网络，打造"乡村治理系统——成长树"平台，将社会治理各项事务进行量化，积分作为村组干部评先评优、入党积极分子优先入党重要考核指标。

二是加强法治保障机制。大力实施培养农村"法律明白人"队伍工程，在每个村小组培养 3～5 名骨干法律明白人。全区每个村和社区都设立了矛盾纠纷调解委员会、村小组设立了调解小组，基本实现了"小事不出组、大事不出村、矛盾不上交"。成立了矛盾纠纷评理委员会，建立评理员人才库，村民发生矛盾纠纷，可自行选择自己信任的评理员进行调解。积极推进诉源治理工作试点，让矛盾纠纷最大程度化解在诉前，并试点推行"一村一法官"制度，在村委会设立法官工作站，打造家门口诉讼服务，减轻了当事人诉讼负担。

三是强化德治调节机制。深入挖掘家规、家风、家训等中华优秀传统文化，弘扬遵规守纪、明辨是非、诚信友善等传统美德，积极培育文明乡风，提升乡村文明程度。针对农村留守儿童较多的现状，积极打造村级假日学堂，配备教学设备、儿童读物、益智玩具等，丰富留守儿童业余生活。为进一步关爱农村留守老人，开启互助养老新模式，形成了乡贤参与、政府保障、理事会监管的长效运行机制。

四是构建自治约束机制。不断完善以群众自治组织为主体、社会各方广泛参与的新型基层社会治理体制，积极探索基层民主自治的新途径，延伸社会服务管理的触角，发挥群众自治组织自我组织、自我管理、自我服务的优势，真正实现"民事民议、民事民办、民事民管"。全区自然村全部成立了村民事务理事会，充分发挥村民主体作用，从拆危拆旧、厕所革命，到改水改路、环境整治等都让村民自己作主，集体协商规划。同时各村因地制宜建立乡贤议事会、红白理事会等自治组织，使其成为组织群众、宣传群众、凝聚群众、服务群众的重要力量。探索推广"物业进乡村"长效管护模式，实现村庄治理全民参与、物业服务全面对接、村庄环境长效保护，率先推广该模式的渡口村现在已然成为产业兴旺、生态优美、百姓富裕、邻里和睦的美丽乡村。

五是用好智治监测机制。主动适应现代科技发展趋势，运用现代科技手段，广泛开展各类智慧应用，有效提升了社会治理智能化、信息化、精细化水平。全区按照行政村至少5个监控点、自然村主要路口1～2个监控点的要求，扩大农村地区视频监控覆盖面。通过整合现有的"天网"和单位内部社会面"地网"视频资源，构筑前端布点严密周到、资源整合全域一体、平台功能全息多维、实战应用智能便捷的"雪亮工程"，实现"全域覆盖、全网共享、全时可用、全程可控"的总体目标。同时，对全区电动车、二轮摩托车、三轮电瓶车安装了"三车物联网"防盗系统，大幅提升了群众的获得感、幸福感和安全感。

序号	11	领域	易地搬迁后续扶持	区域	铜鼓县

代表性做法：

一、坚持高位推进，全力健全体制机制。组建易地扶贫搬迁后续扶持工作领导小组，明确由分管县领导牵头抓总，统筹系列工作。制定出台《易地扶贫搬迁后续帮扶实施方案》《铜鼓县"十三五"易地扶贫搬迁后续扶持项目实施方案》等相关配套文件，形成了一整套的操作管理办法。在"县负总责、乡镇主抓、村级落实"总工作机制的基础上，建立健全"一个项目、一名领导、一套班子、一个实施主体"的落实机制和"每月一次工作例会、每月一张倒排工期表、每月一次督导检查"的推进机制。

二、强化产业帮扶，全力提升造血功能。综合考虑搬迁群众的年龄结构和劳动力状况，因地制宜发展产业，突出产业奖补、合作社帮带的方式，通过"订单农业"等特色产业帮扶做法帮助搬迁户增收；通过租赁易地搬迁扶贫车间方式，引进企业，解决搬迁户就业问题；通过整合资金，做大后续扶持项目，增加村集体经济收入，以产业分红的形式实现易地搬迁脱贫户普遍增收。

三、聚焦稳岗就业，全力拓宽就业渠道。在抓细搬迁户就业监测的基础上，根据地域特点和劳动力自身需求，精准实施就业培训。一是分类做好家门口就业。针对半劳力、弱劳力就业需求，开发公益性岗位，实现就业增收；针对部分留守劳动力就业需求，建立就业帮扶、开设"农家乐"、发展家庭农场、加工作坊等实现就业；针对有一定劳动技能的劳动力，推荐至县内企业就业。二是推进点对点就业服务。与蓝思科技、比亚迪、娃哈哈、江特集团、方大集团等省内外知名企业、上市企业建立长期稳定的劳务输出合作关系。

四、突出社区管理，全力打造家的感觉。为破解搬迁户"故土难离、新居难测"顾虑，全力打造一个温暖的"家"。一是分层分类强化社区管理，建立"社区＋网格＋楼栋长＋搬迁户"的四级网格管理机制。在工业园区安置点，成立社区管理委员会；在大型集镇安置点，纳入当地居委会管理；在村级安置点，成立理事会，由村代管，安排专职人员负责管理。构建易地搬迁点自我管理、自我服务、自我监督的管理模式。二是完善配套设施，盯紧群众急难愁盼问题，投入180多万元在20多个安置点建设停车棚，在8个大型安置点安装自动充电桩。三是实施"小菜园"建设，通过统一供地、统一规划、统一分配、统一管理的方式，采用就近开发荒耕土地或租赁土地等方式发展生产。四是落实安置点"点长制"，200人以上安置点，由乡镇党委书记、乡镇长担任点长；200人以下的安置点由挂点科级领导担任点长，点长根据《点长工作方案》，全面负责统筹协调安置点后续帮扶管理工作。

五、注重跟踪问效，全力落实动态监测。为确保所有的搬迁脱贫户"搬得出、稳得住、有就业、能致富"，在全面落实日常工作的基础上，着重在跟踪问效层面发力，切实破解各类问题。聘请第三方进行动态化电话专访，明确访谈内容和重点，逐户了解后扶措施的落实情况。对于电话访谈发现的问题，及时进行梳理分类，建立问题清单并反馈至各乡镇核实整改，倒逼政策落实、工作落实。

资料来源：课题组根据调研资料整理所得。

2.3.3　突破重点工作，夯实乡村全面振兴基础

2018 年以来，江西着力抓好粮食等重要农产品供给稳定、加快乡村一二三产业融合、推进乡村建设等重点工作，扎实开展巩固拓展脱贫攻坚成果同乡村振兴有效衔接。

一是坚持抓好粮食生产这个首要任务，不断提高粮食综合生产能力。江西全省粮食产量连续 9 年超 430 亿斤[①]，2021 年达到 438.5 亿斤，其中早稻产量增幅居全国第一，双季稻比重居粮食主产省第一。

突出双责落实抓粮——压紧压实粮食安全党政同责，省委、省政府主要领导以上率下，带动全省形成了五级党政主官共同抓粮食生产的工作格局。持续强化粮食安全责任制考核，创设了责任包干、纪监督查、通报约

[①]　斤为非法定计量单位，1斤＝500克，下同。

谈、代耕代种、抽查核查等工作机制。

突出双季扩面稳粮——实施早稻扩种、收种"双抢"、晚稻增施穗粒肥和秋杂粮扩种等行动，连续3年派出"一对一"服务队深入早稻大县驻点指导，全省双季稻比重稳定在72.5%以上，秋杂粮面积突破400万亩。

突出双向发力兴粮——坚持向科技和耕地要产量，深入实施"藏粮于地、藏粮于技"战略，累计建成高标准农田2 622.7万亩，占全省耕地面积64.3%。全省农业科技进步贡献率达61.5%，主要农作物良种覆盖率达96%，建成水稻机械化育秧中心235个、全程机械化综合农事服务中心38个，全省水稻耕种收综合机械化率达82%，位居全国前列。

二是加快推进一二三产业融合发展，不断提高农业综合效益和竞争力。全省农林牧渔业总产值从2018年的3 148.6亿元增加到2021年的3 998.1亿元。

调优一产——制定出台"生猪发展14条""牛羊发展10条""渔业发展9条""蔬菜发展8条""家禽发展8条"等政策性文件，培育了粮食、果蔬、畜牧、水产等4个千亿级产业。

调强二产——深入实施龙头企业"强链争先"行动，培育省级以上龙头企业963家，打造了鄱阳湖小龙虾、富硒蔬菜、鄱阳湖稻米、赣中南肉牛等4个国家级产业集群，创建国家级农业产业强镇39个，国家现代农业产业园8个、省级现代农业产业园48个，国家农业现代化示范区3个，农产品加工业总产值达到7 355亿元，比2018年增长28.9%。

调活三产——大力实施休闲农业和乡村旅游提质扩面工程，积极发展休闲观光、农村电商等新业态，2021年农村电商销售额达519.8亿元。发展农业社会化服务组织2.9万个，3年来托管服务小农户数量累计达694.6万户次。

三是坚持质量兴农、绿色兴农，发展动能得到新增强。江西成为首个省部共建全国绿色有机农产品基地试点省，不断发展绿色农业、特色农业、品牌农业。

建好绿色基地——研究出台"绿色食品产业链发展13条"，创建国家农业绿色发展先行区3个，全省绿色有机地理标志农产品达到4 417个，创建全国绿色食品原料标准化生产基地49个、居全国第6位，主要食用农产品监测合格率连续8年保持在98%以上。

推广绿色技术——集成推广再生稻、"籼改粳"和统防统治、绿色防控等一批绿色高质高效技术模式，全省再生稻面积达到 188 万亩，"籼改粳"面积突破 200 万亩，统防统治覆盖率和绿色防控覆盖率均超 45%，优质稻订单种植面积达 1 300 万亩。积极推行种养结合、绿色循环发展模式，创建畜禽养殖标准化示范场 914 个。

唱响绿色品牌——深入实施"生态鄱阳湖·绿色农产品"品牌战略和"赣鄱正品"品牌创建三年行动，持续发布"党的二十大区域公用品牌""企业产品品牌百强榜"，赣南脐橙、庐山云雾茶等 5 个地理标志产品荣登全国百强榜。加强湘赣边区域合作，打造的"湘赣红"区域品牌成为全国唯一跨省的省级农产品区域公用品牌。

四是坚持乡村建设"为农民而建"，因村施策，走出一条具有江西特色的美丽乡村建设新路。农村人居环境整治连续 4 年荣获国务院督查激励表彰。

加大"治"的力度——启动实施新一轮农村人居环境整治提升五年行动，76% 的自然村完成村庄整治建设，农村卫生厕所普及率达 83.26%，建成村庄污水处理设施 6 285 座，82 个县（市、区）实现城乡环卫"全域一体化"第三方治理验收。长江干流、鄱阳湖以及 35 个水生生物保护区提前一年全面禁捕，提前实现船网处置率、渔民退捕率、适龄渔民参保率和就业率"四个百分百"的目标。

提高"建"的精度——深入实施新农村建设"五大专项"提升行动，打造美丽宜居乡镇 513 个、美丽宜居村庄 6 089 个、美丽宜居庭院 66 万个、美丽宜居示范带 470 条。

加强"管"的强度——在全国率先推进"五定包干"村庄环境长效管护机制建设，"五定包干"村庄环境长效管护做法被中宣部和国家发改委列入《国家生态文明试验区改革举措和经验做法推广清单》。创新搭建了"万村码上通"5G＋长效管护平台，97 个县（市、区）基本完成或正在建设平台，有效畅通了群众参与管护监督渠道。

五是通过改革激活农村资源要素潜能，不断增强推进农业农村现代化的内生动能。

巩固完善农村基本经营制度——有序推进农村承包地"三权分置"，推广"地押云贷"试点，农村土地流转率 53.6%。农村集体产权制度改革整省试点任务基本完成，股权证发放比例约 98％，68 个县建立农村集体产权流转交易中心，村集体年经营收入达 10 万元以上的村达 90％以上。

开展农村宅基地制度改革试点——4 个国家宅改试点县累计摸排宅基地 42 万宗，退出宅基地 5.6 万宗，分类化解宅基地历史遗留问题 3.9 万个，盘活利用"两闲"发展乡村产业 2 417 宗，增加集体经济组织收入 6 804 万元。大力开展农村宅基地规范管理"示范先行"县创建行动，17 个"示范先行"县（市、区）共审批宅基地 1 782 宗。

深化支持保护制度改革——连续 4 年开展小农户发展特色农业收入（价格）保险试点，累计为参保农户减少损失 1.21 亿元。创新开展农业巨灾保险试点，大力发展农业政策性保险，农业保险保费补贴达到 24.97 亿元。健全财政惠农信贷通工作机制，累计受益户数 16.09 万余户。

六是扎实做好巩固拓展脱贫攻坚成果同乡村振兴有效衔接。

强化监测帮扶——开发江西省防返贫监测平台，创新"农户自主申报、部门数据比对、干部常态摸排"三线预警机制，对脱贫不稳定户、边缘易致贫户、突发严重困难户，做到早发现、早干预、早帮扶。

强化产业帮扶——全省 5.1 万个经营主体、1.46 万个村级（联村）产业基地，分别直接带动 28.52 万户、17.04 万户脱贫户和监测对象增收，有力巩固了脱贫攻坚成果。2021 年全省脱贫户人均收入达 1.44 万元，同比增长 14％。

强化有效衔接——将全省 100 个县（市、区）分为先行示范县、整体推进县、重点帮扶县，分类指导推进乡村振兴。健全常态化驻村工作机制，向重点乡村选派工作队 5 593 个[①]，选择 1 841 个村，作为"十四五"省定乡村振兴重点帮扶村，重点扶持推进。

---

① 江枝英．推动农业农村现代化迈上新台阶［EB/OL］．http://nync.jiangxi.gov.cn/art/2022/6/15/art_27774_3994580. html.

第3章

行为逻辑：资源配置优化与延续效应发挥

☆ 主要观点 ☆

（1）有序推进和深入开展脱贫攻坚与乡村振兴两大战略的有机衔接，要基于战略目标，倒逼分析战略的重点任务，"从优化资源配置实现乡村高质量发展，更好满足人民日益增长的美好生活需要，更好推动人的全面发展、社会全面进步"的核心要求入手，从认知升华、行为驱动和资源效应发挥三个层面，厘清脱贫攻坚与乡村振兴有机衔接行为的内在逻辑。

（2）全面建成小康社会目标实现以后，面对相对贫困治理问题凸显、建档立卡贫困人口返贫风险依然存在以及中国进入新发展阶段后农村发展可能遇到的新情况，巩固拓展脱贫攻坚成果，扩大扶贫开发受益范围，沿着既定的脱贫致富道路走深走实，由原来的"补短板"变为乡村系统发展的"牵引"，继而有机衔接脱贫攻坚和乡村振兴两大战略。

（3）随着脱贫人口生计发展水平不断提高，行权能力和参与水平逐步提升，社会主体基于美好生活发展目标引领，主动谋求和拓宽致富门路，"发展自觉"行为已然呈现：思想意识上，由"要我脱贫"走向"自我发展"；经营行为上，注重传统种养产业转型升级，强化市场竞争、信息赋能等现代化发展要素增进；发展氛围上，向往既有秩序又充满活力的和谐友好环境；人生目标上，强调生活宽裕基础上的精神生活充实。精准扶贫、精准脱贫使得此前"脱域"的乡村发展力量重新"在场"，全面激发的内生动力成为推动乡村高质量发展的关键要素，乡村振兴总要求的明确提出，更是成为促进乡村共建共治共享治理体系和治理能力现代化的重要引领。

（4）打好全面脱贫与乡村振兴有效衔接的接续战，理论层面需要思考一张蓝图规划到底，做好机制接续；由特惠转向普惠，做好政策接续；推进产业可持续发展，做好产业接续；激发内生动力，做好观念接续；创新投入机制，做好要素接续。

（5）做好脱贫攻坚同乡村振兴有效衔接工作，实践层面应深入贯彻落实新发展理念，科学分析"双循环"新发展格局影响，统筹编制"十四五"系列规划；接续推进精准扶贫、精准脱贫，构建相对贫困治理的长效机制，梯次推进城乡扶贫治理一体化；着力资源要素整合和区域发展联通，聚焦重点难点任务，扎实推进乡村振兴；强化领导体制，创新工作机制，重视现有帮扶力量衔接；畅通要素流动，优化乡村发展环境，促进城乡融合发展。

巩固拓展脱贫攻坚成果、推进实现农业农村现代化，离不开乡村全面振兴。打赢脱贫攻坚战是乡村振兴的基础与前提，推进实施乡村振兴是高质量推进农业农村工作的逻辑延续，也是新时代"三农"工作的总抓手。聚焦脱贫攻坚与乡村振兴有效衔接问题，共性研究多在关联分析两者战略目标、工作重心的基础上围绕衔接原则、政策衔接、任务衔接、衔接途径等领域展开探索性研究[①]，如在衔接过程中应坚持无缝对接、统筹推进、梯度升级等原则[②]，按照乡村振兴"二十字方针"和国家有关相对贫困治理要求，强化"从消除绝对贫困走向相对贫困治理[③]、生产发展走向产业兴旺、村容整洁走向生态宜居、感恩奋进走向乡风文明、平稳有序走向治理有效、生活宽裕走向生活富裕[④]"六大任务衔接，在衔接途径这个关键议题分析过程中主要反映在注重规划引领、产业发展、培育内生发展

---

① 陈文胜．脱贫攻坚与乡村振兴有效衔接的实现途径［J］．贵州社会科学，2020（1）：11-14．
② 卢黎歌，武星星．后扶贫时期推进脱贫攻坚与乡村振兴有机衔接的学理阐释［J］．当代世界与社会主义，2020（2）：89-96．
③ 左停，苏武峥．乡村振兴背景下中国相对贫困治理的战略指向与政策选择［J］．新疆师范大学学报（哲学社会科学版），2020（4）：88-96．
④ 黄祖辉．准确把握中国乡村振兴战略［J］．中国农村经济，2018（4）：2-12．

动力①、健全政策保障以及构筑解决相对贫困问题的长效机制、夯实乡村振兴的制度体系等方面②。脱贫攻坚和乡村振兴两大战略内涵丰富，有序推进和深入开展脱贫攻坚与乡村振兴两大战略的有效衔接，不仅要"基于战略目标倒逼分析各战略的重点任务，梳理两大战略重点任务之间的关联以协同推进"，更需要"从优化资源配置实现乡村高质量发展，更好满足人民日益增长的美好生活需要，更好推动人的全面发展、社会全面进步"的核心要求入手，从认知升华、行为驱动和资源效应发挥三个层面，厘清脱贫攻坚与乡村振兴有效衔接行为的内在逻辑。

3.1　重要前提：减贫规律认知升华

　　农村贫困问题是乡村发展不平衡不充分状态的综合体现，扶贫开发是对于贫困区域和贫困发展空间重构和社会关联重建的过程。明确贫困发生机制和深化对脱贫致富行为的规律认知，亦可为"三农"问题解决和农业农村全面发展提供经验借鉴，尤其是有助于在脱贫攻坚与乡村振兴衔接的过渡期及时巩固和转化脱贫攻坚实践中获得的乡村改革和乡村治理领域的成果与经验，为乡村振兴顺利开局起步夯实基础。要在全球视野下历史分析不同区域、不同发展阶段的减贫实践。党的十八大以来开展的精准扶贫、精准脱贫工作，第一次实现了国家范围内消除绝对贫困目标，开创了减贫历史新纪元，在实现贫困人口脱贫致富的同时也促进了区域整体发展，脱贫攻坚成为促进区域减贫与发展的"综合性发展方式"：区域综合实力全面提升，贫困人口生计水平显著提高，干群关系更加紧密，基础设施建设和公共服务提供明显改善，共建共治共享的社会发展新局面逐步形成。脱贫攻坚的全面胜利从根本上转变了民众对于传统的"扶贫开发仅是扶弱助困"的狭隘理解，更增进了干部群众对于"通过扶贫开发助推乡村发展，实现生产生活水平全面提升"的行为预期。行为主体的行为开展总是其认知水平的外化，尤其是行为主体基于某种可选行为与

---

① 豆书龙，叶敬忠. 乡村振兴与脱贫攻坚的有机衔接及其机制构建［J］. 改革，2019（1）：19-29.

② 吕方. 脱贫攻坚与乡村振兴衔接：知识逻辑与现实路径［J］. 南京农业大学学报（社会科学版），2020（4）：35-41.

其他行为进行比较后获得认可，经行为主体思考加工后的认知及相应行为，将在未来更长一段时间得到行为主体的青睐和坚持①。全面建成小康社会目标实现以后，面对相对贫困治理问题凸显、建档立卡贫困人口返贫风险依然存在以及中国进入新发展阶段后农村发展可能遇到的新情况，巩固拓展脱贫攻坚成果，扩大扶贫开发受益范围，沿着既定的脱贫致富道路走深走实，由原来的"补短板"变为乡村系统发展的"牵引"，继而有机衔接脱贫攻坚和乡村振兴战略，便成为实现乡村稳定有序与高质量发展进程中题中应有之义。

3.2 核心驱动：行为"外嵌"转向发展自觉

基于社会行为的嵌入理论，任何社会行为主体都存在于一定的社会关联网络之中，并受到社会网络的影响，在不断联系的过程中产生社会网络、社会关系和信任等②，逐步融入发展主流系统；如若出现关联系统"脱域"，组织体系运行系统中的权力、资源和利益关系的平衡态被打破，系统无序致使协同混乱，"理性人"假设下的行为主体倾向于利己主义考虑，陷入"丛林状态"的发展体系将呈现出"集体行动困局"的发展状态③，系统中的弱势群体发展将受到排斥，进而陷入贫困状态。考虑到贫困区域"局部发展塌陷"、贫困人口综合素质不高及发展环境恶劣等因素影响，我国扶贫开发行为工作在整体上遵循了"外部帮扶与内生动力激发兼顾，通过改变贫困区域和贫困人口发展空间促进行为主体发展自觉"的工作思路，尤其是精准扶贫初期阶段，在规划制定、区域分片、项目选择、推进实施等领域中具有明显的政府主导特征，取得快速推进减贫脱贫显著成效的同时，扶贫开发行为的"外嵌"特点较为明显，贫困人口、社会组织等基本处于被动参与状态。扶贫开发不仅在结

---

① 李嘉惠，刘清，蒋多. 行为决策中诱饵效应的认知加工机制 [J]. 心理科学进展，2020，28 (10)：1688-1696.

② 张兵. 从脱域到共同体：我国职业体育组织演化的经济社会学分析 [J]. 体育科学，2016，36 (6)：37-45.

③ 张国亚. 农村集体行动的困局：动力机制与现实约束 [J]. 中共南京市委党校学报，2018 (3)：64-68.

果上逐步消除贫困，在减贫过程中也在不断提高着贫困人口及其他社会主体的可行能力[①]。随着脱贫人口生计发展水平不断提高，行权能力和参与水平逐步提升，贫困人口、社会组织等主体基于"美好生活"发展目标引领，主动谋求和拓宽致富门路，"发展自觉"行为已然呈现：思想意识上，由"要我脱贫"走向"自我发展"；经营行为上，注重传统种养产业转型升级，强化市场竞争、信息赋能等现代化发展要素增进；发展氛围上，向往既有秩序又充满活力的和谐友好环境，人生目标上，强调生活宽裕基础上的精神生活充实。精准扶贫、精准脱贫使得此前"脱域"的乡村发展力量重新"在场"，全面激发的内生动力成为推动乡村高质量发展的关键要素，乡村振兴总要求的明确提出，更是成为促进乡村共建共治共享治理体系和治理能力现代化的重要引领。

3.3　基础支撑：资源配置优化与延续效应发挥

贫困源于发展资源匮乏或配置低效，国家为补齐全面建成小康社会目标的乡村发展"贫困短板"，投入大量财政扶贫资源用于脱贫攻坚工作，如 2016—2020 年 5 年间，中央财政累计安排补助地方财政专项扶贫资金 5 345 亿元，连续 5 年每年增加 200 亿元，此外还有大量的地方财政帮扶资金与社会力量帮扶资源。资源投入过程中，强化资源配置优化机制保障，尤其是我国扶贫开发工作在科学认知多维贫困发生与治理规律的基础上，经由"政府主导、粗放帮扶、专项开展"向"政府与市场作用协同发挥、精准扶贫与精准脱贫、区域发展与扶贫开发相结合"理念转变，充分利用中国特色社会主义制度的优越性，坚持"六个精准"，创新"五级书记一起抓扶贫""重建贫困人口社会关联激活内生动力"等工作机制，实施"五个一批"工程，促进"要素供给——资源配置优化机制保障——贫困人口生计可持续发展"目标实现。决战决胜脱贫攻坚，不仅消除了现行标准下绝对贫困问题，也使得乡村发展相关的政府工作人员、村干部、普通群众等对于乡村自身情况、可能利用的发展资源以及未来发展思路更加

---

①　A Sen. Poverty and famines: an essay on entitlement and deprivation [M]. Oxford University Press, 1982: 3 - 17.

清晰。要保障已经起步的乡村进入发展的"快车道"，实现发展"加速度"并逐步实现城乡融合，坚持"精准"原则基础上的丰裕资源持续投入和确保已投入扶贫资源稳定高效发挥作用是为必需，而发展层次更高、涉及领域更广和汇聚资源能力更强的乡村振兴战略可保障脱贫攻坚战略的有效承接与接续发展。

3.4 脱贫攻坚与乡村振兴有机衔接的政策设计[①]

3.4.1 "一张蓝图"规划到底，做好机制接续

接续推进全面脱贫与乡村振兴有效衔接，关键在于体制机制的畅通。一是做好规划衔接。制定出台接续推进全面脱贫与乡村振兴有效衔接的实施意见，解决现有各类规划自成体系、缺乏衔接等问题，实现全面脱贫与乡村振兴的"同频共振"。二是做好组织领导协调机制衔接。坚持"五级书记"齐抓，建立省负总责、市县抓落实的组织工作机制，研究出台责任落实、组织保障、工作推进、考核评价等方面的实施细则，确保全面脱贫与乡村振兴"一盘棋、一体化"推进。三是做好全面脱贫与乡村振兴体制机制的整合融合。将推动全面脱贫一整套有效机制办法与乡村振兴打包配套使用，探索建立推进全面脱贫与乡村振兴有效衔接的决策议事机制、统筹协调机制、项目推进机制、事项跟踪办理机制等。四是做好项目衔接。科学研判全面脱贫中需要延续和升级的项目，并将其纳入乡村振兴规划和实施方案，实现全面脱贫与乡村振兴战略相呼应。五是做好考核评价机制衔接。借鉴全面脱贫所形成的较为成熟的评价机制，分类分地区指导接续推进全面脱贫与乡村振兴有效衔接成效评估标准和体系，科学评估衔接效果，并将其作为一项重要的考核指标纳入地方领导考核体系中。

3.4.2 由特惠转向普惠，做好政策接续

接续推进全面脱贫与乡村振兴有效衔接，需分类确定需要取消的或需要接续的、完善的、强化的扶贫政策，做好政策接续。一是多措并举巩固

---

① 张宜红．接续推进全面脱贫与乡村振兴有效衔接［N］．江西日报（理论版），2020 - 08 - 11.

脱贫成果。高度关注自然灾害、意外事故、重大疾病等突发性事件对脱贫户和贫困边缘户的冲击；建立返贫预警中心，发现返贫风险后及时启动响应机制，及时将返贫和存在返贫和致贫风险的人口纳入帮扶，针对不同返贫因素制定相应帮扶方案，统筹推进产业扶贫、就业扶贫，加强易地扶贫搬迁后续帮扶，积极探索返贫保险，为巩固提升脱贫成果加上"保险阀"。二是全力保障脱贫政策的稳定性和可持续性。严格落实摘帽不摘责任、摘帽不摘政策、摘帽不摘帮扶、摘帽不摘监管的要求，保持现有帮扶政策的总体稳定性、连续性。科学划定全省相对贫困线，坚持发挥党总揽全局、协调各方的作用，鼓励和支持社会各方面力量积极参与，推进集中式、特惠型全面脱贫政策向常态化、普惠型政策转变，探索构建解决相对贫困与乡村振兴有效衔接的政策体系。三是突出加快补齐基础设施和公共服务短板。加强农村道路、通信、供水等公共基础设施建设，建立健全持续有效的投入和管护机制，加大农村环境突出问题治理力度，重点加快农村人居环境整治，树立农村公共服务优先导向，以普惠性、保基本、均等化、可持续为方向，加快推动基本公共服务城乡制度并轨和标准统一。

3.4.3　推进产业可持续发展，做好产业接续

产业是接续推进全面脱贫与乡村振兴有效衔接的核心纽带。一要因地制宜发展特色产业。根据不同贫困村的发展现状、区位条件、资源禀赋及贫困户客观需求，明确重点特色产业发展方向与规模，将重点产业与新型经营主体、农户（贫困户）、村集体对接，提高贫困人口参与产业发展的深度和广度；支持"一村一品"示范村镇建设，探索多种方式的村级集体经济发展模式，实现扶贫产业可持续发展与产业振兴有机衔接。二要大力推进一二三产业融合发展。支持贫困县创建一批全国农村一二三产业融合发展先导区、国家农村产业融合发展示范园和具有区域特色的农村创业创新示范区、实训孵化基地；支持农业产业化龙头企业与贫困地区合作创建优质农产品原料标准化生产基地，支持贫困地区组建一批农产品加工企业集团，大力发展农产品精深加工；大力推进"互联网＋农业"，做大做强电商平台，探索建立"电子商务＋智能提货柜""贫困小农户与城市消费者直接对接的'蜂巢市场'"等产销对接模式，培育一批叫得响、有影响

力的区域公用品牌，不断延伸农业产业链，提高产品附加值，让贫困户享受到增值收益，促进小农户和现代农业发展有机衔接。

3.4.4　激发内生动力，做好观念接续

由全面脱贫向乡村振兴过渡，关键在于主体内生动力得到有效激发。一是推进典型示范引导。借鉴脱贫攻坚中扶贫、扶志、扶智经验，通过宣传自力更生、脱贫致富和乡村自组织实现振兴样本，发挥典型示范引导作用；以新时代文明实践中心为平台，开展全面脱贫和乡村振兴等扶志教育，创新自助扶贫方式，提高农民主体地位和责任意识。二是实施乡风文明行动。总结推广"乡风文明行动"经验、模式，制定出台"乡风文明行动"实施方案，因地制宜制定适应新时代、易操作、可落实、能见效的乡规民约、家训，引导农民摈弃"等、靠、要"的思想，让乡风文明助力乡村振兴，实现全面脱贫与文化振兴相衔接。三是建立农民意愿表达机制。在制定接续推进全面脱贫与乡村振兴有效衔接的政策、方案过程中，要建立完善农民意愿表达机制，打造创新群众参与、交流通道平台，充分尊重农民意愿；同时，建立农民建言献策奖励机制，鼓励广大农民积极为脱贫攻坚与乡村振兴建言献策。

3.4.5　创新投入机制，做好要素接续

接续推进全面脱贫与乡村振兴有效衔接，需做实做细做好"人、地、钱"等要素投入保障。一要人尽其才。将扶贫第一书记、驻村工作队、致富带头人培育、干部培训等政策制度延伸推广到推进全面脱贫与乡村振兴有效衔接的接续工作中来，重点实施贫困地区脱贫攻坚帮扶干部的人才留住行动计划，探索村党组织书记跨村任职机制，选优配强村级党组织书记，培育新型职业农民，鼓励外出农民工、退伍军人等人群返乡创业，实施新乡贤参与脱贫攻坚和乡村振兴计划，培养造就一支懂农业、爱农村、爱农民的"三农"工作队伍。二要地尽其用。加快制定农村集体经营性建设用地和农村宅基地"三权分置"具体操作细则，盘活农村存量建设用地，赋予农村集体建设用地平等的市场要素地位。用足用活农村土地政策，明确用地类型和供地方式，实行分类管理；贯彻落实好农业辅助设施用地纳入农地管理、农业设施用地可以使用耕地等政策，优先安排农产品

加工用地指标，破除城乡一体化发展的制度性障碍。三要钱尽其效。发挥政府投入的主导和主体作用、金融资金的引导协同作用以及社会资金的参与补充作用，延续脱贫攻坚期间专项资金转移支付、金融信贷等政策，整合归并各类涉农资金，设立全面脱贫和乡村振兴有效衔接的资金池，统筹用于农村产业发展、基础设施建设等；创新投融资机制，探索建立封闭运行的接续推进全面脱贫与乡村振兴有效衔接贷款风险金制度，出台关于支持社会资本更多更好参与接续推进全面脱贫与乡村振兴有效衔接的意见，形成财政优先保障、金融重点倾斜、社会积极参与的多元投入格局。

3.5　脱贫攻坚与乡村振兴有机衔接的实施路径

为准确把握"双循环"新发展格局下脱贫攻坚与乡村振兴有机衔接过程中遇到的问题并提出切实可行的政策建议，课题组坚持习近平新时代中国特色社会主义思想尤其是习近平总书记关于脱贫攻坚和乡村振兴战略的重要论述为指导，选择具有"中部省份、农业大省和连片特困区涉及省份"特征的江西省为分析样本，先后到赣州市、抚州市、上饶市和南昌市等地开展了实地调研[①]，且与各地农业农村、扶贫开发等政府职能部门工作人员进行了深入访谈，与样本区域典型村的村两委干部和乡村居民等进行广泛交流。课题组发现，党的十九大以来，江西在推进脱贫攻坚与乡村振兴有机衔接过程中，持续发力脱贫攻坚、发展壮大乡村产业、开展农村人居环境整治、创新农村社会治理以及纵深推进农村改革和促进城乡融合发展，各项工作进展有序，要高质量推进"双循环"新发展格局下脱贫攻坚与乡村振兴有机衔接工作，应结合脱贫攻坚与乡村振兴工作形势与两者有机衔接中存在的问题，积极探索和有效推进五大领域七个方面的工作（图 3-1）。

---

　　① 课题组在中共江西省委宣传部、省农业农村厅和省扶贫办支持下，于2020年3—5月、7—9月赴赣州市、抚州市、南昌市、吉安市及上饶市等地10余个典型乡村实地调研，并与涉及市县乡村各级干部、新型农业经营主体、普通村民等100余人开展深入座谈访谈。此部分数据为课题组调研期间所获并经整理所得。

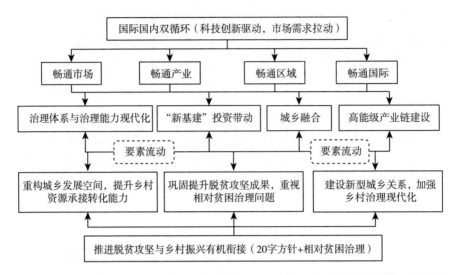

图 3-1 推进脱贫攻坚与乡村振兴有机衔接和"双循环"新发展格局建设互动关系

3.5.1 贯彻落实新发展理念，科学研判新发展格局影响

做好脱贫攻坚同乡村振兴有机衔接，要深入贯彻落实新发展理念，科学分析"双循环"新发展格局多维影响，明确可能的影响领域和传导路径，强化包容性增长、共享性发展，在规划上统筹接续减贫和乡村振兴。依据《中共中央 国务院关于打赢脱贫攻坚战三年行动的指导意见》《乡村振兴战略规划（2018—2022 年）》等文件要求，结合江西实际，以战略规划中部署的 82 项重大工程、重大计划、重大行动为抓手，以加强以智慧物流设施为代表的"新基建"为基础，联通产业链、供应链、服务链、价值链，通过改善营商环境降低成本、增进服务①，强化江西在长江经济带、粤港澳大湾区等区域协调重大战略中的融入，统筹编制江西《"十四五"脱贫攻坚成果巩固提升规划》《"十四五"乡村振兴规划》等规划文件，为脱贫攻坚与乡村振兴有效衔接提供工作蓝图和夯实工作基础。

---

① 陈文玲. 当前国内外经济形势与双循环新格局的构建［J］. 河海大学学报（哲学社会科学版），2020，22（4）：1-8.

3.5.2 构建相对贫困治理的长效机制，梯次推进城乡扶贫治理一体化

实施精准扶贫工作以来，江西贫困人口从 2015 年底 200 万人减至 2019 年底 9.6 万人，贫困发生率从 5.7％降至 0.27％，江西贫困地区农民人均可支配收入从 2016 年的 8 643 元，增至 2019 年的 11 767 元，年平均增速达 10.8％，贫困群众获得感幸福感显著增强。遵照中央提出的"坚决打赢脱贫攻坚战，巩固脱贫攻坚成果，建立解决相对贫困的长效机制"工作要求，结合"双循环"新发展格局可能带来的低收入风险，未来工作应严格落实贫困县摘帽"四个不摘"和非贫困县"四个不减"要求基础上，接续脱贫攻坚"八大体系"经验，逐步完善相对贫困治理体系。精准先行，借鉴脱贫攻坚责任、工作、政策、投入、帮扶、动员、监督、考核等"八大体系"经验，衔接实施乡村振兴战略战略。研究建立解决相对贫困长效机制，将关注重点和扶持重点向边缘村（户）等相对贫困群体倾斜，依据区域发展水平科学划定相对贫困标准（现行标准的 1.5～2 倍为宜）。出台《江西省相对贫困监测帮扶工作方案》，开展贫困边缘村（户）识别和脱贫监测户动态监测，关注支出型贫困，延续和创新原有脱贫攻坚举措，建立相对贫困群体动态监测、动态调整和跟踪服务机制，实施精准管理和精准帮扶。同时保持脱贫攻坚政策稳定，主要措施不搞"急刹车"。系统梳理现行政策，分为四类十五项：保留延续类，如延续脱贫攻坚制度体系、延续脱贫攻坚"精准"理念、持续发挥"大数据"决策辅助作用等；调整优化类，如加强对边缘贫困户政策帮扶、优化农民培训政策、调整基础设施改善类政策、调整农村危房改造政策等；提标扩面类，如加大涉农投入力度、拓展医疗保障政策、提高义务教育水平、提高社会保障水平、提高饮水安全质量等；重点强化类，如强化产业扶持类政策、加大村级集体经济发展的扶持力度、加大对种粮农民和粮食主产区的补贴扶持力度等。还要在人口等发展要素流动加剧的情况下关注低收入群体生计，推进城乡扶贫开发治理一体化。江西农村脱贫攻坚工作走在全国前列的同时，城镇贫困治理工作要协同推进。继实施《中共江西省委　江西省人民政府关于加大城镇贫困群众脱贫解困力度的意见》后，城镇贫困群众总量由 60.98 万人减少至 2019 年末的 40 万人；2020 年 9 月又及时印发了《关

于进一步做好贫困人员基本养老保险应保尽保工作的通知》，首次明确将城镇贫困人员纳入城乡居民基本养老保险扶贫政策范围。"双循环"新发展格局下应强化流动人口生计水平监测，关注低收入群体跟踪帮扶，逐步推进城乡扶贫开发梯次并轨与一体化治理。

3.5.3 聚焦重点难点任务，着力资源要素整合和区域发展联通

发展资源优势与拓宽市场，大力发展乡村产业，加快建设现代农业产业体系。巩固拓展脱贫攻坚成果和全面实现乡村振兴离不开乡村产业兴旺。各地依托地域特色、农业资源禀赋，不断发掘新功能新价值，乡村产业形态日益丰富，如赣南脐橙、井冈蜜柚、萍乡肉牛、九江稻鱼、广场白莲等，一批新型经营主体逐渐壮大，要素分红、服务分红等多样化利益联结机制逐步构建，既让农户分享了产业增值收益，又提升了参与发展产业的能力。但乡村产业发展也面临诸多问题，如短平快种养项目多、长效主导产业少，缺乏龙头企业带动、品牌影响力弱，产销对接困难、冷链设施等基础条件差，科技、人才、资金等要素支撑不足等，需要强化政策引领，充分发挥市场激励功能，提高乡村产业发展水平，不断提高群众收入水平。首先，充分发挥政策性项目引领作用，科学规划乡村产业。结合区域资源禀赋，推进农业产业结构调整，促进财政性支持"项目库"提质与产业转型升级，优先发展绿色生态农业，做足精深加工，打造"绿色有机农产品基地试点省"，坚持"创特色与抓规模并重，创品牌和增效益并举"，推进农村一二三产业融合发展。开阔乡村产业规划视野，在更高层面、更广领域开展资源要素优化组配，开展产业规划的"村规乡治，乡规县管"试点探索。优化国土空间规划，组建乡村"乡贤回归创业园区"，增进区域产业发展和产业集聚比较优势，激活乡村产业发展内生动力。其次，多渠道引进龙头企业等市场主体，加大本土新型经营主体培育力度。提升区域冷链等基础设施建设和服务水平提升，内引外联，多渠道引进龙头企业等市场主体，增强产业发展动力和活力。乡村产业起步阶段尤其应关注大中型国有企业引进，同时通过政策奖补、技能培训等方式积极培育农业企业、专业合作社和家庭农场等本土新型经营主体发展，尤其关注带动能力强的大型龙头企业培育，实施农民合作社质量提升工程，创新完善复合型涉农组织的利益联结机制，大力发展农业生产

社会化服务，推进"产业合作共同体""企农双赢共同体"建设，带动扶持小农户分享生产、加工、销售环节增值收益。持续加大现代农业产业技术体系的力度，强化科技服务指导，提高农业科研成果转化应用效率，为脱贫攻坚和乡村振兴提供强有力的科技支撑。进一步健全多层次农村金融服务体系，推进农业保险扩面增品提标。研究制定相关政策将免担保的小额贷款对象扩大到一般农户，给予 $50\%\sim70\%$ 的财政贴息；提高新型经营主体贷款额度至 100 万元以上，支持小微企业融资政策适用于乡村产业和农村创新创业；联合金融机构将更多涉农资产纳入抵押物范畴，允许权属清晰的农村承包土地经营权、农业设施、农机具等依法抵押贷款；加快组建赣农投资集团，搭建农业投融资平台。此外，将省级财政补贴险种扩大到蔬菜、家禽、水产、中药材等主导产业，提高省级财政承担比例。将"一县一品"地方特色农业保险奖补试点扩大到非贫困县，扩大特色农产品目标价格保险试点面，组建省级专业性农业保险公司并投入运营。

深入开展农村人居环境整治，探索"市场化"长效管护机制，推进全域生态宜居环境创建。建设好生态宜居的美丽乡村，让广大农民有更多获得感幸福感。以"七改三网"为重点，江西在 2.5 万个自然村组开展了村庄整治建设，并在全国率先全面启动村庄环境长效管护，2019 年村庄生活垃圾有效治理率达到 97.6%，粪污资源化利用率达 92.3%。习近平总书记 2019 年 5 月视察江西时，对江西农村工作予以"气象新、面貌美、活力足、前景好"的高度肯定。高质量推进农村人居环境整治工作，应直面农村人居环境整治工作推进不平衡、农村公共服务配套不到位等问题，立足推进全域生态宜居环境创建。一是促进城乡融合发展，全域推进农村人居环境整治。以"整洁美丽、和谐宜居"为要求，坚持连线成片推进，统筹安排贫困村和非贫困村项目建设，按照"人精神、地干净、物整洁、院绿化、畜规范"工作要求，推动农村人居环境实现外在美、居家美和生活美。完善和推广"县城带乡镇、乡镇带村组、县乡村三级联动"的全域生态宜居乡村创建模式，将农村人居环境整治与乡村振兴战略实施有机融合。二是加大资金投入力度，提升基础设施和公共服务水平。优化调整基础设施投入政策，整合涉农资金，加大资金投入力度。设立乡村振兴专项资金，集中用于乡村振兴重点领域、重点环节，依据政策要求将县域地方土地出让收益主要用于乡村振兴和解决相对贫困问题；调整优化涉农资金投入，重点用于推动农业产业发展、农村基础设施建设、医疗教育等基本公共服务提升等，探索建立基本公共服务与常住人口挂钩机制。因村分类施策，针对部分宜居不迁并村组村容村貌仍旧破败的实际，实施村庄整治全面覆盖工程；针对以前整治的村庄因标准较低、时间较长、设施老化、功能不足情况，实施村容村貌提档升级工程；针对村庄整治水平仍然不高，与生态美丽宜居标准还有差距的问题，实施美丽宜居示范引领工程；针对建后管护工作有待加强的迫切需要，实施村庄环境长效管护工程；针对产村融合不够紧密的情况，实施资产盘活发展优势产业工程。三是推进政府购买服务，探索市场化长效管护机制。鼓励社会个体成立服务公司，参与农村人居环境整治服务，通过政府购买服务破解农村环境长效管护难题，探索"农民自治＋企业履约＋政府监管"的"三位一体"长效管护机制，推广城乡环卫"全域一体化"第三方治理，由注重建设向建管并重转变，激励农民自己管、引进企业专业管、政府履责严格管，确保农村由阶段美转变为持久美。四是强化生态治理和资源保护，建立生态保护补偿和"产区—销区"利益补偿机制。科学划定生态保护红线，细化落实主体功能区空间布局，健全山水林田湖草系统治理制度。结合江西粮食、生猪等农副产品外调大省以及生态资源富集区优势，建议在国家层面根据农副产品调出量研究出台规范、科学的程序和标准向江西补偿资金，补偿在农副产品生产、环境保护中的污染治理、质量安全监管和生产补贴等投入，用于支持江西乡村振兴工作开展。

高质量建设新时代文明实践中心，促进群众自觉发展意识觉醒，积极培育乡村良好风尚。农业农村的现代化不仅是"物的现代化"，更是"人的现代化"。良好乡风能够浸润人心、引领向善，规范行为、凝聚力量。巩固拓展脱贫攻坚成果和实施乡村振兴战略，不仅要让农民生活富裕，还要让农民的精神生活充实。主要表现为三个方面：一是传承和弘扬红色基因，促进群众自觉发展意识觉醒。江西是一方红色热土，脱贫攻坚和乡村振兴有效衔接过程中，要着力传承和弘扬红色基因，运用"红色讲习所""乡村大讲堂"等形式开展宣讲培训，深入学习和广泛宣讲井冈山精神、长征精神和苏区精神等精神实质和深刻内涵，内化于心，外化于行，使其融于村规民约、民间信仰、风俗习惯等乡村文化，引导群众将其转化为对美好生活奋斗目标的执著追求，从发展实践切入，从精神上激励群众，树立感恩意识、主体意识，提高贫困群众致富的积极性主动性创造性，凝聚起脱贫攻坚与乡村振兴的强大精神动力。二是深入推进新时代文明实践中心建设，打通宣传、教育、服务群众的"最后一公里"。以文化人，秉承"群众在哪里，文明实践就延伸到哪里"的理念，按照"点线面"立体化布局、整体化推进，在更高层次上整合服务资源，创新平台载体和线上线下表现形式，重点开展针对城乡青年群体的定向服务①，以社会主义核心价值观为引领，推进新时代文明实践走深走实。推行文明实践区域化共建机制，实行政府领导挂点、职能部门与社会组织或企业参与联建，提升志愿服务水平和质量，形成多元共建大工作格局，成风化俗，把文明实践落到实处，让文明实践站成为乡村振兴"加油站"。三是聚力乡风文明建设，促进乡村移风易俗。设立"村级文明建设办公室"，持续推进星级文明信用户创评、"好人文化"建设、家风建设等乡风文明行动，集中解决"因婚、因不孝、因懒、因赌"等致贫问题，志智双扶，紧抓《民法典》宣传契机，大力开展尊老爱幼、家庭和睦、亲仁善邻、社会和谐的文明乡风建设，树立起"崇尚劳动、崇尚科学、崇尚法治，继承和发扬优良传统"的良好风尚，实施"一村一警（非辅警）一律师"制度，使文明有礼、崇德向善成为农民群众的行动自觉，实现德治法治自治的互促互益。

纵深推进农村改革，完善乡村治理结构，创新完善乡村治理模式。通过全面加强农村基层组织建设和推进"自治法治德治"融合等工作，乡村治理创新成效明显，2019 年江西共配齐配强村党组织书记 250 余人，余江等 5 个县（区）成功申报全国乡村治理体系建设试点单位，3 个乡镇、30 个村被列为全国乡村治理示范村镇，实现村务监督委员会设立全覆盖、农村"法律明白人"培养工程有关做法在全国推广等。鉴于全省乡村治理工作仍存在治理合力不够强、治理方式不够活、治理水平不够高等问题，实现乡村治理有效，前提是坚持党建引领，理顺乡村治理架构，完善治理模式。

---

① 章寿荣，程俊杰 . 推动新时代文明实践中心标准化建设：理论本质与实现路径 [J]. 现代经济探讨，2020（3）：42 - 45.

其一，深化农村核心要素改革，提高要素配置市场化水平。一是在明确提出市、县国土空间总体规划应预留建设用地用于支持脱贫攻坚和乡村振兴需求的基础上，借鉴"标准地"实践经验研究制定江西支持农业产业尤其是产业融合项目的设施用地政策，大力盘活利用闲置宅基地、农房，打破农村用地瓶颈，并通过市场调节以提高资源配置效率。探索建立农村撂荒耕地经营权回收制度，对撂荒两年及以上的农村耕地，允许将经营权回收至村集体，由村集体统一组织流转或经营，并从流转费用或经营收益中提取一定比例充实村级集体经济，并返还一定比例给承包农户。二是实施"乡村振兴人才强基工程"，推进职业农民教育培育，加大乡村振兴所需的经营型人才、技术型人才、管理型人才和综合型人才等教育和培训力度，重视新型经营主体、致富带头人培养，注重教培机构能力评估和业务监管。三是设立乡村振兴基金，专项支持乡村振兴战略实施。重点加大对种粮农民、新型主体的支持力度，改革完善财政支农体系，引导支持农村"双创"，撬动金融资本和社会力量的支农动力。

其二，完善乡村治理结构，充分发挥群众主体作用。村党组织是乡村善治的重要基础，协商民主规范是乡村善治的重要保证。创新完善乡村治理模式，要在进一步健全建强村党组织的基础上，健全村务监督委员会、协商民主理事会、家乡发展委员会、乡村发展促进会等民主协商组织，以不同形式构建党群连心网、便民服务网，全面推进村级、组级民主协商、民主评议活动，激发群众主人翁意识，积极参与党务、村务、政务工作，引导农民群众、新乡贤及其他社会力量，共建共享乡村发展。

其三，实施田园党建工程，促进新型经营主体发展协同。建立"党组织＋龙头企业＋合作社＋基地＋农户"产业链利益联结机制，开展"组织建在田园、党课上在田园、服务落在田园、活动放在田园、实绩亮在田园"的田园党建活动，构建以党建为引领、以产业行业（合作社）为核心、跨区域经营、产供销一体化的产业联盟，实施"要素保障、技术服务、加工销售"的"三统筹"，将组织优势转化为发展优势，把组织活力转化为发展动力，协调整合新型经营主体发展行为与优势资源。

3.5.4 健全领导体制与工作机制，重视现有帮扶力量衔接

要推进脱贫攻坚与乡村振兴有效衔接，实现全面振兴、共同富裕，必

须要有明确的阶段预期、科学的指导理念、完善的机构、强而有力的干部队伍以及健全有效的管理体制与工作机制。首先，坚持精准方略，落实"五级书记"抓乡村振兴管理体制。在推进脱贫攻坚与乡村振兴有机衔接中，必须把精准方略贯彻始终。充分考虑脱贫攻坚特殊性、局部性、紧迫性特点，以及乡村振兴综合性、整体性和持久性特征，实现乡村分类精准、发展途径精准、帮扶措施精准。借鉴精准扶贫工作经验，落实"五级书记"抓乡村振兴管理体制，坚持农业农村发展优先、干部配备优先、要素配置优先和资金投入优先"四个优先"，压实责任，按照《中国共产党农村工作条例》《中华人民共和国乡村振兴促进法》要求，依据村庄发展特点建立健全"差异化"的实施乡村振兴战略实绩考核制度，防止乡村振兴工作"一刀切"。其次，强化协同，建立健全实施乡村振兴战略协同推进工作机制。加强党委农村工作部门力量，建立乡村振兴战略工作领导工作小组（前期可称为"衔接工作领导小组"），按照产业振兴、人才振兴、文化振兴、生态振兴、组织振兴等领域设立专项推进小组。坚持整合资金，形成政府投入和社会资本协同发力的良性机制和制度体系，坚持广泛动员，凝聚社会各方面共同参与的强大合力，形成全社会广泛参与乡村振兴的格局。最后，重视现有帮扶力量衔接，强化保障体系建设。延续并加强驻村帮扶和结对帮扶，加大单位帮扶联系村、工作队驻村帮扶、干部结对帮扶力度。衔接期内保持现有帮扶力量相对稳定，"方案转变，人心不乱，力量不散"，将重心工作转向乡村振兴，将"乡镇扶贫工作站"和"村精准扶贫工作室"就地转为"乡村振兴工作站"和"乡村振兴工作室"。强化责任、投入、帮扶、监督考核等保障体系，精准施策，着力提高资源配置效率和效益。

3.5.5　畅通要素流动，促进城乡融合发展

推进脱贫攻坚与乡村振兴有效衔接，良好的新型工农城乡关系是支撑。畅通城乡发展要素交流，有助于实现工农互促、城乡互补、全面融合和共同繁荣。农业农村发展的不充分、城乡发展不平衡的状态，要求乡村发展既要注重提升自身实力，也要强化外部帮扶资源整合。

一是大力发展村集体经济，创新乡村发展方式。加快农村产权制度改革进程，加强农村集体"三资"监管。省级层面明确村集体法人、管理人

员等在内的收益分配指导办法。结合区域实际设立扶持"村级集体经济发展基金"，着手村级（或联村联乡）产业园、村级（或联村联乡）农业产业园等产业园区规划建设，促进村级现代产业体系建设提档升级，不断提升自身实力和外部资源承接能力。

二是疏通乡贤回归政策通道，坚持企业与项目引智用才。完善人才回乡的居留以及社保、教育等社会保障政策，畅通青年回乡、乡贤返乡政策和渠道。创新人才引进、留用举措，坚持通过"依托引进企业、引进项目的方式引进、留住人才"，让人才有所依、有所用。

三是优化农业农村发展环境，引导工商资本有序参与乡村振兴。针对工商资本下乡存在一些"下不去、留不住、做不大"的困难和问题，应打好土地、人才、资金等支持政策"组合拳"，如实行多层次多样化供地、加强农业专业人才培训、提高工商资本投资后所形成资产的金融活性等，使之有序注入农村，但又要严格审批，科学筛选，强化监管，使之在项目建设、技术选择、经营管理中坚持与区域自然环境、社会环境相适应，尊重和顺应乡村发展规律。

第4章

重要任务：积极实施乡村建设行动

☆ 主要观点 ☆

（1）实施乡村建设行动是推进乡村振兴战略的重要任务和有效抓手。开启全面建设社会现代化国家新征程之际，前瞻性拓展分析乡村建设行动涉及领域、框架建构及实践误区尤为重要。系统探讨新时代乡村建设行动"培育积极公民，优化乡村治理；繁荣乡村文化，培育文明乡风；改善人居环境，完善公共服务；发展乡村产业，推动富民增收；促进开放合作，强化跨域协同"的政策意蕴，深入分析"网络多维协同"治理格局建构、过程驱动机制健全、"泛社区化存在"的未来乡村建设等实践理路，预测性讨论乡村建设行动内生动力不足、关键领域工作缺乏实质创新、实绩考核高耗低效等行为风险及防范策略，有助于高质量全面推进乡村振兴。

（2）乡村振兴战略本质上反映的是国家与社会的关系，更为具体的是反映了国家意志与社会力量在乡村社会的互动。实施乡村振兴战略涉及农村经济、政治、文化、社会、生态文明和党的建设等多个方面，依循乡村振兴战略"产业兴旺、生态宜居、乡风文明、治理有效、生活富裕"总要求，作为由多个子系统组合而成的复杂结构体系，新时代乡村建设行动要以落实新发展理念、加快农业现代化和全面实现小康社会为价值引领，涵盖生态文明（环境政治、资源约束等）、经济发展（富民增收、产业融合等）、生活与文化（生活质量、文化传承等）、社会系统（社会管理、公共服务等）与政治系统（基层民主、组织制度等）等，通过政府、乡村群众、社会力量等多主体协同配合，逐步实现惠农（转变发展方式、优化产品供给和实现绿色发展等）、富农（持续稳定增收、产业结构优化与群众民生保障等）和强农（缩小城乡差距、产业竞争力提升和农村内生发展等）的目标。概言之，推进面向"全面乡村振兴"的乡村建设行动实践，需要建构乡村建设行动"网络多维协同"治理格局、健全乡村建设行动过程驱动机制以及持续探索未来乡村发展前景。

（3）对标对表乡村全面振兴、全面建设社会主义现代化国家江西篇章的要求，江西乡村建设成效显著，村容村貌得到明显改善，但实施乡村建设行动仍然存在诸多难点，亟须在统筹推进村庄规划布局、加强乡村硬件设施建设、提升农村人居环境品质、推进县乡村公共服务一体、优先配置资源要素等方面寻求突破，以走出一条具有江西特色的乡村建设之路。

实施乡村建设行动，全面推进乡村振兴，是党和国家着眼中华民族伟大复兴战略全局、准确把握新时代农业农村发展形势基础上所做出的解放和发展农村社会生产力、推动农村全面进步和促进城乡融合发展的重大决策部署。乡村振兴是新时代党和国家实施乡村建设的总体目标，实施乡村建设行动，既是对我国百余年来乡村建设历史经验继承，也是更好发挥"三农"作为国民经济发展"压舱石"作用的创新之举。在开启全面建设社会主义现代化国家新征程的历史关口，全面启动和高质量推进乡村建设行动，关键是厘清"谁来建设、建设什么、怎么建设"三个重要问题，依循乡村振兴战略总体要求，系统探讨新时代乡村建设行动新特点、新内涵、新任务，深入剖析面向"全面乡村振兴"的乡村建设行动实践逻辑，全面思考高质量推进乡村建设行动的潜在风险及防范，以期推动乡村振兴战略顺利实施，促进农业高质高效、乡村宜居宜业、农民富裕富足。

4.1 乡村建设历史追溯与研究演进

乡村建设是诞生于 20 世纪二三十年代危机深重的中国本土并在全世界范围内产生深远和积极影响的解决农业农村农民问题的过程与实践[1]，系统梳理乡村建设相关研究成果，主要聚焦于乡村建设历史溯源、乡村建设行为理论解析、乡村建设政策演进与实践探索三个维度。

一是乡村建设历史溯源。乡村建设拯救、改革、重建等各个历史时期

---

① 王春光. 乡村建设与全面小康社会的实践逻辑 [J]. 中国社会科学，2020 (10)：26-47.

的探索与实践，主要分为帝制时代乡村建设、民国时期乡村建设、1949年以后到改革开放以前的乡村建设、改革开放以来乡村建设实验等阶段[①]，其中农村复兴、土地改革与农业集体化、农村政治经济体制改革为后三个阶段的核心目标指向，整体发展脉络体现为从传统到现代、从"乡绅"主导到以政府为主的"多元化"、从单一到综合的转变；典型模式主要包括乡绅式乡村建设[②]、精英主导式乡村建设[③]、政社合作式乡村建设和政府主导式乡村建设等类型，亦有政府主导型乡村建设、农民内生型乡村建设和社会援助型乡村建设等划分[④]。社会力量主导视角下，颇具开创特征和影响深远的典型乡村建设实践分析重点，常指向梁漱溟关注乡土文化重构和内部组织再造的邹平乡村建设运动[⑤]、晏阳初侧重平民教育解决农民"愚、贫、弱、私"的定县乡村建设运动、卢作孚基于生产事业的重庆北碚乡村建设实验[⑥]、卜凯组织的社会调查及农村农业改良运动以及陶行知的晓庄实验区、鼓禹廷的宛平实验区等；政府主导视域下，阶段性乡村建设实践主要有中华民国政府于 20 世纪 30 年代推行的"救济农村""农村复兴"等运动，以及 1949 年以来党和政府开展的农业合作化运动、农村土地承包制度改革直至党的十九大提出乡村振兴战略[⑦]及全面实施乡村建设行动。

　　二是乡村建设行为理论解析。基于"路径依赖"经济地理学分析，乡村建设行为实质是持续整合的内部要素和不断变化的外部需求使得乡村空间生产系统呈现的演化与重构过程，其间突破乡村发展的认知、经济和治理等多重锁定，重振乡村的核心在于善治形成和文化重塑[⑧]。借助波兰尼

　　① 李向振，张博 . 国家视野下的百年乡村建设历程［J］. 武汉大学学报（哲学社会科学版），2019（4）：193 - 200.
　　② 王杰 . 新乡贤是传统乡贤的现代回归吗？［J］. 西北农林科技大学学报（社会科学版），2019（6）：59 - 76.
　　③ 黄博 . 村庄场域中的精英治理：分化、困顿与提升［J］. 求实，2021（1）：72 - 86.
　　④ 丁国胜，彭科，王伟强，等 . 中国乡村建设的类型学考察［J］. 城市发展研究，2016（10）：60 - 66.
　　⑤ 李善峰 . 民国乡村建设实验的"邹平方案"［J］. 山东社会科学，2020（12）：32 - 38.
　　⑥ 沈贵伟 . 民国时期的乡村建设流派兴起背景、经典案例与经验启示［J］. 理论月刊，2019（5）：142 - 148.
　　⑦ 郭晗潇 . 近代以来我国乡村建设的路径选择［J］. 社会建设，2019（1）：84 - 89.
　　⑧ 周思悦，申明锐，罗震东 . 路径依赖与多重锁定：经济地理学视角下的乡村建设解析［J］. 经济地理，2019（6）：183 - 190.

"自我保护"与费孝通"乡土重建"视野，在脱嵌或回嵌的状态中思考乡村建设内涵，探索百年乡村建设历史和乡村现代化转型过程中的复杂反应的研究进路常为社会学研究者支持①。更有以治理"体系—能力"作为分析框架，认为多元治理结构能够促进更多样的主体参与乡村建设②，提出建设"韧性"乡村理念以完善乡村治理体系③。生态学、法学和政治学等领域学者给予乡村建设的人居环境整治、廉洁乡村建设、伦理基础和新道德④以及乡村区域发展中的环境经济社会协同发展等问题较多关注，认为乡村建设需要妥善处理美丽宜居环境设计、私人生活及家庭改造、现代政治习惯建立和区域经济社会系统内生动力激发等重要关系，构建起由主体、客体、手段、动力、目标等要素组成的政府与社会互动机制⑤。

三是改革开放以来的乡村建设政策演进与实践探索。自民国时期乡村建设运动后，改善农村状况一直是党和国家制定政策的重心所在，以党的十一届三中全会为标志，我国乡村建设进入了新阶段。1982—2020年，党中央共发布了 22 份以"三农"为主题的中央 1 号文件，代表性政策要点包括 2004 年"促进农民增加收入"、2006 年"社会主义新农村建设"、2010 年"统筹城乡发展"、2014 年"深化农村改革推进农业农村现代化"、2017 年"深入推进农业供给侧结构性改革"、2018 年"乡村振兴战略"⑥、2020 年"全面实施乡村建设"，全国各地涌现出产业发展、生态保护、城郊集约、社会综治、文化传承、渔业开发、草原牧场、环境整治、休闲旅游和高效农业等发展模式以及浙江省"美丽乡村"、江西省"五美乡村"、重庆市"城乡统筹融合"等典型。诸多研究认为，乡村建设不仅仅是建设乡村，应结合现代乡村建设实践，坚持人民生计为本、合作联合为纲、多元文化为根的原则，体现为开展教育、

① 潘家恩，吴丹，罗士轩，等．自我保护与乡土重建——中国乡村建设的源起与内涵 [J]．中共中央党校（国家行政学院）学报，2020 (1)：120 - 120．

② 陈锐，王红扬，钱慧．治理结构视角的"乡村建设实验"特征考察 [J]．现代城市研究，2016 (10)：9 - 15．

③ 王杰，曹兹纲．韧性乡村建设：概念内涵与逻辑进路 [J]．学术交流，2021 (1)：140 - 151．

④ 李建军，任继周．美丽乡村建设的伦理基础和新道德 [J]．兰州大学学报（社会科学版），2018 (4)：8 - 14．

⑤ 申丽娟，谢德体．美丽乡村建设中的政府与社会互动机制 [J]．行政管理改革，2019 (7)：61 - 67．

⑥ 孔繁金．乡村振兴战略与中央 1 号文件关系研究 [J]．农村经济，2018 (4)：7 - 14．

组织农民合作、城乡互动、跨界联合等内容①。定量分析多基于"二十字方针"要求设计乡村建设评价指标体系，实证分析乡村建设经济发展水平、生活质量水平、社会发展水平及生态发展状况，明确产业兴旺、生态宜居、乡风文明、治理有效、生活富裕等层次递进关系和交互影响关系②，基于乡村建设和乡村振兴现实需求，用系统思维建构制度供给与资源保障体系。

围绕维护民生、促进联合、提倡多元等层面，诸多研究对乡村建设和乡村振兴问题进行了系统思考，为后续乡村建设与发展提供了良好的理论借鉴和实践启示。时移世易，2020 年中央农村工作会议做出"三农"工作重心从脱贫攻坚向全面推进乡村振兴历史性转移的重要判断，要求结合时代背景和发展环境，全面启动乡村建设行动，围绕如何书写乡村建设行动"时代答卷"、针对高质量推进新时代乡村建设行动的系统思考尤其是行动过程视角下促进乡村建设有机融入乡村振兴研究尚不多见，为本研究提供了可能的思考空间。

4.2　新时代乡村建设行动的政策内涵：延展性理解

开启全面建设社会主义现代化国家新征程，要求我们必须牢牢把握乡村振兴战略总要求，全面提升乡村建设行动水平。党的十八大以来，改革开放和社会主义现代化建设取得了历史性成就，广袤乡村发生了翻天覆地的变化，农业综合生产能力上了大台阶，农村民生显著改善，生活质量明显提高，实现了脱贫攻坚和全面建成小康社会的决定性胜利：全国农民收入较 2010 年翻一番多，现行标准下的 9 899 万贫困人口全部脱贫，建档立卡贫困人口人均纯收入从 2015 年的 2 982 元增加到 2020 年的 10 740 元；农业现代化建设迈向新台阶，农业基础设施建设明显改善；农村改革"四梁八柱"基本构建，乡村振兴战略的制度框架和政策体系基本形成，巩固拓展脱贫攻坚成果与乡村振兴有效衔接工作有序推进，全面推进乡村

---

① 潘家恩，张兰英，钟芳. 不只建设乡村——当代乡村建设内容与原则 [J]. 中国图书评论，2014（6）：32－41.

② 张挺，徐艳梅，李河新. 乡村建设成效评价和指标内在影响机理研究 [J]. 中国人口·资源与环境，2018（11）：37－46.

振兴工作已经全面铺开。党的十九大提出的乡村振兴战略是改革开放 40 年来乡村建设领域的顶层设计，是对改革开放以来涉农政策的反思性精准升华，也是对于我国社会主要矛盾发生变化的切实回应，经由"新农村建设""美丽乡村建设"等乡村发展阶段，人民对美好生活更为迫切、更为实在、更为广泛的追求，加之长期"通过非均衡发展战略寻求均衡发展"理念与实践影响，区域差距、城乡差距、收入差距等问题显现，正如习近平总书记所说，全面建设社会主义现代化国家，实现中华民族伟大复兴，最艰巨最繁重的任务依然在农村，最广泛最深厚的基础依然在农村，乡村建设只有进入更高水平的发展阶段才能更好满足人民对于美好生活追求的需要，实现全体人民共同富裕取得更为明显的实质性进展的发展目标。

脱贫攻坚取得胜利后，要全面推进乡村振兴，这是"三农"工作重心的历史性转移。全面推进乡村振兴，意指乡村产业、人才、文化、生态和组织等全方位的振兴，实施乡村建设的任一行动，无不与乡村的全面振兴直接相关，乡村振兴的所有方面都要通过乡村建设行动来实现①。契合生产力与生产关系耦合互动的内在逻辑，在全面建成小康社会和乘势而上开启全面建设社会主义现代化国家新征程的关键节点全面实施乡村建设，通过优化调整生产关系进一步促进生产力发展显得尤为重要。具象意义上思考现阶段乡村建设行动内涵，既是巩固拓展脱贫攻坚成果与全面推进乡村振兴的战略之举，也是新形势下突出共建共享、盘活基层、打牢基础、促进城乡融合发展的创新之举，主要包括县域城镇、村庄规划、农村基础设施、农村环境和农村人才等重点建设领域。对应新时代实现中华民族伟大复兴新的历史使命以及在本世纪中叶建成社会主义现代化强国的"两步走"战略安排，尤其是关于国家治理体系和治理能力、社会文明程度、城乡区域发展差距和居民生产生活、基本公共服务、社会秩序和生态环境等领域的愿景表达②以及国家有关全面推进乡村振兴战略的顶层设计，延展性分析乡村建设行动丰富内涵，涵盖区域层面的城乡空间重构、组织层面的乡村发展系统优化和个体层面的人的全面发展等内容，触及到新时代全

---

① 朱启臻. 乡村建设行动该怎么行动？[N]. 农民日报，2021 - 01 - 14.

② 习近平. 决胜全面建成小康社会　夺取新时代中国特色社会主义伟大胜利 [M]. 北京：人民出版社，2017：28 - 29.

面建设社会主义现代化国家进程中的多维发展目标均衡的核心问题，主要表现为五个方面。

一是育新人：培育积极公民，优化乡村治理。实施乡村建设行动是实现农业农村现代化的重要途径，农业农村现代化的基础是人的现代化。区别于民国时期社会精英主导式乡村建设运动与 1949—1978 年国家主导的乡村建设实践，新时代乡村建设行动需要国家、乡村居民及其他社会力量的协同参与，培育既能享受政治权、公民权和社会权等权利，又能在公共领域有效承担责任的积极公民[①]，尤为重要。乡村建设行动应稳步提升乡村民众推崇民主法治、善于创新、尊重知识等现代素养，提高行权水平，创新组织形式，激活人、钱、地、技等资源要素并促进要素组合优化，强化政府、市场和社会三方力量协同效应发挥，全面激发乡村发展内生动力，实现要素聚合循环良性运转基础上的乡村组织再造，以有效解决乡村发展要素重组外部依赖化、治理结构短期化和功能实现浅层化等约束性问题，健全"三治"结合的乡村治理体系，完善乡村治理格局。

二是兴文化：繁荣乡村文化，培育文明乡风。促进文化自觉和增进文化自信是乡村建设的核心动力，新时代乡村建设要繁荣兴盛乡村文化，继承优秀传统文化，推动乡村文化创新性发展，培育文明乡风，为乡村振兴铸魂育民。文化具有跨越时空与增进社会关联特征，兴盛乡村文化，强化乡村文化再生产秩序重构，既要关注文化实体建设，亦要强化关系思维。坚持社会主义核心价值观引领，综合利用现代和传统两种力量，正视城乡文化交融频繁、乡村居民个体化倾向、传统礼俗衰败和村民自治组织异化等现实挑战，创新乡村文化表现形式，丰富乡村文化内涵，提升乡村文化质量，革除陈规陋习，加强农村思想道德建设，弘扬公序良俗，推动形成文明乡风、良好家风、淳朴民风，让乡村文化更具有开放性和包容性，避免乡村现代化建设带来的简单雷同，实现乡村文化复兴和乡土文明重构，提振村民精神风貌，充分凝聚人民群众对村庄的价值共识，并逐步强化城乡文化发展统筹直至全域融通。

三是重民生：改善人居环境，完善公共服务。实现乡村振兴，改善农

---

① 邓大才．积极公民何以形成：乡村建设行动中的国家与农民［J］．东南学术，2021（1）：85－94.

村人居环境、补齐农村基础设施和公共服务短板是重要任务。落实高质量发展要求，全面实施乡村建设行动，应紧密围绕生活设施便利化、基础设施现代化和基本公共服务均等化等目标要求，树立和践行"绿水青山就是金山银山"的理念，统筹县域城镇和村庄规划建设，合理规划区域功能分区，优化乡村发展布局和分类推进乡村发展，将绿色发展理念、地域特色、现代文明等有机融入，逐步形成主体功能明显、优势互补和高质量发展的空间格局。坚持实用化原则推进人居环境整治，充分尊重村民意愿，突出问题导向，深化空心村治理、宅基地置换、清垃治污、改水改厕、能源利用等专项行动，因地制宜创造干净整洁的农村生活环境，全面提升人居环境质量。推动公共服务资源向乡村下沉，注重加强普惠性、兜底性、基础性民生建设，加快水利设施、智慧农业等农业农村基础设施建设，推动水、电、路、通信等传统基础设施提档升级，推动城乡医疗社保一体化发展，实现乡村教育优质普惠，持续推进公共服务在城乡之间同步发展，打造美丽宜居生活家园，不断增强群众的获得感和幸福感。

四是强经济：发展乡村产业，推动富民增收。产业是富民之本，实施乡村建设行动，推动高质量转型发展，核心支撑是乡村产业发展。大力发展乡村产业，应立足新发展阶段，全面、准确、完整贯彻新发展理念，构建新发展格局，充分发挥区位、环境和农副产品资源富集等比较优势，深化农业供给侧结构性改革，着力结构调整再深化，强化科技创新，拓展农业多重功能、巩固提升第一产业，着力提高农副产品加工水平、做实做强第二产业，探索新模式新业态、做新做优第三产业，促进要素交流、产业融合和产业聚集，提高农村要素资源配置和利用效率，改变传统产业"低、小、散、弱、差"发展状态，全力推进农村产业革命，促进乡村产业转型升级及其在更高层次、更广领域与优势产业梯次接轨。扶强助弱，壮大乡村企业、专业合作社、家庭农场等经营主体，盘活做优集体经济，紧密利益联结机制，通过生产合作、安排就业、市场拓展等方式，充分发挥产业益贫功能，推动富民增收，实现共同富裕。

五是促融合：促进开放合作，强化跨域协同。梁漱溟先生早年谈到"乡村建设，实非建设乡村，而意在整个中国社会之建设"①。实施乡村建

---

① 麻国庆. 乡村建设，实非建设乡村 [J]. 旅游学刊，2019 (6)：9-10.

设行动，应立足但要超脱于行政区划，顺应市场经济发展规律，高水平、宽视野优化乡村发展顶层设计，统筹城乡发展空间，推进省市县乡（镇）村各级协同跨域发展，推动形成工农互促、城乡互补、协调发展、共同繁荣的新型城乡关系，构建全方位发展新格局。加强制度创新，深入推进农村集体产权制度、土地经营权流转等制度、财税激励政策等管理改革，持续推进产业链供应链现代化、价值链高端化，外引内联，构建城乡融合的空间形态和发展格局，鼓励持续优化发展环境，以开放促进发展、以改革推动创新、以合作实现共赢，让振兴中的乡村始终激荡着前进的动力和活力。

4.3　面向"全面乡村振兴"的乡村建设行动实践理路：发展共同体视域下建构

乡村振兴战略本质上反映的是国家与社会的关系，更为具体地反映了国家意志与社会力量在乡村社会的互动。实施乡村振兴战略涉及农村经济、政治、文化、社会、生态文明和党的建设等多个方面，依循乡村振兴战略"产业兴旺、生态宜居、乡风文明、治理有效、生活富裕"总要求，作为由多个子系统组合而成的复杂结构体系，新时代乡村建设行动要以落实新发展理念、加快农业现代化和全面实现小康社会为价值引领，涵盖生态文明（环境政治、资源约束等）、经济发展（富民增收、产业融合等）、生活与文化（生活质量、文化传承等）、社会系统（社会管理、公共服务等）与政治系统（基层民主、组织制度等）等，通过政府、乡村群众、社会力量等多主体协同配合，逐步实现着惠农（转变发展方式、优化产品供给和实现绿色发展等）、富农（持续稳定增收、产业结构优化与群众民生保障等）和强农（缩小城乡差距、产业竞争力提升和农村内生发展等）的目标。概言之，推进面向"全面乡村振兴"的乡村建设行动实践，需要建构乡村建设行动"网络多维协同"治理格局、健全乡村建设行动过程驱动机制以及持续探索未来乡村发展前景。

4.3.1　多元协同，建构乡村建设行动"网络多维协同"治理格局

乡村振兴战略系统反映了国家与社会的关系，核心是国家与农村的关

系。谁来建设乡村？党和国家有关乡村振兴战略推进的一系列重要会议已经明确，要加强党对"三农"工作的全面领导，"五级书记"一起抓乡村振兴，特别是县委书记要发挥好"一线总指挥"的作用；要突出抓基层、强基础、固基本的工作导向，推动各类资源向基层下沉，吸引各类人才在乡村振兴中建功立业，特别是激发广大农民群众积极性、主动性、创造性。因此，未来实施乡村建设行动，政府仍将是乡村建设的主导力量和投入主体，同时应注重发挥社会组织在社会治理中的作用，畅通和规范市场主体、新社会阶层、社会工作者和志愿者等参与社会治理的途径，建构"以人民为中心"为本质要求的乡村建设行动"网络多维协同共同体"，实现乡村建设参与主体"国家—社会的共同在场"。乡村建设行动作为对接区域发展要求和满足群众物质、能力和情感等综合性需求的建构性社会服务，多元主体在共同目标指引下互为服务对象，表现出明显的"社会协作、时空重组基础上的服务主客体多元化和活动交互"的共同体特征，运用数字社会思维，将传统平面式、场域区隔效应明显的服务体系在"立体式、多维度"时空重组，注重多元参与主体的无间隙高效协作，体现为主体互联、平台驱动和服务共担三大领域，着力于党建引领、村民主体培育、项目平台建设、关联组织协商、资源要素整合、服务供需精准、参与竞争合作、强化风险共担等方面的工作，有助于形成乡村建设行动共建、共治、共享的高效治理格局。建构乡村建设行动"网络多维协同发展共同体"，旨在乡村建设行动的网络协同效应发挥，不同于市场经济体制下的"随机协同"，也不同于计划经济体制下的"行政捏合"，而是在更广领域和空间内通过建构协同平台、健全协作机制和完善行为主体的行为规范等，促进乡村建设系统整体良性运行和循环，在资源协整、共享基础上共建共享、共生共长，实现网络协同基础上的"网络资源溢出"效用。

乡村建设行动"网络多维协同"治理格局建设，体现的是国家权威和社会参与的相互嵌入，是在乡村治理领域社会力量同政府之间形成的合作共治与良好互动[①]：党建引领基础上的政府主导有助于统筹与分类指导乡村建设工作，动员聚集与高效配置乡村建设所需资源，彰显国家制度优势

---

① 张磊，曲纵翔. 国家与社会在场：乡村振兴中融合型宗族制度权威的重构 [J]. 社会主义研究，2018 (4)：114-123.

和治理效能，提高体制统合和协调能力；各类社会组织、志愿者队伍、民营企业、乡贤能人等社会力量在社区治理、生产技能培训、生活方式转变、文化建设、贫困治理、社会救助、乡村教育等方面具有提供专业、灵活的独特优势，推动乡村自治实践和发展资源引入，发展壮大集体经济，提升乡村自治能力，弥补"政府失灵"不足与降低乡村建设成本；乡村群众是乡村建设行动的当然主体，也是受益主体，需要什么样的乡村、建设什么样的乡村，群众自己最清楚，强化群众在乡村建设中的主体地位，确保乡村群众可行能力提升并积极参与到乡村建设中来，是乡村建设行动"网络多维协同"治理格局形成的关键，也是全面推进乡村振兴战略顺利实施的根本所在。

4.3.2　接续推进，健全乡村建设行动过程驱动机制

找准定位，推进巩固拓展脱贫攻坚成果与乡村振兴有效衔接。脱贫摘帽不是终点，而是新生活、新奋斗的起点。脱贫攻坚和乡村振兴都是为了实现"两个一百年"奋斗目标而做出的重要战略部署，脱贫攻坚为做好"三农"工作和实施乡村振兴战略积累了宝贵经验且夯实了工作基础，乡村振兴战略实施可为有效巩固拓展脱贫攻坚成果提供发展保障，两者具有基本目标的统一性和战略举措的互补性。在"两个一百年"奋斗目标的交汇期，应兼顾巩固拓展脱贫攻坚成果与乡村振兴战略的预设目标，找准新时代乡村建设行动定位和着力点，接续推进减贫脱贫、优化脱贫攻坚后续帮扶和加强相对贫困治理长效机制建设，通过调整优化脱贫攻坚政策举措、体制机制和推动减贫与发展工作重心转移，推进巩固拓展脱贫攻坚成果与乡村振兴有机衔接和长远衔接。

改革创新，优化资源要素配置释放发展新动能。高质量推进乡村建设，离不开适合时代发展的现代性资源要素持续增进。全面实施乡村建设行动，要深化重点领域、关键环节改革，聚焦"一个人"（人才），激活"三块地"（承包地、经营性建设用地、宅基地），用好"三个钱"（强化财政投入、撬动金融投入、引导社会资本投入），健全完善体制机制和政策体系，全方位助力乡村建设行动。通过创新完善新型职业农民培训、农业专业人才队伍选拔培养、社会人才投身乡村建设等举措，汇聚人才资源，破解人才瓶颈制约。深化农村土地制度改革，结合新形势深入推进"三块

地"改革，挖掘农村土地潜力，释放农村土地制度改革红利，围绕产业增效、农民增收和区域合理分区等目标，积极探索农村新增用地保障机制，创新宅基地跨集体经济组织使用、土地整治等存量建设用地盘活机制，建立健全土地要素城乡平等交换机制，盘活存量、用好流量、辅以增量，激活农村土地资源资产。坚持财政支农投入稳定增长机制，依据乡村产业结构优化升级、数字乡村建设等阶段性发展特征，不断优化财政支农资金投向和支持重点，完善绿色导向、区际公平、科技新型等领域的农业补贴政策。发挥财政资金撬动作用，拓宽投融资渠道，创新涉农金融产品和服务，推动建立财政、银行、保险、担保等有机结合的多元化金融和服务，引导社会资本投向农村，通过一事一议、以奖代补等形式，鼓励乡村群众通过投智投资投劳乡村建设，形成乡村建设造血机制。同时，充分发挥市场在资源配置中的决定性作用，加快发展乡村现代产业体系，高标准建设城乡市场体系，破除城乡之间资本、技术、人才等要素双向流动壁垒，建立健全城乡融合发展体制机制和政策体系，推动城乡要素自由流动、平等交换，促进公共资源城乡均衡配置，提高资源要素利用效率和效益，为乡村建设注入强大的动力与动能。

健全长效机制，推动形成乡村建设和发展的高效工作系统。因地制宜，精准施策，强化乡村建设行动中正式社会支持与非正式社会支持的协同配合，注重乡村自身发展与外部环境的动态匹配，深度融入"双循环"新发展格局，以有效满足乡村群众发展诉求为导向，创新乡村建设行动资源供需匹配机制、改革农村管理服务机制、健全城乡融合发展机制，针对性建立健全乡村发展长效造血机制，既兼顾个性化的多样性需求，又强调要素组合优化基础上整体优势的发挥，强化区际竞合过程中的乡村核心竞争力形成，促成城乡之间、乡村之间协同发展中的自组织和自适应，实现差异化发展系统之间的互促互益，创造支撑乡村发展的持续竞争优势，服务未来区域新发展格局调整与优化。

4.3.3 触摸未来乡村，建设凸显个性化与可选性特征的"泛社区化存在"

《中共中央关于制定国民经济和社会发展第十四个五年规划和二〇三五年远景目标的建议》明确，把乡村建设摆在社会主义现代化建设的重要位置，到二○三五年基本实现社会主义现代化，人民生活更加美好，人的全面发展、全体人民共同富裕取得更为明显的实质性进展。新时代全面实施乡村建设行动，既要在城乡发展、收入分配差异甚至是国际间城乡发展水平比较中探寻短板弱项，找准努力方向和发力领域，也要进一步理解马克思主义有关人的全面发展理论和社会发展规律深邃洞察，坚持以习近平新时代中国特色社会主义思想为根本指引，着力未来乡村建设探索，以更好统领未来乡村建设行动进程；坚持以全面建成小康社会试点的乡村发展为基础，通过实施乡村建设行动，逐步实现城乡融合过程中的农业农村现代化，初步实现乡村振兴；经由进一步高水平的乡村建设，理性处理自然资源利用、社会职业与阶层等问题，破解城乡空间区隔基础上的二元发展，区域经济社会基本形成"要素交流增益顺畅、社会关联无碍和谐、行为主体发展自觉"的系统，已经摆脱福利特征的"城、乡"转变为共建共治共享的"泛社区化存在"，居民可在特色各异的"泛社区化存在"自由选择并促进自身全面发展，各美其美，美美与共。

4.4　推进乡村建设行动的潜在风险及防范

4.4.1　避免乡村建设主体自觉水平不高，过度依赖外部力量

实施乡村建设行动，全面推进乡村振兴，需要政府、乡村群众和其他社会力量的广泛参与，尤其是政府自上而下与居民自下而上的高效有序互动。准确把握乡村建设行动提升乡村发展水平、弥合区域发展差距、促进城乡融合的价值蕴含，以及强调多维协同推进新时代乡村建设的政策要求，群众是乡村建设行动的当然主体和受益主体，但不具有唯一性；不同参与者均带着不同的利益诉求介入乡村建设，直接影响到乡村建设的发展走向。长期的乡村发展实践表明，国家总体目标和政府力量是不可忽视的方向性和决定性力量，市场背景下处于弱势竞争地位的乡村居民，相对于组织化的企业主体、二三产业工商资本而言，话语权明显不足。如政府、工商资本企业等主体不断被强化构建主体的身份认同，乡村群众在乡村建设中的主体性趋于消解，成为被建构的对象或客体，在关乎切身利益的乡村建设和发展中参与不足，甚或是出现集体失语，乡村建设行动"为谁服务"的价值目标将大打折扣。新时代乡村建设应避免乡村变成区域经济社

会发展系统的附庸，应把乡村群众（不单指农民，而是生活在乡村空间的居民）从政治、经济和社会等多维领域组织起来，强化群众在乡村建设中的主体意识和主体身份，赋予群众对乡村建设事务的话语权与决定权[①]，着眼其不同发展诉求并进行针对性满足，维护好他们的切身利益，提高其参与乡村建设行动的积极性和主动性，变"行为要求"为"行动自觉"，切实激活乡村建设内生动力。

4.4.2　避免关键领域缺乏实质创新，陷入政策同质化泥潭

乡村建设是一个系统工程，需要科学规划，统筹布局。新时代乡村建设行动旨在全面建设乡村直至走向乡村振兴，与民国时期乡村建设运动、新中国成立后的历次乡村建设实践存有现代化指向趋同、但在行为性质和建设内容上具有质的差别，不应是此前诸多乡村建设实践的"内容拼盘化、形式杂糅化、方法研究化"，应避免出现乡村建设行动"新瓶装旧酒"的尴尬：一是乡村建设行动规划设计上应通过视域拓展来克服思维误区，尊重乡村发展规律，精准利用区域资源要素以及地方性知识，乡村建设规划设计上要防止陷入专业主义的误区。推动专业化治理的目的是提高治理效率和维护公众利益，而不是凭借"专业性"专权垄断，更应理性拒绝不懂乡村缺披着"专业人士"外衣的人员开展千篇一律的城镇化建设模仿式设计，乡村建设应兼顾专业要素开发组合和非专业要素协商联动[②]，因地制宜。二是乡村建设行动途径选择上要改变"路径依赖和追随发展战略锁定"，充分把握数字乡村建设机遇，预测分析数字乡村建设工程伴随的信息投资、设备、消费与能力差距，正视区域、城乡、阶层、代际等信息鸿沟的扩大再生，超前谋划数字农业生产工程迟滞化、农村电商发展区域差异化、农村服务应用阶层区隔化、农村文化消费代际落差化[③]等诸多问题应对之策，为乡村建设行动装上科技之翼，挖掘数字红利，弥合城乡发展差距。三是乡村建设内容取向上切忌表面繁华与内涵空洞，应注重对乡村群众美好生活的承载，除农业农村基础设施建设紧随时代发展和群众需求

---

① 曾钰诚. 谁的乡村建设？[J]. 西北农林科技大学学报（社会科学版），2019（3）：35 - 42.

② 许宝君. 社区治理专业化：要素构成、误区甄别与实践路径 [J]. 中州学刊，2020（7）：83 - 90.

③ 陈潭，王鹏. 信息鸿沟与数字乡村建设的实践症候 [J]. 电子政务，2020（12）：2 - 12.

进行提档升级外，乡村建设行动在发展上应准确把握"服务谁、为了谁"建设定位，正视乡村群众主体地位、主观需求和主动作用，防范简单的"去农民化"，也要注意把乡村打造成为城市的"后花园""休闲地"的概念扭曲式，丰富乡村建设内涵，勾勒乡村厚重底色，以承载起群众有价值、有意义的生活。通过乡村建设行动，让乡村空间成为群众声气相通、利益相容、互帮互助的社区共同体、区域经济社会发展系统中相对独立而又全面开放、重视基础民生实现而又强调人的全面发展的单元。

4.4.3　避免实绩考核高耗低效，进入精细化考核误区

乡村建设行动参与人数多、涉及领域广、工作力度大，决定了未来的乡村建设行动实绩考核难度系数较高。要使其真正成为工作的指挥棒、发展的助推器，应借鉴已经开展的新农村建设、精准扶贫等工作绩效考核经验教训，明晰考核导向，灵活考核方式，不能"为了考核而考核"，避免"考核标准一刀切""表格考核等形式主义""片面追求繁杂、一位追求数据""追求百分百执行""留痕式考核引致的繁文缛节和本末倒置行为""乡村建设的简单化和展示化"以及考核中过分追求"细致化、制度化和数量化"等不良现象，结合乡村发展多样性、独特性、差异性等特征，尊重乡村空间结构和特有功能，紧扣乡村建设阶段性工作重点，科学设计乡村建设行动考核指标体系，评价过程中注意吸纳政府、群众和社会力量等多元主体参与，借助数字技术助力和赋能，实施分类考核，体现乡村建设重点工作和区域差异，同时强化绩效管理过程指导和绩效结果反馈，有效解决未来乡村建设行动绩效考核过程中动态、静态和情态等多维困境，让绩效考核回归绩效管理的本意，助推乡村建设行动提质增效。

4.5　高质量实施乡村建设行动的现实难点与突破①

4.5.1　多措并举，乡村建设阶段性成效显著

编制村庄规划具备基础。江西始终坚持县域一盘棋，推动各类规划在

---

① 内容由课题组于 2021 年 5 月通过与省农业农村厅、省交通运输厅等省直单位座谈和实地走访吉安、万安、玉山、乐平、鄱阳、余江等县（市、区）所得。此部分内容作为政策建议获得省领导肯定性批示。

村域层面"多规合一"，完成了"1＋50"个省级村庄、130余个市级村庄规划编制试点工作。以县（市、区）为单位，结合市县国土空间规划编制，对行政区范围内的所有行政村开展村庄规划评估，科学确定应编村庄规划数量。全面完成全省1.7万个行政村的基础调查和15.8万个自然村的村庄分类工作，确定了集聚提升类村庄11.8万个、城郊融合类1.5万个、特色保护类8 382个、搬迁撤并类1万个，为村庄规划编制奠定坚实基础。

农村公共设施不断完善。自2017年开始，江西以"七改三网"为重点，加快推进乡村基础设施建设，截至2020年年底，全省累计完成15万个村组整治建设，建成农村公路里程达18.58万千米，建制村通客车率达99.99％，乡镇客运综合服务站累计达119个，在全国率先实现组组通水泥路，基本实现村村通电、通客车和光纤4G网络，乡村"出行难、用电难、用水难、通信难"基本解决。

农村人居环境明显改善。截至2020年年底，江西农村人居环境整治三年行动目标基本实现，在全国率先全面启动了"五定包干"村庄环境长效管护，创新搭建"万村码上通"5G＋长效管护平台，已将1.3万个村庄纳入省级平台监管，99.56％的行政村纳入农村生活垃圾收运处置体系，71个县实现城乡环卫"全域一体化"第三方治理，94个县已全部完成农村改厕三年行动目标，建有无害化乡村公厕2.1万座，集中居住300户或1 000人以上村庄实现卫生公厕全覆盖，农户无害化卫生厕所普及率达94.1％以上。

农村公共服务实现全覆盖。全省城乡统一的居民基本养老保险制度、居民基本医保和大病保险制度基本建立，城乡居民基本医疗、养老保险基本实现全覆盖，健康扶贫每年全省的脱贫贡献率达40％左右，"党建＋颐养之家"农村新型养老模式在全省推广；随着"农村义务教育薄弱学校改造""农村义务教育学校标准化建设"等工程，农村教育硬件条件大幅度改善。

4.5.2 点多面广，实施乡村建设行动仍有短板

村庄规划短板明显。江西村庄规划滞后于乡村建设需求。调研发现，江西大部分村庄由于缺少规划，村庄建设无序，随意占地建设、超面积建

设、改扩建等现象时有发生，布局比较杂乱，一些"逐水而居""沿路而建"的农村"豪宅""大院"司空见惯。虽然一些地方进行了村庄规划，但规划不尽合理，要么盲目大拆大建，机械照搬城镇建设，热衷造盆景、造景观，村一级广场甚至搞"曲水流觞"，大大偏离村民实际生产生活需要；要么一个样子盖到头、一种颜色刷到底，失去了乡村原有特色。

硬件设施建设薄弱。一是水电路气等基础设施质量不高。调研发现，江西农村公路等级总体不高，"油返砂""畅返不畅"等现象时有发生，养护投入不足，"重建设、轻养护、轻管理"问题较为突出。全省有近一半的县（市、区）尚未实现城乡供水一体化，大部分乡村尚未使用天然气。二是物流基础设施短板突出。江西全省快递到乡镇基本上实现了全覆盖，但直投到村网点少且成本高，截至 2020 年 6 月底全省仍有 48% 的建制村快递服务未直接通达。另据调研，江西大部分农村快递费为 5～10 元/包，有的甚至高达 48 元/包，而浙江义乌快递费用仅为 0.9～1.3 元/包。三是乡村数字基础设施明显滞后。江西城乡数字鸿沟仍较大，一些偏远乡村没有 4G 信号，网速较慢，计算机的普及率较低，5G、物联网等新型基础设施建设滞后，存在网络信息设施建设和基础设施建设脱离的现象。

人居环境整治任务繁重。全省还有 3 万多个宜居村组尚未整治，有的整治村组甚至已返旧，农村人居环境整治任务繁重，亟待补短板、提质量。一是农村生活污水处理难题亟待破解。全省仅有 5 403 座农村污水处理设施，明显满足不了现实需要，且这些污水处理设施利用率偏低，加上很多村没有实现雨污分离，农村生活污水直排、乱排现象较为突出。二是农村厕所革命"方便难"尚未根治。调研发现，部分农户分散居住，导致改厕成本及污水处理运行成本增高；部分农户对农村公厕有所抵触，"想吃猪肉，又嫌猪臭"；不同程度存在"重建轻管"现象，无人管理，少数村的公厕不尽如人意，脏臭依然。三是农村生活垃圾治理有待拓展。调研发现，江西村庄环卫保洁、垃圾收集转运、终端设施建设等主要依靠地方财政，资金压力大，且大部分村组未纳入到城乡一体化生活垃圾收运处理体系，村民对生活垃圾集中处理意识不足，"自扫门前雪""室内现代化、室外脏乱差"等问题较为突出。

基本公共服务水平不高。与城镇、农民实际需求相比，江西农村基本公共服务水平和质量还存在较大差距。一是农村教育质量亟待提高。调查发现，江西农村教育质量亟待提升，一些农村学生成绩达不到国家规定的合格标准，辍学率高，部分小规模学校发展政策无法有效落实。二是农村医疗水平亟待改善。2019年江西农村每千人医疗机构床位数为4.3张，与城市平均水平相差3.6张，在中部地区排第5位，乡镇卫生院病床使用率为59.6%，比湖北、湖南、河南分别低13.3、9.2和1.5个百分点；每千人拥有农村卫生技术人员数为4.0人，与河南省并列中部第4位。三是农村养老服务短板亟须补齐。截至2020年5月底全省78个县（市、区）实现农村特困失能人员集中照护，但仍有57.66%的建制村没有养老服务设施，一些乡镇养老院设施老旧、缺少床位和专业护理人员。

乡村建设资源要素匮乏。一是乡村建设资金投入机制有待健全。实施乡村建设行动，是一项复杂的系统工程，需要大量资金。然而，全省财政涉农资金整合尚不到位，多头下达、零敲碎打、撒胡椒面等问题仍较突出，土地经营权抵押贷款仍然停留在探索中，农村金融机构仍担负着农村资金的"抽水机"作用，工商资本、社会资本进入乡村的通道不畅，存在非农化倾向。二是乡村人才匮乏。回乡创业人才平台缺乏吸引力，农村人才依旧主要流向城市；农村"头雁"式的致富带头人、电商人才、经营管理人才稀缺，基层农技人员"青黄不接"，通过定向培育招录的农技人员占编占岗不履职，缺位现象普遍；高素质农民培养效果停留在"发了多少结业证"上，缺乏培训后的跟踪服务。

4.5.3 精准突破，提高实施乡村建设行动水平

统筹推进村庄规划布局。乡村建设，规划先行。一是加快县级国土空间总体规划编制。2021年基本完成县级国土空间规划编制，按照尊重历史、顺应自然地理格局、保护历史文化、维护群众利益、因地制宜的原则，在科学评估的基础上，明确哪些村保留、哪些村整治、哪些村缩减、哪些村做大，分类推进乡村发展和布局。二是有序推进村庄规划编制。根据不同类型村庄发展需要，推进"多规合一"实用性村庄规划编制，对集聚提升、城郊融合、特色保护类的村庄尽快实现全覆盖，完善村庄用地用途管制制度。不搞大拆大建，保持乡村独特的风貌，留住村庄的乡情味和烟火气，防止千村一面。三是强化规划实施监督和评估。规划编制和实施要充分尊重农民的意愿，合理把握规划实施节奏，不得强迫农民"上楼"。

及时纳入县级国土空间规划一张图实施监督信息系统，作为用地审批和核发乡村建设规划许可证的依据。定期开展村庄规划实施评估并及时按法定程序探索村庄规划动态维护机制。

加强乡村硬件设施建设。坚持传统基建与新基建一体推进、协同发力，实现全省乡村基础设施大升级。一是全面推进传统基础设施提档升级。在"往村覆盖、往户延伸"上下工夫，实施农村道路畅通工程，推行农村公路"路长制"，推动"四好农村路"高质量发展；实施农村供水保障工程，推进城乡供水一体化全覆盖；实施农村电网巩固提升工程，提高农村供电能力及供电可靠性；实施"气化乡村"工程，推进江西乡镇和行政村天然气应通则通，做到全覆盖；加快实施"快递下乡"工程，改造提升农村寄递物流基础设施；实施农产品冷链物流设施建设攻坚工程，推进田头小型仓储保鲜冷链设施、产地低温直销配送中心建设。二是加快推进农村新型基础设施建设。打造数字乡村，推动农村千兆光纤、5G 网络、物联网与城市同步规划建设，全省乡村网络信息与基站基本实现全覆盖；推动乡村水利、公路、电力、冷链物流、农业生产加工等基础设施的数字化、智能化。

提升农村人居环境品质。深入实施农村人居环境整治提升五年行动，推进全省农村人居环境品质大提升。一是在农村生活污水处理上求突破。分类分地区探索农村生活污水治理市场化建设与运维模式，突破江西村庄生活污水处理难题。对城镇周边居住相对集中的中心村，加快与城镇管网和污水处理设施无缝衔接；对距离城镇较远、人口相对集中的规模村庄，探索建立小型实用的管网收集与集中处理系统；对村民居住相对分散、集中收集污水较困难的村庄，探索采取单户或联户的分散式处理模式。二是在农村厕所革命上创特色。结合全省乡村特点，合理规划建设农村公共厕所，因地制宜选择厕所改造模式，分类推进，切忌生搬硬套一个模式，提高农村户厕无害化改造质量，确保改造后的厕所方便、实用。三是在农村生活垃圾治理上走前列。完善"户分类、村收集、乡转运、区域处理"生活垃圾收运处理体系，重点加强乡镇垃圾中转站、村庄垃圾收集设施建设；推广城乡环卫全域一体化第三方治理，推进农村生活垃圾就地分类减量，建设一批有机废物综合处理利用设施；探索"互联网＋农村生活垃圾治理"模式，实现农村生活垃圾治理智能化、精细化。

推进县乡村公共服务一体化。探索建立城乡公共服务优先投入机制，推动教育、医疗、文化等公共资源在县域内优化配置，推动公共服务资源向乡村下沉，推动公共服务县乡功能衔接互补、向乡村下沉。一是实施乡村教育优质普惠赣鄱行动。优化农村义务教育学校网点布局，落实好乡村小规模学校政策，实施学前教育质量提升计划，支持建设城乡学校共同体，提升乡村教育质量。二是全面建设健康乡村。全面提升乡镇卫生院和村卫生室设施条件，支持医疗卫生重心下移、资源下沉，支持城乡联合建立医疗共同体，推行乡村医生乡聘村用。三是提升乡村养老服务水平。推进全省落实城乡居民基本养老保险待遇稳定和正常调整机制，推进城乡居民基本养老保险参保提标扩面，健全县乡村三级相衔接的养老服务网络，支持探索农村普惠型养老、互助型养老新模式。四是提高乡村公共产品和服务管理效能。建立村级公共产品产权清单制度，推动县乡两级行政服务向行政村延伸，完善农村综合便民服务代办点网络，搭建民事村办服务平台，加强村级客运站点、文化体育、公共照明等服务设施建设与管护，提高乡村公共产品和服务管理效能。

优先乡村建设资源要素配置。一是强化顶层设计。尽快出台江西省实施乡村建设行动的实施方案，明确全省乡村建设行动资源要素配置的重点领域；组建由政府主要领导任组长、分管领导为副组长、相关部门为主要成员单位的省市县三级实施乡村建设行动领导小组，压实各级领导责任，把乡村建设纳入省市县领导班子考核指标体系。二是加大资金投入。健全涉农资金整合机制，支持发行省级乡村振兴专项债券，主要用于乡村建设；大力发展乡村数字普惠金融，开展农村土地承包经营权、流转权、集体建设用地使用权的质押贷款；开发农业机具、农业知识产权等动产质押金融产品，创新订单、仓单质押等产业链、供应链金融服务新模式，扩大投放乡村建设信贷力度；设立涉农贷款风险补偿基金，支持工商资本和社会资本参与乡村建设行动。三是畅通人才下乡通道。加大农技推广人员和防疫人员的定向培养力度，健全农技推广考评晋升、待遇保障等机制，确保专职专用；出台支持继承祖宅乡贤回乡的政策，营造公平的创新创业环境，整合、创建一批具有江西区域特色的返乡下乡人员创业创新园区（基地），引导返乡农民工、大中专毕业生、科技人员、退役军人和工商企业等返乡创新创业。

第5章

关键支撑：实现稳定脱贫与产业兴旺良性互动

☆ 主要观点 ☆

（1）2020年我国现行标准下农村贫困人口实现脱贫后，脱贫区域和脱贫人口生计发展要素禀赋结构特征将发生显著变化，乡村治理的重点和难点将从消除绝对贫困转向相对贫困治理和实现稳定脱贫。伴随脱贫前后资源要素禀赋结构变化，准确把握和有效对接市场发展诉求多样化与高端化趋势，依循乡村振兴战略要求和新发展理念指导，培育发展持久稳定增收致富产业，发挥比较优势升级益贫性产业结构，强化参与主体利益联结，健全完善稳定脱贫长效机制，推进产业兴旺与稳定脱贫"价值共创式"良性互动基础上的互促互益，逐步成为业界与学界共识。

（2）空间作为一种经济地理和社会建构，空间演化与社会重构是相互影响的动态过程，脱贫攻坚和乡村振兴战略实施改变着传统的社会经济形态和空间生产。稳定脱贫，决胜脱贫攻坚，产业兴旺，推进乡村振兴，既着眼当前脱贫攻坚与乡村振兴有机衔接过渡期脱贫人口生计可持续发展与群众持续增收的瓶颈约束破解，又长远谋划城乡融合背景下乡村产业高质量发展和乡村治理水平现代化，以更好解决乡村发展不平衡不充分问题和不断满足人民日益增长的美好生活需要。结合扶贫开发过程中逐步形成的"拓展发展新空间培育发展新动力，利用发展新动力开拓更广发展新空间"的新时代扶贫开发的全域空间发展思想，稳定脱贫的实现需要贫困人口生计空间与区域发展空间的协同耦合；思考乡村产业要素型高速增长及结构性发展困境，产业兴旺目标的实现需要转变打破传统经验主义发展模式，在更高层次、更广领域的异质空间融合中推进要素组合优化驱动的高质量发展。空间重构是脱贫攻坚和乡村振兴的重要抓手，强化稳定脱贫与产业兴旺同频共振，关联分析稳定脱贫和产业兴旺，核心是在"坚持产业扶贫是脱贫根本之策，要素增益是产业高质量发展之基"，揭示脱贫人口生计要素变化逻辑与驱动机制、比较优势视角下解构产业发展与区域要素禀赋互动关联，关注益贫性产业结构优化升级与居民生计方式转型联动。

（3）益贫性产业发展特别关注贫困人口自我激励基础上的现代要素增进和生计方式转型，持续增强其从益贫性产业发展中获益能力。市场经济条件下乡村产业发展虽有政策性保护优势，着眼长远也应有参与市场竞争的意识和能力。益贫性产业盈利性和公益性兼具，本质是产业经营主体承担经济责任和社会责任的外显。针对益贫性经营主体提供的阶段性优惠政策、资金支持等举措，旨在激励产业在乡村区域萌发、促进经营主体与贫困人口的利益关联。微观层面思考产业发展与贫困群众利益联结，充分发挥发展引领、组织依托、风险消减与增收稳定作用，可有效破解片区产业发展低水平循环与发展主体生计响应欠缺问题；宏观层面探讨产业发展与农户家庭利益联结，主要是通过合同契约降低市场风险促进稳定增收、带动农户参与产业链增强其增收能力、增加优质服务和要素供给以优化农户经营和发展环境、发展农业生产性服务业形成农户节本增效降险机制，不断增强农民参与发展的能力，促进小农户生产和现代农业发展的有机衔接。

产业兴旺是乡村振兴的重点，是农民致富的根本之策。巩固拓展脱贫攻坚成果，实现稳定脱贫，形成脱贫人口积极参与的区域高质量发展实践至为关键；产业兴旺是乡村全面振兴的坚实基础与核心支撑，助推生产要素的合理流动与优化组配，弥合空间分异和促进贫困人口市场参与。契合结构性贫困特征的区域益贫性产业发展，可有效激发脱贫群体内生动力，使其积极融入主流发展系统；精准扶贫、稳定脱贫带来的要素禀赋结构优化，亦将全方位助推区域产业结构转型升级。在巩固拓展脱贫攻坚成果和谋篇开局乡村振兴的关键过渡期，坚持高质量发展理念为统领，进一步明确脱贫攻坚稳定脱贫与乡村振兴产业兴旺发展的阶段性特征，基于益贫性产业发展和利益联结机制建设视角，明晰稳定脱贫和产业兴旺的互动关联和作用逻辑，兼以典型区域脱贫攻坚与乡村产业发展关联实践为例，优化联动治理策略，有助于系统推进和深度实现稳定脱贫与产业兴旺互促互益，提高资源要素配置效率和区域整体发展水平。

5.1　脱贫攻坚与乡村产业协同发展的研究演进

历经救济式扶贫、开发式扶贫和精准扶贫、精准脱贫，现行标准下贫困地区和贫困人口于 2020 年末一道实现脱贫，贫困人口的幸福感和获得感显著提升。总结提炼决战决胜脱贫攻坚实践经验，系统思维持续创新至为重要：坚持精准导向，党建引领，发力多维贫困[①]；优化扶贫政策顶层设计，释放市场配置扶贫资源潜力[②]；重视社会力量参与，深化扶贫开发治理[③]；耦合区域空间和贫困人口生计空间，实施个性化生计空间再造和优化[④]；强化贫困人口社会关联，促进贫困人口发展融入[⑤]；创新多元主体利益联结机制，持续推进精准扶贫提质增效[⑥]。脱真贫、真脱贫，精准施策是基本方略，稳脱贫、不返贫，提高脱贫质量是关键。精准扶贫是产业网络和社会网络双重嵌入的过程[⑦]，实现稳定脱贫，需要统筹考虑社会资源利用、扶贫对象风险应对与自我发展能力、民生事业发展与公共服务均等化、乡村发展要素激活等因素构建稳定脱贫长效机制[⑧]，重在发展产业以推进贫困人口产业链参与融入、重返社会发展主流秩序。产业扶贫实践中积极创新扶贫资金使用方式，推进产业扶贫政策服务转向，突出产业

---

① 张璇玥，姚树洁．2010—2018 年中国农村多维贫困：分布与特征［J］．农业经济问题，2020（7）：80 - 93.

② 张兆曙．城乡关系、市场结构与精准扶贫［J］．社会科学，2018（8）：65 - 75.

③ 杜宝贵，李函柯．社会工作介入精准扶贫：依赖与消解［J］．理论月刊，2020（9）：109 - 117.

④ 郑瑞强．贫困群众脱贫内生动力激发：行动框架拓展与实证［J］．贵州社会科学，2019（1）：109 - 117.

⑤ 刘婧娇．脱贫、发展、关联——中国农村贫困治理的反思与展望［J］．云南社会科学，2018（4）：25 - 31.

⑥ 姜长云．新时代创新完善农户利益联结机制研究［J］．社会科学战线，2019（7）：44 - 53.

⑦ 许玲燕，吴杨．精准扶贫过程中的双重网络嵌入机理及其模式研究［J］．江苏大学学报（社会科学版），2018（2）：30 - 36.

⑧ 李海金，陈文华．稳定脱贫长效机制的构建策略与路径［J］．中州学刊，2019（12）：77 - 82.

扶贫生计转型，综合分析政府"亲和性选择"、扶贫资源"精英俘获"[①]、企农对接不畅、产业同质化、村域产业扶贫空间贫困陷阱[②]、扶贫效果难以持续等制约因素，探索出了"龙头＋"发展带动型、贫困主体瞄准型、"户贷企用"救济式等产业带贫帮扶模式，健全资产增益、稳岗增收、能力提升和精神激励多维益贫路径以及股份参与、订单生产、务工岗位提供等利益联结机制，较好发挥产业联贫带贫功能，推进可持续产业扶贫，巩固贫困人口稳定脱贫的长远生计基础。但也存在诸如产业扶贫益贫边际效益递减、综合素质提升影响下贫困主体对于扶贫产业生计响应乏力、扶贫产业可持续发展能力有限以及未能充分体现产业扶贫本质要求、区域全要素生产率不高且增速缓慢等诸多约束[③]。

高质量发展要求通过持续的科技创新与产业升级根本性改变城乡社会经济系统，现代产业体系建设是区域发展和居民持续增收的关键[④]。差异化分析欠发达区域从贫困走向繁荣的路径，规律性表现为能够伴随要素禀赋结构动态变化，不断优化产业结构，进而形成新的比较优势。梳理1949年以来乡村产业结构发展阶段性特征，乡村产业结构发展不平衡、适宜劳动力欠缺、产业结构与就业结构不匹配、农村科技投入不足和乡村组织化程度低等问题亟待解决[⑤]。论及产业发展影响稳定脱贫，合理化与高度化、专业化与多样化是产业结构分析的两个重要维度，共识性观点为产业结构优化升级是产业结构高度化和合理化的有机统一，推进生产要素从较低生产效率产业部门向高生产效率部门转移，提高资源配置效率促进经济增长、调节收入分配等有助于稳定脱贫和收入差距缩小[⑥]；争议多存在于"是否认同农业部门比非农业部门具有更强的减贫绩效？第三产业是

---

① 何毅，江立华．产业扶贫场域内精英俘获的两重向度 [J]．农村经济，2019 (11)：78-85.

② 李小云，苑军军．脱离"贫困陷阱"——以西南 H 村产业扶贫为例 [J]．华中农业大学学报（社会科学版），2020 (2)：8-14，161.

③ 游俊，冷志明，丁建军．中国连片特困区发展报告（2018—2019）[M]．北京：社会科学文献出版社，2019：1-4.

④ 高培勇，袁富华，胡怀国，等．高质量发展的动力、机制与治理 [J]．经济研究，2020 (4)：4-19.

⑤ 郭芸芸，袁九栋，曹斌，等．新中国成立以来我国乡村产业结构演进历程、特点、问题与对策 [J]．农业经济问题，2019 (10)：24-35.

⑥ 谭昶，吴海涛，黄大湖．产业结构、空间溢出与农村减贫 [J]．华中农业大学学报（社会科学版），2019 (6)：8-17，163.

否比第二产业更有助于稳定脱贫?"[①]；聚焦区域不同发展阶段的三次产业减贫贡献程度和要素禀赋特征，减贫效应在特定环境下可能发生逆转。贫困具有长期性、动态性、空间性和关联性，解析复合状态概念的贫困，正是要素短缺、要素组合功能疲软以及区域发展空间不公正结构、不均衡资源配置的长期延续，基于要素禀赋结构变化构建贫困区域扶贫富民产业发展机制与提升城乡融合水平，是贫困区域应对区域发展塌陷和"梅佐乔诺陷阱"的关键。2020 年我国现行标准下农村贫困人口实现脱贫后，脱贫区域和脱贫人口生计发展要素禀赋结构特征将发生显著变化，贫困治理的重点和难点将从消除绝对贫困转向相对贫困治理和实现稳定脱贫。伴随脱贫前后资源要素禀赋结构变化，准确把握和有效对接市场发展诉求多样化与高端化趋势，依循乡村振兴战略要求和新发展理念，培育发展持久稳定增收致富产业，发挥比较优势升级益贫性产业结构，强化参与主体利益联结，健全完善稳定脱贫长效机制，推进产业兴旺与稳定脱贫价值共创式良性互动基础上的互促互益逐步成为业界与学界共识。

5.2　稳定脱贫政策意蕴及阶段性特征

　　党的十八大以来，我国开展的精准扶贫、精准脱贫工作直面贫困群众的致贫原因多维性、反复性和生计发展脆弱性特征，坚持"两不愁，三保障"底线思维，准确把握"六个精准"原则，深度推进"五个一批"工程，实现"组合式"突破，逐步实现"小康路上一个都不能少"的奋斗目标，切实做到"真扶贫、扶真贫"。精准扶贫以来，我国贫困人口从 2012 年年末的 9 899 万人降至 2019 年年末的 551 万人，贫困发生率由 10.2% 降至 0.6%，下降 9.6 个百分点；贫困县农民人均可支配收入由 2013 年的 6 079 元增加到 2019 年的 11 567 元，平均增长 9.7%；全国建档立卡贫困户人均纯收入由 2015 年的 3 416 元增加到 2019 年的 9 808 元，年均增幅 30.2%；2019 年各省（区）贫困发生率普遍下降至 2.2% 及以下，贫困群

---

① 单德朋，王英，郑长德. 专业化、多样化与产业结构减贫效应的动态异质表现研究 [J]. 中国人口·资源与环境，2017（7）：157-168.

众收入水平大幅提高、生产生活条件明显改善，脱贫攻坚取得了决定性成绩，但同时仍面临着深度贫困（极贫）人口脱贫困难、脱贫人口返贫风险长期存在、环境不确定性条件下的新进入贫困群体脱贫以及脱贫人口过渡期生计水平低水平徘徊（相对贫困治理）等挑战。

贫困是人类社会的"顽疾"，也是促进经济社会发展的"反向动力源"。决战决胜脱贫攻坚，832个贫困县"摘帽"、12.8万个贫困村"出列"以及现行标准下的建档立卡贫困人口全部脱贫是打赢脱贫攻坚战的基准要求。更重要的是，在此过程中不断改善贫困区域和贫困人口的发展空间和生计空间，持续增进贫困人口能力和区域发展现代化要素，使其在"由帮扶脱贫、过渡发展向行为自觉"转变过程中实现稳定脱贫和生活富裕。稳定脱贫作为精准扶贫、精准脱贫方略的重要组成内容，是一种较高层次的脱贫水平，意指通过创新观念、激活动力、稳定收入来源、完善基础设施、提升公共服务等方式，降低脱贫群体的脆弱性，增强其发展能力，不断改善其生活水平，使其达到核定水平且收入来源可靠并稳定，永久跳出贫困陷阱①。稳定脱贫政策的提出，既是贫困规律认知和工作理念的升华与创新，又是对于精准扶贫工作的思路指导与内容要求，更为高质量推进扶贫开发工作提供了原则及标准：一是消减贫困人口脱贫过渡期的可持续生计风险。脱贫人口生计可持续发展的基础是社会系统有机融入、内生动力有效激发与提高能力有序参与竞争，诸多外力帮扶内化为贫困群众的发展能力不是一蹴而就的，脱贫人口过渡期仍然面临着边缘化、收入下降、公共物品占有不足等风险。2020年3月6日，习近平总书记在《在决战决胜脱贫攻坚座谈会上的重要讲话》中指出，当前的脱贫工作虽然取得了决定性成就，仍要高度重视脱贫攻坚战面临的困难挑战，决不能松劲懈怠，确保高质量完成脱贫攻坚任务。要多措并举巩固成果，尤其是对于各地9 300多万已脱贫人口中近200万存在返贫风险、近300万存在致贫风险的人群实施针对性预防措施，遵循产业尤其是种养业发展转型规律，强化就业和产业扶贫力度，通过政策托底、多元帮扶、稳岗增收等"脱贫不脱政策、摘帽不摘帮扶"的方式，确保脱贫人口过渡期生计稳得

---

① 黄承伟.建立健全稳定脱贫长效机制［EB/OL］. https：//www.sohu.com/a/313114655_100122958.

住、有就业并且逐步能致富。二是新发展理念在脱贫致富奔小康进程中的集中彰显。打赢脱贫攻坚战是全面建成小康社会的底线目标，通过扶贫开发促进区域综合发展和贫困人口增收致富已成为破解"人民日益增长的美好生活需要和不平衡不充分的发展之间的矛盾"的重要抓手。减贫工作中基于新发展理念引领，全面分析发展环境与准确把握脱贫人口长远生计风险，统筹协调各类资源和多方力量，创新突破传统阶段式扶贫（间或体现出"断崖性和运动式"特征）为长效扶贫，最大程度确保贫困群众共享发展成果，正是稳定脱贫政策的要义旨归。三是接续推进相对贫困治理工作。历史性解决绝对贫困问题之后，相对贫困治理工作重要性凸显，稳定脱贫工作要求的提出，科学地表达了扶贫工作层次和减贫质量的跃升，在工作涉及领域上兼顾绝对贫困消除和相对贫困治理，通过目标梯次提升统领阶段性扶贫开发行为，无形中平滑了 2020 年前后扶贫开发工作有机衔接的障碍，有助于接续推进减贫工作，助力两者工作"接得上、续得起、连得好"，确保扶贫力量不散并充分发挥扶贫资源延续性效应，提高扶贫资源配置效率和精准扶贫工作质量。概而论之，稳定脱贫，"稳定"在于区域发展、社会支持与帮扶政策等强力支撑，"脱贫"亦是持续动态和水平增进的发展过程。

5.3　产业兴旺价值内涵及目标旨归

伴随着市场在资源配置中的决定性地位确立与资源发挥，城乡要素交流、公共资源合理配置与市场空间进一步扩大，为乡村产业实现高质量发展提供了新机遇。产业兴则乡村兴，产业旺则农村强，国家高度重视乡村产业发展，明确提出"产业兴旺是乡村振兴的基础"，置于乡村振兴战略"二十字方针"之首。《中共中央　国务院关于坚持农业农村优先发展做好"三农"工作的若干意见》（2019 年 1 月 3 日）、《关于促进乡村产业振兴的指导意见》（国发〔2019〕12 号）均强调了发展壮大乡村产业、发展长效扶贫产业对于拓宽农民增收渠道、提高贫困人口参与度和直接受益水平的重要意义，针对乡村产业发展基础薄弱、产业门类不全、要素活力不足和质量效益不高等问题，系统提出乡村产业发展要突出特色优势、科学合理布局、促进产业融合发展、推进质量兴农绿色兴农、推动创新创业升级等。多维考察未来乡村振兴中产业兴旺，不仅具有要素组合优化基础上的现代产业体系活力，而且反映为产业形态、组成结构、经营主体、空间布局、效用功能等领域的多重价值集合。

受 1953 年以来长期的"重工业侧重与城乡偏向"发展战略影响，"城乡二元结构"背景下工农产品"剪刀差"、发展要素"由乡到城"单向流动、公共服务等基础设施建设的城镇聚焦以及户籍制度的"城乡区隔"等因素，造成乡村发展"区域塌陷"，城乡关系由 1949—1953 年新中国成立初期的自然演化转变为"二元分割"，严禁社员弃农经商、严禁农产品长途贩运、合作化与人民公社化的狭隘平均和发展强制等政策限制，使得广袤的乡村成为城镇发展的原材料供应基地，一次产业生产效率低下、二三产业衰落萧条，城乡居民收入差距扩大。1978 年改革开放至 2012 年是城乡关系的缓和改善期，农村实行家庭联产承包责任制大大激发了群众生产积极性，乡镇企业发展激活了沉寂的资源要素并实现要素增益，改变了传统"农村—农业"和"城市—工业"的产业布局逻辑，初步显现了市场化提高资源配置效率和促进城镇化发展的力量，但户籍制度和城市改革滞后使得乡村产业经济不得不进行"自循环"。2005 年，党的十六届四中全会明确提出"两个趋向"，国家实行"工业反哺农业、城市支持农村"的发展方针，城乡关系也由此前的城乡统筹转向城乡一体化，大力推进的社会主义新农村建设为乡村产业发展提供了契机。步入城乡融合发展阶段之后，在重塑新型城乡关系走城乡融合发展背景下，我国坚持推进高质量发展，坚持农业农村优先发展，重点是完善产权制度和要素市场化配置，着力推进乡村产业兴旺：一是大力发展乡村产业是巩固拓展脱贫攻坚成果和有效激发群众内生动力的重要抓手。产业扶贫实践证明，发展产业是实现脱贫的根本之策。发展扶贫产业，重在群众受益，难在持续稳定，要延伸产业链条，提高抗风险能力，建立更加稳定的利益联结机制。促进贫困人口稳定脱贫、乡村群众持续增收和城乡均衡发展，要求低端化、同质化与松散化的乡村产业向高值高质兼顾、柔性组合与紧密联结共在、多样化与个性化并存的方向转变，转型升级过程中不断增进乡村产业现代化要素增进，强化益贫型产业结构调整与优化，将变化中的贫困区域资源要素、贫困人口生计资本与向高阶演化进程中的乡村产业实现良性互动与协同共进。二是产业兴旺是乡村振兴的坚实基础。产业兴则乡村兴，基于国情、农情、乡情，创新和丰富乡村产业新形式、新业态，充分挖掘乡村产业多种功能与价值，发展具有市场竞争力的现代农业产业体系、生态体系和经营体系，最终形成产业门类合理布局、资源要素有效集聚、创新能力稳步提升、内生动力充分激发、综合效益明显提高的中国乡村产业发展新格局①。提升全要素生产力，不仅是推进乡村经济持续发展的动力源泉，与乡村发展主体、资源要素、制度规范等治理要素相得益彰，也是乡村振兴战略实现的重要标志。三是产业兴旺是构建"双循环"新发展格局的重要基础。"加快形成以国内大循环为主体、国内国际双循环相互促进的新发展格局"是国家准确研判国内外发展态势和我国进入高质量新发展阶段等特征的基础上、打破传统资源要素流动固化的破而后立的重要战略部署，将在"要素交流、渠道重整、组合优化"基础上进一步增进发展机会和提升资源配置效率。乡村产业发展进程中通过物流、商流、资金流和信息流等"流"的畅通和联结，让生产要素在区域和城乡之间高效流通、合理配置，充分发挥各自优势，打造产业集群，有助于破除发展的空间区隔，形成次第互融的规模效应和耦合渗透，推进城乡融合与强化区际协同，加速"双循环"新发展格局建设。

5.4 空间重构视角下稳定脱贫与产业兴旺的互动关联：一个逻辑框架②

空间作为一种经济地理和社会建构，空间演化与社会重构是相互影响的动态过程，列斐伏尔主张要从"空间中的生产"转向为"空间本身的生产"③。脱贫攻坚和乡村振兴战略实施改变着传统的社会经济形态和空间布局。稳定脱贫，决胜脱贫攻坚，产业兴旺，推进乡村振兴，既着眼当前脱贫攻坚与乡村振兴有效衔接过渡期贫困人口生计可持续发展与群众持续增收的瓶颈约束破解，又长远谋划城乡融合背景下乡村产业高质量发展和乡村治理水平现代化，以更好解决乡村发展不平衡不充分问题和不断满足

---

① 蒋辉，刘兆阳. 乡村产业振兴的理论逻辑与现实困境 [J]. 求索，2020 (3)：128 - 134.

② 郑瑞强. 新时代推进乡村益贫性产业发展的学理阐释 [J]. 内蒙古社会科学，2021 (4)：121 - 128.

③ Castells M. Rise of the network society [M]. Wiley - Blackwell, 1996：20.

人民日益增长的美好生活需要。结合扶贫开发过程中逐步形成的"拓展发展新空间培育发展新动力，利用发展新动力开拓更广发展新空间"的新时代扶贫开发的全域空间发展思想，稳定脱贫的实现需要脱贫人口生计空间与区域发展空间的协同耦合；思考乡村产业"要素型高速增长及结构性发展困境"，产业兴旺目标的实现需要打破传统经验主义发展模式，在更高层次、更广领域的异质空间融合中推进"要素组合优化驱动的高质量发展"。空间重构是脱贫攻坚和乡村振兴的重要抓手，"只有生产出一个合适的空间，才能使生活方式和社会得到改变"[①]，亦即要改变脱贫人口生计脆弱性特征和促进乡村产业走向振兴，空间重构同样可以作为稳定脱贫和产业兴旺的重要途径。强化稳定脱贫与产业兴旺同频共振，关联分析稳定脱贫和产业兴旺，核心是在"坚持产业扶贫是脱贫根本之策，要素增益是产业高质量发展之基"，揭示脱贫人口生计要素变化逻辑与驱动机制、比较优势视角下解构产业发展与区域要素禀赋互动关联，关注益贫性产业结构优化升级与居民生计方式转型联动。

5.4.1 脱贫人口个性化生计空间与区域发展空间的协同耦合

要实现稳定脱贫，需要着力打破传统发展空间束缚，强化区域自然、社会与经济空间协同，以及区域整体空间和脱贫人口个性化生计空间同步发展，逐步向空间平等与空间自由结构的空间公正方向发展。一方面，扶贫开发过程中逐步形成了"拓展发展新空间培育发展新动力，利用发展新动力开拓更广发展新空间"的新时代扶贫开发的全域空间发展思想，致力于运用生态扶贫、教育扶贫、产业扶贫等"组合式扶贫"方式不断作用并改善贫困人口生计空间和区域发展空间，辅之以公共服务均等化等社会空间治理机制优化，同时紧扣新型城镇化、乡村振兴等发展战略影响下的新型城乡关系构建契机，推进脱贫人口个性化生计空间与区域发展空间的关联重建和增强，注重区际联合和资源整合，且又始终立足于空间发展的资源环境禀赋协调，直面市场经济背景下区域空间"中心—边缘"发展的歧视性结构，在实践中逐步探索出"积极福利"基础上的区域环境、社会与经济多维空间的理想组合。另一方面，新时期扶贫开发时刻把脱贫攻坚

---

① Henri Lefebvre, The Production of Space [M]. Wiley - Blackwell，1992：21.

摆在了治国理政的突出位置，践行为人民服务的宗旨，打造共建共治共享的社会治理格局，运用治理机制有效协调脱贫人口、企业及其他力量参与扶贫开发，逐步形成政府、市场和社会协同推进的大扶贫格局，推动涵盖脱贫人口在内的各利益相关者分享资源、强化协同，进而形成内部交互、合作边界模糊、系统多样的网络协作的价值创造系统，并随着多主体参与的社会化共创源源不断创造出更多的价值，逐步推动优化发展空间背景下有效资源整合和各利益相关者有序互动基础上的扶贫开发价值共创局面实现。实践证明，精准扶贫工作推进中能够有效关联贫困人口生计空间与区域发展空间的举措就是产业扶贫，"十三五"时期产业扶贫政策覆盖了 98% 的贫困户，贫困地区累计实施产业扶贫项目超过 100万个，建成各类产业扶贫基地超过 30 万个，每个贫困县都形成了特色鲜明、带贫能力强的主导产业，产业扶贫成为覆盖面最广、带动人数最多、取得成效最大的扶贫举措①。

5.4.2　要素组合优化驱动与全域治理能力提升

区域资源要素禀赋与产业发展互为影响，乡村产业发展与区域要素禀赋动态协调是产业兴旺的关键。乡村产业根植于县域，以农业农村资源为依托，以农民为主体，以农村一二三产业融合发展为路径，地域特色鲜明、创新创业活跃、业态类型丰富、利益联结紧密，是提升农业、繁荣农村、富裕农民的产业②。旨在实现农业农村现代化的乡村振兴战略，要义是充分激活农村区域发展各类资源要素，目标指向为差异化区域空间协同等值发展和新时代人的全面发展实现，而能够有效关联各类资源要素、贯通城乡行政区隔、促动乡村区域趋于治理优化的基础是乡村产业发展和现代化产业体系建设。纵观国内外乡村产业发展历程，"内卷化"常被视为产业发展滞后的原因与综合表现，多维阐释乡村产业突破路径，"小农意识"解放、规模经济和范围经济实现、链式整合、社会化协同等"去内卷

---

① 国务院新闻办．"十三五"时期农业农村发展主要成就有关情况介绍［EB/OL］. http：//www. gov. cn/xinwen/2020 - 10/27/content_5555058. htm.

② 国务院．关于促进乡村产业振兴的指导意见［EB/OL］. http：//www. gov. cn/zhengce/content/2019 - 06/28/content_5404170. htm.

化"方式多为探索方向①。空间生产视角下探讨乡村产业兴旺问题，可将其理解为特定阶段相对稳定的发展秩序下要素（人力资源、自然资源、知识资源、资本资源和基础设施）组合的发展过程，立足于空间现实并且尝试突破和逐渐形成新型空间秩序成为必要。空间重构常因政策完善诱致区域空间变换与社会关系调整，致使劳动力、资本、土地、市场、政策等生产要素本身特质、联系网络原有要素组合状态及其作用路径与机制发生不同程度的转变，要素组合优化机会出现。受制于人多地少国情、计划经济体制运行，加之经验主义发展惯性，传统乡村产业发展属于粗放式要素投入型增长。振兴乡村产业，激发要素生产潜能，需要精准认识和充分发挥市场机制动力的关键作用，强化市场选择和激励效应发挥，通过劳动力、土地、生态和市场等资源禀赋，优势吸引外部资本、人力、技术等生产要素流入，大力发展乡村特色产业，以乡村自产初级产品深加工或来料加工等方式为基础逐步壮大二三产业，通过全方位探寻"特色资源、特色产品、特殊项目、特殊区位、特殊政策、特色服务"等切入点、全过程提升乡村自身资源承接能力和特色资源要素禀赋塑造水平，逐步融入区域宏观产业链条，纵横交互，梯度推进一二三产业融合发展。辩证思维与科学预测高质量发展视阈下的乡村产业发展，市场竞争不完全状态下（竞争不充分或竞争过度）粗放式投入型增长模式将导致要素价格扭曲，尤其是乡村劳动力成本、环保成本、技术创新成本等隐性成本将随着经济社会领域改革的深入而逐步显现，故而传统产业转型升级进程中逐步重视技术、知识和人力资本等内生因素以催发土地、资本等新旧资源要素组合优化带来的增长效应，同时一定程度上消减资源配置效率下降带来的负面效应。要素组合优化层面深入考察促动和支撑乡村产业发展资源要素组合优化的驱动机制，政府活动（主导、引导甚或是搭台等）内生化路径分析亦将为乡村产业兴旺提出区域治理要求，进一步推动"放、管、服"综合服务改革，打破制度壁垒和实施有效政策引导，创造更多的发展机会，助推产业发展中要素组合优化，激发区域发展潜能，通过推进区域治理体系和治理能力现代化为产业发展提供适合先进生产要素成长的市场与制度环境，实现乡村区域内外要素组合优化基础上的协同发展。

---

① 黄宗智. 小农经济理论与"内卷化"及"去内卷化"[J]. 开放时代，2020（4）：126-139.

5.4.3 益贫性产业发展与利益联结机制建设

脱贫攻坚夯实了产业兴旺的发展基础，产业兴旺保障了稳定脱贫的目标实现，益贫性产业发展和利益联结是稳定脱贫与产业兴旺良性互动的关键（图5-1）。脱贫攻坚与乡村振兴在行政区划和人口分布上存有较多重叠，依据《中国农村扶贫开发纲要（2011—2020年）》和精准扶贫之初贫困人口识别结果：贫困地区中的14个连片特困区覆盖全国21个省（自治区、直辖市）680个县，占全国行政区划总面积的比重接近40%；全国592个扶贫重点县行政区划面积249万平方千米，占全国行政区划总面积的26%；现行贫困标准下（以2011年不变价2 300元为基准）精准识别贫困人口9 899万人，占到2019年农村人口总数的17.9%，近13万个贫困村，占到全国行政村总数的25.6%[①]。贫困区域发展水平和贫困人口综合素质偏低的现实，决定了产业扶贫初期选择的扶贫产业多是传统种养业，而同时乡村产业受限于低端市场、行政区隔等影响仍在低水平徘徊，于是"大力推进产业扶贫"成为脱贫攻坚和乡村振兴的共同发力点。

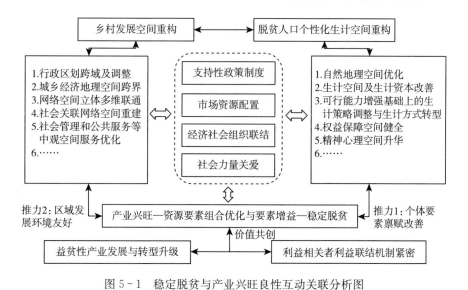

图5-1 稳定脱贫与产业兴旺良性互动关联分析图

---

① 国家统计局住户调查办公室. 中国农村贫困监测报告（2019）[M]. 北京：中国统计出版社，2019：23-51.

　　为了打赢脱贫攻坚战和全面建成小康社会目标如期实现，国家大力实施产业扶贫，县域层面培育主导产业，村镇层面完善产业环境，贫困户层面积极吸引其融入产业价值链的各个环节，这是国家对于落后区域和贫困人口发展的一种政策倾斜和乡村产业发展支持。此外，国家自2005年开始推进社会主义新农村建设，在2010年提出工业化、城镇化和农业现代化"三化"同步发展策略，出台系列农业支持政策和各类补贴措施，强化农业基础设施建设，以期为乡村产业强基转型。

　　精准扶贫不仅关注贫困人口生产生活条件达到脱贫标准，更加注重贫困人口在扶贫开发过程中自我发展能力的提升和社会经济发展主流系统的融入。从城乡分割、城乡一体化走向城乡融合发展背景下，乡村产业也应逐步脱离传统内卷式自循环，跨越城乡与行政区隔并延伸产业链条，提高抗风险能力，打造良好产业生态，推进乡村产业提质增效。而且产业发展有其自身的规律，表征为结构演变和区域分工，约束性因素则为区域资源要素禀赋。

　　一方面，共享式发展要求经济实现益贫式增长[①]，兼顾多方发展诉求，发展益贫性产业成为共识。即采取政策帮扶、技能培训、资金支持等方式帮扶和壮大乡村产业发展，让产业涉及领域内的大多数人受益的同时，强调对贫困群体的关注，如同等条件下给予就业机会提供、降低资产收益风险等，实现产业发展与脱贫人口长远生计的可持续。精准扶贫通过构建社会大扶贫格局，整合社会多元帮扶力量，系统推进"五个一批"工程，逐步实现脱贫人口生计资本改善：通过实施教育扶贫、技能培训、健康扶贫等提高贫困群体人力资本水平，完善区域公共基础设施和健全公共服务、推行高标准农田建设和设施农业发展、开展易地搬迁扶贫等夯实脱贫人口发展的物质基础，加大扶贫小额贷款力度、增加资产性收益等提升脱贫人口发展的金融支持，紧密各类新型经营主体与脱贫人口的利益联结机制、提高社会保障水平等织密结实脱贫人口社会关系网，践行"金山银山就是绿水青山"理念开展生态文明建设、大力发展旅游扶贫、城乡协同推进人居环境整治等确保自然资本保值增值，持续提高脱贫人口思想认识和可行能力，助推脱贫人口现代化生计要素增进和传统生计方式转型升

---

　　① 范从来. 益贫式增长与中国共同富裕道路的探索［J］. 经济研究，2017（12）：14 - 16.

级，且逐步改善的生计要素按照市场原则将会逐步流向边际收益或规模效益递增的地方。

另一方面，乡村振兴战略又通过新型城乡关系建设、乡村社会治理改革等行为调整和变革着原有的空间秩序和社会关系环境，复杂多变、崇尚竞争的发展氛围逐渐取代传统稳定、简单的环境。要素禀赋的改善、环境的冲击、产业自身发展的内在驱动等对于益贫性产业发展提出了要求：考虑"市场融入和政策激励"双重影响，注重与持续升级的区域资源要素高效交互和精准匹配，推进高级化和合理化益贫性产业结构建设，契合要素禀赋调整益贫性产业专业化和多样化水平。值得注意的问题是，益贫性产业并不能狭隘地理解为"产业扶贫涉及产业"，而是乡村产业的重要组成，判定标准为产业发展中的益贫增长水平（间接溢出效应）及其与脱贫群体的利益联结关系（直接助贫能力）；与"扶贫产业"的最大区别是其除了包含有政府资源的扶贫产业外，还包含没有受到财政支持但具有益贫功效的产业，较多反映为"扶贫产业"。区域层面的产业发展和组织层面的经营主体行为兼具益贫性和效益性，益贫性产业发展也会因其"益贫性"目标约束在产业选择上、产业经营中导致阶段性经济效率下降，尤其是在联贫带贫的初期，需要关注产业发展"市场逻辑"与"社会公平逻辑"的均衡：市场逻辑要求区域益贫性产业发展中通过市场机制驱动下的经营管理与生产高效，实现经济收益的提高与资本的增值，进而增进社会福利，助力减贫脱贫；社会公平逻辑则关注通过市场来开展益贫性产业扶贫，更加注重产业发展联贫带贫助贫的直接效应；协调益贫产业发展市场逻辑与社会公平逻辑，走向产业兴旺的乡村产业发展是基础。

益贫性产业发展特别关注脱贫人口自我激励基础上的现代要素增进和生计方式转型，持续增强其从益贫性产业发展中获益的能力。市场经济条件下乡村产业发展虽有政策性保护优势，着眼长远也应有参与市场竞争的意识和能力。益贫性产业盈利性和公益性兼具，本质是产业经营主体承担经济责任和社会责任的外显。针对益贫经营主体提供的阶段性优惠政策、资金支持等举措，旨在激励产业在乡村区域萌发、促进经营主体与脱贫人口的利益关联。微观层面思考产业发展与贫困群众利益联结，充分发挥发展引领、组织依托、风险消减与增收稳定作用，可有效破解片区产业发展低水平循环与发展主体生计响应欠缺问题；宏观层面探讨产业发展与农户家庭利益联结，主要是通过合同契约降低市场风险促进稳定增收、带动农户参与产业链增强其增收能力、增加优质服务和要素供给以优化农户经营和发展环境、发展农业生产性服务业形成农户节本增效降险机制，不断增强农民参与发展的能力，促进小农户生产和现代农业发展的有机衔接。考虑到稳定脱贫之后的结构性贫困特征，益贫性产业发展应与变化的区域及个体变化着的资源要素禀赋适当匹配，在产业选择、经营互益行为、利益联结机制选择和稳固化策略优化等领域及时做出调整与优化，有机衔接乡村振兴战略产业布局，加大制度创新供给，注重产业发展过程中多元主体利益联结机制建设。

5.5 "发展益贫性产业和紧密利益联结"视角下稳定脱贫与产业兴旺的联动治理优化

位于我国中部地区的江西，80%以上国土面积是革命老区，也是脱贫攻坚的主战场，有原中央苏区和特困片区县（市、区）58 个，其中罗霄山区连片特困县（市、区）17 个；"十三五"时期省内分布有 25 个贫困县（市、区）（全部是重点老区县，且其中一个省定贫困县，大部分县处于赣南等原中央苏区）和 3 058 个贫困村。经由精准扶贫，革命摇篮井冈山市于 2017 年 2 月在全国率先脱贫，成为中国贫困退出机制建立后首个脱贫摘帽的贫困县；2020 年 4 月全省贫困县全部"摘帽"，3 058 个贫困村全部退出；全省建档立卡贫困人口从 2013 年底的 346 万人减至 9.6 万人，贫困发生率从 9.21%降至 0.27%，人民生产生活水平明显提高，全省"两不愁三保障"问题基本解决，综合保障脱贫措施健全落实，返贫致贫问题有效遏制，江西老区区域性整体贫困问题得到基本解决，脱贫攻坚工作取得了决定性成绩。与此同时，江西高度重视推进脱贫攻坚与乡村振兴有机衔接，按照乡村振兴战略要求，注重绿色引领和创新驱动，强化要素激活和产村融合，持续发力脱贫攻坚、发展壮大乡村产业、开展农村人居环境整治、创新农村社会治理以及纵深推进农村改革和促进城乡融合发展，各项工作进展有序。

产业发展是精准扶贫"五个一批"工程的重要组成部分，也是乡村振兴战略的首要前提。江西脱贫攻坚工作中紧抓这一牛鼻子，以发展乡村产业和产业扶贫统揽两大战略性全局工作，尤其关注产业扶贫与产业兴旺有效衔接，做大做强优势产业，推动农业产业结构从种养业转到农村一二三产业融合发展，形成多产业叠加、多领域联动、多环节增效的产业发展新格局，结合现实考察①，下面围绕产业扶贫和乡村产业发展的主要举措、潜在风险和发展策略思考等内容进行阐述。

5.5.1　优化重构区域与帮扶对象发展空间，完善重建社会关联

健全益贫性产业开放性政策体系支持，高水平推进发展要素组合优化。秉承"市场拉动，政策驱动"的产业发展理念，编制了全省"十三五"产业精准扶贫规划，出台《推进产业扶贫提质增效三年行动方案》《江西省产业扶贫运行机制管理办法》等一系列指导性文件，强化扶贫小额信贷、光伏扶贫、资产收益扶贫、旅游产业扶贫、消费扶贫等科学管理，严格推进免担保免抵押、基准利率放贷、财政贴息、县建风险补偿金等政策要点落实，进一步明确物化资产、差异化扶持政策、项目吸纳贫困户就业、增加集体经济收入和加强监督管理等重点问题。注重因户施策，分类扶持，深入实施产业扶贫提质增效工程。对有劳动能力的贫困户，集中支持发展特色优势产业；对无劳动能力的贫困户，重点采取投资入股等资产收益扶贫方式；对缺少资金的贫困户，扶贫小额信贷予以扶持。截至2019 年底，全省累计发放扶贫小额信用贷款逾 145 亿元，获贷贫困户29.2 万户；资产收益扶贫覆盖贫困村 2 877 个，带动贫困户 3.26 万户；乡村旅游覆盖贫困村 662 个，带动贫困户 3.39 万户；销售贫困地区农产品 11.08 亿元，着力通过消费扶贫实现产销对接，帮助贫困人口增收脱贫。如鄱阳县着力采用"乡土实用人才＋贫困户""专业技术人才＋贫困户"等培训方式，按照就近原则从"乡土实用人才库"中选择技术指导老师，并与贫困户、合作社等签订专业技术服务协议，解决贫困户发展缺技术、少经验问题。

培育壮大扶贫产业，促进扶贫产业转型升级。基于贫困人口精准识别

---

①　课题组于 2020 年 4—7 月对于江西省级层面和典型区域的益贫性产业发展发展调研，涉及赣州市、抚州市、上饶市、南昌市等 4 个设区市 8 个县区，按照空间区位、要素禀赋、贫困状况和产业发展水平等标准选择 50 个行政村进行实地调研，并对 382 户 1 089 名贫困人口进行了问卷调查，深度访谈干部群众 13 人。

信息，结合贫困人口综合素质和生产技能水平，按照"先期发展种养业，中期向适度规模要效益，后期关注产业多样化基础上的产业链高值环节融入"发展思路，抓实农业产业根基，促进乡村产业逐步从专业化走向多样化，也在一定程度上适应了贫困人口和其他群众就业方式兼业化的转变。坚持"产业化带动扶贫产业高质化，进而推动产业扶贫高值化"的工作思路，以实施新一轮高标准农田建设、农业结构调整"九大产业工程行动计划"等为抓手，厚植脱贫攻坚产业基础，尤其注重引导农业产业化龙头企业在贫困地区发展农产品精深加工，带动特色产业深度开发，提高农产品附加值，让贫困户更多地分享加工增值收益。截至 2019 年年底，全省在 2 118 个贫困村建设高标准农田 206.93 万亩，涉及贫困户 13.37 万户；"九大产业工程行动计划"带动贫困户发展种植业 333 万亩，养殖家畜 72.7 万头，养殖家禽 2 767.5 万羽，发展水产养殖 35.6 万亩。伴随着乡村群众尤其是贫困人口综合素质的不断提高，全省乡村产业新业态亮点纷呈，农产品深加工、休闲农业、乡村旅游、农村电商等新兴产业快速增长，为农业增效、稳定脱贫和农村繁荣发展注入了新的活力。如 2019 年农村网络零售额 496.3 亿元，占全省网零比重的 41.2%，增长 21.8%，高于全国 2.7 个百分点；电商扶贫新培训 47 666 人次，其中建档立卡贫困人口 10 349 人次，促成农产品销售 19.97 亿元，带动 31 975 户贫困户户均增收 2 811.7 元。

增强新型经营主体引领带动能力，关注创业致富带头人培育。大力培育龙头企业、合作社等新型经营主体，以及以技术、标准、品牌、质量、服务为核心的市场竞争新优势，增强农业与休闲旅游、电子商务、精深加工等领域工作融合，促进乡村产业多样化、高端化、优质化发展和农村一二三产业融合。引导龙头企业采取与贫困地区带贫经营主体如合作社、家庭农场等合作，通过直接建基地等形式，提高贫困户生产组织化水平，带动贫困户发展，促进农业产业链、价值链升级和农村一二三产业融合发展。截至 2019 年年底，全省培育有扶贫带动能力的新型经营主体 4.76 万个，其中龙头企业 2 401 家、农民合作社 2 万个。持续加强致富带头人培训，让更多爱农业、懂技术、善经营的新型主体依托本地特色资源发展产业，带领贫困户增收脱贫。全省共培育贫困村创业致富带头人 9 906 人，开展各类培训 775 期，带动 3.16 万户贫困户发展产业，带动 4.92 万贫困劳动力稳定就业。在产业扶贫过程中，积极创新扶贫资金使用方式、推进产业扶贫政策服务转向和突出产业扶贫生计转型，积极培育新型经营主体，大力发展特色主导产业，主动对接贫困地区和贫困户产业发展要求，关注市场风险防范，探索出股份合作、"龙头"带动、产业托管、村级组织领办等联结机制，健全资产增益、稳岗增收、能力提升和精神激励多维益贫路径，较好发挥产业联贫带贫功能。

创新益贫机制与联贫带贫模式，强化产业扶贫利益联结。为推动扶贫产业发展从政策驱动到市场拉动的转变，各地遵循产业要素驱动、效率驱动向创新驱动的发展路径，从贫困区域和贫困家庭所拥有的比较优势资源起步，大力发展特色种养、农产品加工、光伏发电、农村电商、乡村旅游业等优势高效产业，进而转型升级，促进产业高质量发展。通过龙头带动、自我发展和政府支持等形式成长壮大，逐步探索出"选准一项主导产业、打造一个龙头、设立一笔扶持资金、建立一套利益联结机制、培育一套服务体系"的"五个一"产业扶持模式，以及村干部与能人带头领办和村党员主动参与、村民自愿参与、贫困群众统筹参与的"一领办三参与"的产业扶贫合作形式。

重视脱贫人口生计响应，全面激发脱贫内生动力。一方面要重视扶贫产业本身的发展、产业扶贫中多元主体"责权利"联结与分享机制，另一方面还要关注贫困户自身的生计响应，要做到外援与自我发展的有机统一。脱贫人口生计响应在产业扶贫中尤为重要，优化完善扶贫产业类型、产业扶贫模式和利益联结机制，从根源上杜绝"干部当演员、群众做观众"的尴尬局面，通过开展政策学习、目标管理、志智双扶和技能培训等活动，全面激发群众脱贫内生动力，实现群众唱主角。如万年县裴梅镇裴家村尊重和考虑贫困人口意愿，发展马家柚产业，得到贫困户的支持和认可，部分贫困户除了利用政府补贴资金入股外，还拿出自己省吃俭用的积蓄入股合作社。

5.5.2　注重防范益贫性产业发展风险，紧密多元复合式利益联结机制

产业兴旺是实现稳定脱贫和乡村振兴的前提，发展过程中也出现了诸如农业产业利润降低、乡村产业非农化趋势明显，产业发展以城市为主要服务对象，忽略了乡村自身需求，资本下乡的挤出效应突出，惠及乡村能

力低，产业同质化、产品质量参差不齐等不足[①]，加剧了不同区域和人群发展差距，影响了城乡融合发展和乡村振兴战略有序推进。作为乡村产业的重要组成，益贫性产业发展要在产业惠农助贫增收领域取得价值实现，应对标"产业挖潜和产业融合并进，盈利性和公益性兼顾"，明确产业发展的系统风险，服务于产业转型升级。

产业发展缺乏系统规划，产业发展水平和整体实力有待提升。调研发现，多数区域扶贫产业没有经过系统规划，且未能根据区域环境、乡村人口等资源要素禀赋变化及时推进扶贫产业转型升级。据课题组针对 50 个行政村 382 户 1 089 名贫困人口的调查数据整理，2013—2019 年村庄饮水、交通、信息网络基础设施和公共服务等发展环境大为改善，贫困人口的人力资本由于全方位的知识、技能培训增进水平显著，100％的贫困户参加过发展类业务知识和技能培训，有助于改善其就业方式和收入结构；户均自然资本（主要是耕地、林地和水塘等）存量无明显变化，但土地流转行为较为活跃，52.46％的农户土地转出行为是 2013 年以后发生的，间接影响着区域产业的规模化发展；贫困户的社会关系网主要在村内，与外界联系频率比此前提高 33.3％，物质资本和金融资源均有大幅提升。调研发现，当家庭急需大笔开支时，样本贫困户平均可向 3.95 户寻求帮助。近五年从亲友处借款的贫困户的比例为 24.87％，平均借款金额为 4.7 万元，20.68％的贫困户获得过贷款，平均贷款金额为 2.3 万元。但从乡村产业选择和产业发展水平上看，仍存在传统种养业偏向，规模化特征明显但高质高值化特色欠缺，乡村二三产业受工商资本下乡影响有所起步，劳动力人口参与热情初期高涨但苦于就业机会数量受限存在较多外流现象。结合县乡村三级干部深度访谈信息判断，当下乡村产业发展处于行政引领、低级模仿城镇产业的阶段，亦即包括村两委、合作社、家庭农场及企业等乡村产业经营主体在发展过程中尚未将产业与变化的资源要素禀赋协同考虑，使得经营过程中交易成本递增，增加了经营风险，困扰了产业顺利发展。如按照产业扶贫相关文件要求，每个县都要建立脱贫攻坚项目库，强化项目建设指导，但在实际操作过程中并没有发挥相关部门的专业

---

① 段德罡，陈炼，郭金枚．乡村"福利型"产业逻辑内涵与发展路径探讨 [J]．城市规划，2020，44（9）：10-17．

职能，对于"项目库"建设缺乏指导，缺乏产业发展整体性规划，项目建设单打独斗、各行其是，更没有体现乡村产业转型升级前瞻指导和方向引领功能，使得扶贫产业低水平徘徊和同质化现象严重。同时产业发展水平仍处低端，受地域环境和经济社会发展水平影响，加之各地帮扶力量不平衡，区域产业发展缺乏统筹规划，难以形成主导产业和知名品牌，导致"小而散"现象突出，普遍存在项目分散、粗放经营、深加工水平低、质量不高的问题，联贫带贫能力不强。以吉安市为例，市级以上龙头企业432 家，其中省级龙头企业 92 家，仅占全省的 9.2％。品牌建设滞后，全市农产品获"三品一标"认证的仅 336 个，占全省总量的 6％，加工产业链条短，农产品综合加工率仅为 55％。

益贫行为可持续性欠缺，互促互益水平不高。新型农业经营主体与贫困人口之间构建利益联结机制的过程具有长期性、艰巨性和复杂性的特点。正常情况下，利益联结机制建设要经过发展目标探索期、纽带联结碰撞期、利益诉求整合期和价值共创稳定期四个阶段，逐步由松散型利益联结走向紧密型利益联结。部分地区在构建利益联结机制实践中存在重形式、轻内容的现象，有的地方在推进利益联结建设中只注重了 100％这个数字指标，却在一定程度上忽视了利益联结机制形成的程度与成效，导致龙头企业等新型农业经营主体与贫困人口之间的利益联结虽然形式紧密，但行为仍各自独立，没有或很少出现价值共创行为，益贫水平有限。囿于脱贫攻坚目标倒逼压力，部分地方强调工具理性追求，关注联贫带贫"短、平、快"实现，贫困人口与新型经营主体之间的利益联结仍然局限于单纯的产品或要素买卖关系，联农带农机制中利益联结、价值共创等实质性内容不多。如万年县大源镇江田村小香薯产业发展由于缺乏有效的农产品供求衔接平台，调研时段只能作为下游电商的订单生产基地，高质量农产品价格保障与市场风险防范问题日益突出。与此同时，部分农产品加工企业往往因原料供给不足或缺乏质量保障，影响农产品加工质量、效益和竞争力的提升。虽然一些地方的农户和新型经营主体之间建立了利益联结机制和合同契约关系，但由于诚信意识不足，对农户和新型经营主体的违约行为均缺乏有效的约束机制，行情好，各自找市场，行情差，才想去联结，导致农户与企业之间的利益联结形同虚设。一些地方把构建与农户之间的紧密型利益联结机制作为新型经营主体争取财政支持项目的前置条件，疏于培育基于市场利益获取与风险规避等驱动的新型经营主体和农户之间自愿互利的长期利益联结关系。一旦项目实施完毕，尤其是政策扶持影响力减弱时，益贫行为往往缺乏可持续性。

益贫目标偏向，参与主体响应不足。一是重短期增收、轻能力提升现象普遍。促进贫困人口增收是产业扶贫的重要目标，根本目标是通过利益联结，不断增进贫困人口生计发展的可行能力，不仅要关注结果收益，还要兼顾过程收益。不能狭隘地理解为发展益贫性产业既是促进贫困人口增收，不注意其可持续生计能力提升。促进农民增收，关键是使贫困人口在参与农业、乡村产业发展的过程中增加收入，培育其持续增收的内生动力，"一股了之""一分了之"，只是通过变相的施舍或赠予方式帮助农民增收，必将影响其增收的可持续性。如一些产业扶贫合作社未按"一领办三参与"模式组建或运行，特别是合作社的财务管理存在着明显的薄弱环节。有的扶贫产业主要方式是以财政资金、扶贫小额信贷资金等入股合作社，只是简单地分红，未完全因地制宜、因户施策，未建立紧密的农业产业利益联结机制，未按经营性、工资性、生产性、政策性和资产性五种收益联结方式形成"1＋N"利益联结模式，未分类推进农业产业精准扶贫到村到户。二是扶贫对象良性互动能力不足。贫困家庭中的青壮年劳动力大都外出务工，老人与妇女成为扶贫产业发展主要对象，且多数既无技术，又缺劳动能力。部分贫困人口由于长期积贫积弱，思想观念落后，市场意识淡薄，缺乏自强自立、艰苦创业精神，自我发展能力弱，对发展缺乏信心和热情，"等、靠、要"惰性思想影响不容忽视。

科技服务管理水平不高，村集体经济发展亟待突破。产业提质增效，离不开科技助力。农业农村发展尤其是扶贫产业发展的培训主要为科技、就业、电商等内容，依赖的培训机构主要为高等（职）院校，队伍主要为科技特派员（含部分领域从业人员）等，管理灵活、主体多元的同时也存在"培训机构分散、培训内容粗浅、培训节奏易断以及考核问责难"等不足，科技服务管理"缺行为规范、轻效果考核"，出现走过场、不实在等不良现象，影响科技服务质量。大多数村"统"的功能比较弱，村集体经济普遍存在结构形式粗放、收入渠道单一、经营性收入普遍偏低、村村之间贫富差距较大、综合实力薄弱等问题。至 2019 年年底，全省 79.97％的村级集体经济经营性收入达到 5 万元以上，同比上升 31.14％。70％的村缺乏懂经营、会管理的领头人，作为农村致富带头人的村党组织负责人，绝大多数在政治上是合格的，但经营管理能力大多不强。扶贫产业收益分配缺乏规范，现行的利益联结机制主要是对贫困户实施利益倾斜，有些村未制定产业收益使用或分配计划，也没有向村民公示公告。利用产业收益扶贫项目形成的村集体经济收入对贫困户实施直接补助，存在贫困户平均分配收益、泛福利化等现象，收益分配、公益性岗位、生产奖补、优先吸纳就业等差异化扶持措施规范化仍需跟进。

产业发展政策帮扶精度尚需增强，跨域空间拓展水平仍需提高。政策只有源于并超脱于实践，才能保持其对于作用对象的准度和力度。服务于脱贫攻坚巩固提升和乡村振兴走深走实，产业发展政策着力强化资源要素聚集、新型经营主体培育和特色产业发展等领域，突出新动能培育和集群成链，且注重项目制管理，但对于区域空间异质性、贫困群体持续变化的资源要素禀赋和产业发展周期阶段性特征重视不够，致使产业政策精度受限，甚至出现资源"精英俘获"、配置低效率等政策异化现象。调研发现，约有 47.3％的受访乡镇干部和村干部对于乡村产业的认知水平不够，与乡村范围内的简单生产存有混淆，缺乏站在城乡融合和产业链整体层面的分析视野与系统思维能力，尤其是对于"双循环"新发展格局建设背景下跨村越区、行业交叉性的产业发展趋势和路径把握不准，影响到产业发展过程中的资源整合和片区联动、乡村产业良好发展秩序形成和各类市场主体在不同产业链条各组成环节的深度融入，成为乡村产业发展向高级化和合理化转变的关键制约。

5.5.3　推进产业转型升级，强化多元利益主体价值共创

推进贫困区域高质量发展和脱贫人口稳定脱贫，离不开实体经济、技术创新、现代金融、人力资源协同发展的现代产业体系，亦即应进一步提升自主创新能力，加快要素市场化配置，实施收入分配改革，推动产业结构优化升级，实现从"数量增长导向＋外源性分工动能＋要素禀赋"向"质量发展导向＋内源性分工动能＋创新驱动"转型，提高片区全要素生产率。同时，创新完善复合型涉农组织的利益联结机制，统筹构建规模性新型经营主体与普通新型经营主体、普通新型经营主体与农户（贫困户）之间"梯次联动"的利益联结机制，鼓励不同类型经营主体"跨区域、跨

行业"融合互动。如鼓励建立跨区域跨行业联结、沿产业链上下游联结的农民合作社联合社，发展产加销服一体经济等，让困难群众聚在益贫企业、合作社里，富在产业链上。

一是益贫性产业发展层面：强化扶贫产业规划引领，推进产业扶贫多元主体"发展共同体"建设。结合乡村振兴战略，注重市场引领，科学规划扶贫产业，整合用活涉农资金这个工具，结合区域资源禀赋，按照"起步初选择对标农业基础产业和外来劳动力密集产业，接续调优产业结构与提高加工水平，促进产业聚集，重视科技助力，持续关注品牌建设和产业链整合"的产业发展节奏，为实现稳定脱贫目标夯实基础。推进"项目库"提质与产业转型升级，尤其关注农产品加工业这一实现乡村振兴战略的重要举措。规范农村"一核两翼"基层治理模式，明确村集体法人、管理人员等在内的收益分配办法。结合实际，设立扶持村级集体经济发展基金，着手"村级产业园"规划建设（或先行试点），实现扶贫产业与村集体经济发展互促互益。政府在做好基础建设配套的同时，明确责任部门，开通服务电话，加强监督管理和纠纷协调，切实保障贫困户、新型农业经营主体等主体合法权益。建立可持续的贫困户和新型经营主体信用激励机制，对于贫困人口、经营主体信贷、履约等行为进行记录和不良行为分档定期披露，形成诚信档案，发挥产业扶贫的信用赋能作用，使贫困户通过产业扶贫获得自我建立信用、维护良好信用记录并善于利用良好信用收益的能力。用好信息化平台，促进产销对接，推进产业扶贫合作共同体、企农双赢共同体建设，促进贫困人口发展融入。

二是利益联结机制层面：设计新型经营主体益贫能力评价指标体系，创新优化精准高效利益联结机制。考虑稳定脱贫的重心转移，利益联结机制建设思路上由原来的"政府主导、市场为辅"逐步转变为"市场引领、政府引导"，逐步实现政府与市场的有机协同。根据贫困户自身条件和脱贫需求，合理帮助其选择相应的联结纽带，按照互利共赢的原则，或股份联结，或订单联结，或服务联结，或劳务联结等，依法依规指导和监管贫困户与新型农业经营主体的利益分配方式。产业扶贫要科学规划、因户施策，因地制宜，准确研判完善脱贫人口利益联结机制的重点和难点。根据产业特点和发展状况、新型农业经营主体发育程度等情况，选择相应的组织形式，组合运用多种联结纽带，建立稳定、紧密、互利的利益联结关系。着力健全益贫性新型经营主体益贫带贫水平评价与政策奖补挂钩机制，破解产业发展低水平循环与发展主体生计响应欠缺问题。借鉴扶贫龙头企业认定、合作社清查等工作经验，在粗放核查新型经营主体联贫带贫益贫户数、增收水平的基础上，分类分层，科学设计并补充经营主体益贫管理、脱贫户受益水平、对象满意度评价、项目可持续性、脱贫人口能力提升程度等监测指标，全面测评新型经营主体益贫能力，亦可采用第三方评价方式以确保评价结果公允，将评定结果与产业扶贫中的奖补政策精准挂钩，实施精准奖补。

三是市场激励与政府干预层面：进一步完善产业扶贫保险政策，提高科技服务监管水平。由政府及职能部门协调，依托行业协会、专业合作社等发展主体，对接主体诉求，试点组建农业专业保险公司，创新保险产品和"基本险＋商业险＋补充险"组合式保障模式，在坚持产业扶贫保险"特惠性"基础上以"村"为单位进行投保，力争产业扶贫保险全覆盖。进一步规范农业农村发展培训机构监管，加强培训人员队伍建设，针对培训机构分散、培训内容粗浅、培训节奏易断以及考核问责难等不足，出现"走过场""不实在"等不良现象。要进一步提高指导服务能力，针对新型经营主体、脱贫户发展意愿和培训要求，分类分批开展生产技术、经营管理等方面的培训。加强项目管理，选择专业化的产业技术人员对农户和脱贫人口进行专业化扶贫产业培训，提高各利益主体尤其是脱贫人口的综合素质和发展能力；加强培训人员尤其是科技扶贫人员绩效管理，并将扶贫开发领域的指导服务、培训效果纳入考核范围，提高新型经营主体整体益贫能力和水平，依托市场方式和科技助力，协调优化乡村振兴战略产业布局。

四是治理体系与治理能力层面：健全完善乡村治理体系，充分发挥治理要素催发效能。乡村振兴是乡村经济、社会、文化、生态等领域全面振兴，形成农户、村集体、新型经营主体等多元主体善治局面。产业兴旺是要通过发展产业解决乡村经济问题，实现产业融合和城乡融合基础上农业强、农村美、农民富。产业兴旺离不开良好的乡村治理为其发展提供良好的社会基础和发展环境，要充分发挥治理要素催发效能，将产业发展所涉及的土地、资本、劳动力、规制与工作体系等发展要素有效聚合。作为乡村产业发展的推动力量和实现平台，应健全完善"三治"（自治、法治、德治）相结合的乡村治理体系，坚持党建引领、吸引人才、培育新型经营主体、完善制度体系，全方位激发发展活力：针对性地完善相关基础设施，支持新产业新业态落实各类市场主体的扶持政策，完善基层党组织建设，培育专业化农业服务组织、服务型农民合作社，规范家庭农场管理、提升标准化生产和经营管理水平，联合和支持龙头企业建设优质原料基地、扩大生产规模、发展绿色生产和精深加工，进一步完善公共产品供给、要素参与以及社会保障等支持体系建设。

五是理念认知和未来预期层面：遵循益贫性产业发展规律，有效协调产业支持政策同质性与空间异质性矛盾。益贫性产业有序发展表现为两个方面：一是建构于区域资源优势基础上的扶贫产业健康持续发展并随着变动的发展环境、脱贫人口的发展诉求等不断转型升级，在政策扶持和市场驱动的协同作用下逐步融入区域经济发展主流系统；二是脱贫人口增收与可持续生计能力提升，尤其是随着产业扶贫催生其现代性因素的逐步增进，受益方式也逐步由最初的被动接受帮扶性收益逐步转变为主动劳动性收益，意味着乡村产业发展初期更多考虑水平性产业支持政策，改善区域资源要素禀赋、行业规制和政府服务效率；中期强调垂直性产业支持政策，鼓励资源流向龙头企业、合作组织等特定部门，促进跨界和跨域的一二三产业融合发展；后期则应强调要素聚集效应，促进差异化空间的多态产业集群呈现，缓和发展约束与降低政策服务无效率。鉴于经济地理空间与政策规制的相互塑造特征，综合考察空间距离、不完全竞争、规模经济、溢出效应等区域发展空间异质性特征，未来的乡村产业政策要力图发掘地方经济潜力，必须有选择使用资源以及平衡各类各级利益相关群体的制度安排，亦即产业政策能够有效落实且应有结构化思维，关注要素聚焦而非产业集群，以助于区域性可能的产业比较优势形成，促进区域资源禀赋（供给侧）和地方产业发展层次与类型（需求侧）的最佳适配。

第6章

固本强基：有序推进
新时代乡村治理

☆ 主要观点 ☆

（1）从脱贫攻坚到乡村振兴，需要传承贫困治理的宝贵经验，推进乡村治理的衔接与转变。脱贫攻坚时期积累的贫困治理经验包括突出精准治理，密切了党群干群关系；促进社会参与，共建多元的贫困治理格局；巧用科技构筑扶贫大数据，提升贫困治理效能；建立了简约高效的组织领导体系，强化了组织与政治保障。新时代乡村振兴，乡村治理面临新使命，需要破除"等、靠、要"思想、拓展治理的内涵、调和城乡价值冲突、改善乡村公共服务。新时代乡村治理要夯实治理共同体、增强基层治理活力，从贫困型治理向发展型治理转变，从技术治理向价值治理转变，从总体性治理向服务型治理转变等路径应对挑战，从而实现衔接转变，全面推进乡村振兴，扎实推进农民农村共同富裕。

（2）自主治理理论是小规模公共事务治理的有力分析工具，长期存续的自主组织需解决制度供给、可信承诺和相互监督三大难题。村民自治实现治理有效，首先要解决自治制度的供给，制度的设计需要有效解决可信承诺和相互监督问题，优秀的村庄文化可促使制度供给、可信承诺和相互监督的实现，从而实现治理有效和促进村庄发展。本研究有针对性地选择已有30余年自治历史、由贫困村华丽转身变为富裕村的江西省 H 自然村作为典型个案，通过发掘有力的事实证据验证和发展自主治理理论研究框架，本研究认为村庄文化是村民自治实现的基础，优秀领导者对村民自治成功至关重要，自主治理的制度设计应有效解决可信承诺和相互监督问题，从而实现乡村治理有效和村庄可持续发展。

（3）推动新时代乡村治理体系现代化是一项复杂的系统工程。推动新时代乡村治理体系现代化，必须立足新时代村民最新诉求和乡村振兴战略发展的现实需要，注重乡村治理与经济建设、政治建设、社会建设、文化建设和生态建设之间的有机联系，创新丰富"三治融合"内涵及载体，以整体性思维提升乡村治理综合水平，坚持党总揽全局、协调各方，建立健全涵盖乡村治理组织体系、乡村治理内容体系、乡村治理运行体系、乡村治理保障体系的现代化乡村治理新体系，共同助推实现新时代乡村治理体系现代化。

高质量发展是以习近平同志为核心的党中央着眼于中国特色社会主义进入新时代、适应我国社会主要矛盾变化提出的治国理政的重大方略。推动乡村高质量治理和发展，是贯彻落实以习近平同志为核心的党中央决策部署的集中体现。2018 年中央 1 号文件指出，我国社会的主要矛盾已转化为人民日益增长的美好生活需要和不平衡不充分的发展之间的矛盾。这种不平衡不充分发展的重点还是在农业农村，具体表现为农村基层党建薄弱，乡村治理体系和治理能力亟待强化。创新农村社会治理，实现治理有效，关乎国家治理体系和治理能力现代化的建设以及我国社会主义现代化强国建设的发展大局，在实施乡村振兴战略中具有基础性地位[①]。乡村振兴战略是党的十九大提出的一项国家战略，在中共中央、国务院印发的《乡村振兴战略规划（2018—2022 年）》中明确提出了要"坚持自治为基、法治为本、德治为先，健全和创新村党组织领导的充满活力的村民自治机制"。治理有效的实现，应以自治为基石[②]，实现自治、德治、法治的有机结合。

对于农村而言，自主治理对推动乡村振兴高质量发展有着非常重要的作用。我国广大农村地区发展不均衡，地域差异性极大，每个村庄的历史、个性和特点均有不同[③]。统一的制度框架不能适应多样的农村社会现

① 刘晓雪. 新时代乡村振兴战略的新要求——2018 年中央 1 号文件解读 [J]. 毛泽东邓小平理论研究，2018（3）：13 - 20，107.

② 赵晓峰，冯润兵. 村民自治研究三十年：回顾与前瞻 [J]. 长白学刊，2017（6）：110 - 117.

③ 韩长赋. 从江村看中国乡村的变迁与振兴 [N]. 经济日报，2018 - 06 - 05.

实，甚至存在国家制度与农村惯例冲突的现象①。发挥村民自治的力量，有利于实现村庄的最优治理。2019 年中央 1 号文件提出：要发挥群众参与治理主体作用，增强乡村治理能力。改革开放以来，我国广大农村地区积极进行自主治理的探索，涌现出了麻柳模式、青县模式②、温岭模式③等一批成功的治理模式，其共同特点为：从当地实际情况出发，以解决突出问题为突破口，注重民主决策、民主管理与民主监督的实现，为广大农村地区实现治理有效提供了有价值的经验借鉴。然而，这些村庄治理模式的推动大多以县或乡镇为单位，由政府发起或在政府主导下进行，并非村庄范围内的村民自主治理。深化村民自治实践，作为治理有效的一项具体任务，是解决我国农村治理工作中治理制度不完善、农村自治组织发展落后、村民参与自治程度较低④、村规民约流于形式⑤等问题的重要途径。

6.1　乡村治理的整合性解释框架

学术界围绕乡村治理主题展开了多角度的探索，主要聚焦于五个方面：①乡村治理的目标。有学者认为乡村治理以推进农业现代化为总目标⑥，也有学者认为乡村治理有两大目标，一是将农民从政治客体变为政治主体，二是实现农村治理现代化⑦。还有学者认为乡村治理始终着眼于乡村稳定与发展⑧。②乡村治理中的"国家—社会"关系。取消农业税产

---

① 任路. 文化相连：村民自治有效实现形式的文化基础 [J]. 华中师范大学学报（人文社会科学版），2014（4）：23-28.

② 李严昌. "青县模式"与"麻柳模式"：两个基层民主创新案例的比较——兼论中国农村民主治理的前景 [J]. 理论导刊，2011（8）：60-64.

③ 景跃进. 行政民主：意义与局限——温岭"民主恳谈会"的启示 [J]. 浙江社会科学，2003（1）：27-30.

④ 魏三珊. 乡村振兴背景下农村治理困境与转型 [J]. 人民论坛，2018（2）：64-65.

⑤ 刘昂. 乡村治理制度的伦理思考——基于江苏省徐州市 JN 村的田野调查 [J]. 中国农村观察，2018（3）：65-74.

⑥ 蒋永穆，王丽萍，祝林林. 新中国 70 年乡村治理：变迁、主线及方向 [J]. 求是学刊，2019（5）：1-10，181.

⑦ 刘金海. 中国农村治理 70 年：两大目标与逻辑演进 [J]. 华中师范大学学报（人文社会科学版），2019（6）：45-52.

⑧ 燕连福，程诚. 中国共产党百年乡村治理的历程、经验与未来着力点 [J]. 北京工业大学学报（社会科学版），2021（3）：95-103.

生了两大意外的后果：弱化了国家和农民之间的联系纽带，成为"悬浮型政权"①；降低了基层政权的代表性，妨碍了国家目标与社会目标的连接②。"国家与社会关系的失衡"成为乡村治理的主要问题，而平衡"国家—社会"关系的制度建设③则是通往乡村之治的重要路径。贺雪峰则对"国家—社会"关系视角进行了改进，认为应该把国家具象化为中央和地方，从而构建"中央、地方、民众"三个主体④，还有学者在国家与社会关系的分析视角中引入政党这个重要主体⑤，实现对"国家—社会"分析视角的深化。③乡村治理中的中国共产党角色。从建党初期到迈入中国特色社会主义新时代，党在乡村治理主体中始终处于领导核心地位，先后承担了动员型、全能型、引领型、协调型及统合型党组织的角色嬗变⑥。④乡村治理中的农民角色形态演进。新中国成立以来，农民形态经历了革命农民、公社农民、家户小农、流动小农、市场小农到专业农民的逐步演进。理解乡村治理的百年征程，不仅要探究乡村治理的整体性价值追求，发现价值指引下的具体目标，还要观察乡村治理复杂而动荡的多元环境中不同主体的行动事实，那就是国家现代化是乡村治理的终极价值，发展有效性和秩序有效性是乡村治理的两大目标。⑤脱贫攻坚与乡村振兴的有效衔接中乡村治理探讨。脱贫攻坚时期积累的贫困治理经验包括突出精准治理，密切了党群干群关系；促进社会参与，共建多元的贫困治理格局；巧用科技构筑扶贫大数据，提升贫困治理效能；建立了简约高效的组织领导体系，强化了组织与政治保障。新时代乡村振兴，乡村治理面临新使命，需要破除"等、靠、要"思想，拓展治理的内涵，调和城乡价值冲突，改善乡村公共服务。新时代乡村治理要夯实治理共同体、增强基层治理活力，从贫困型治理向发展型治理转变，从技术治理向价值治理转变，从总

---

① 周飞舟. 从汲取型政权到"悬浮型"政权——税费改革对国家与农民关系之影响 [J]. 社会学研究，2006（3）：1-38，243.

② 张静. 基层政权——乡村制度诸问题 [M]. 上海：上海人民出版社，2006.

③ 内控刊载：陈洋庚，胡军华. 通往"乡村之治"：挑战与出路——以"新冠"疫情防控中的江西为样本 [J]. 农林经济管理学报，2020（4）：517-525.

④ 贺雪峰. "三分法"与"国家与社会"分析框架的深化 [J]. 学术探索，1999（6）：23-26.

⑤ 金玲，马良灿. 从"国家—社会"到"政党—国家—社会"：乡村治理研究的视角转换 [J]. 党政研究，2021（2）：91-99.

⑥ 李冬慧. 中国共产党乡村治理的百年实践：功能嬗变与治理趋向 [J]. 探索，2020（3）：107-117.

体性治理向服务型治理转变等路径应对挑战，从而实现衔接转变，全面推进乡村振兴，扎实推进农民农村共同富裕①。

6.1.1　国家现代化：乡村治理的终极价值

十九世纪中叶以来，面对西方工业文明机器化大生产的挑战，基于手工生产的传统中国工业劣势尽显，中国遭受了社会危机②。由此，中华民族开启了追求国家现代化的历史进程③。从 1840 到 1921 年，中华民族尝试通过农民革命、技术自救、资产阶级改良、资产阶级革命等路径探求中国的现代化之路，但都未能取得改变中国社会性质和改变中国人民命运的突破性成果。在马克思主义的指引下，中国共产党领导全国各族人民进行革命、建设、改革、复兴，开启了从站起来、富起来到强起来的历史征程。回顾建党百年的历程，中国共产党人充分利用传统农耕文明的积极成分、发挥广阔乡村的巨大优势，通过政党下乡动员农民革命、建立人民公社为工业化进程积累资本、实施家庭联产承包责任制解放乡村生产力、取消农业税统筹城乡关系、实施乡村振兴推进城乡融合发展的伟大征程，都是以追求国家现代化为终极价值的。可见，中国共产党人对乡村治理的认识，从来没有仅限于乡村治理现代化，而是始终把乡村治理放到整个国家治理现代化、国家现代化、中华民族伟大复兴的宏观视野中。

6.1.2　双重有效性：乡村治理的两大目标

国家现代化可以从工业化、城市化、信息化、农业现代化等多个角度测度。国家现代化是一种价值追求（使命），实现这种价值（使命）需要结合历史背景，划分阶段性主要任务，即乡村治理目标的变化。中华人民共和国成立之初就确立了"将农民从政治客体变为政治主体""实现农村治理现代化"两大目标。显然，保障农民在乡村治理中的主体性地位是乡

---

① 蒋国河，刘莉. 从脱贫攻坚到乡村振兴：乡村治理的经验传承与衔接转变 [J]. 福建师范大学学报（哲学社会科学版），2022（4）：60 - 71.

② 卡尔·马克思，弗里德里希·恩格斯. 马克思恩格斯全集（第 10 卷）[M]. 北京：人民出版社，1998.

③ 荣开明. 中国式现代化新道路几个基本问题的思考 [J]. 江西师范大学学报（哲学社会科学版），2021（4）：3 - 10.

村治理现代化的必然要求，两者很难呈现并立的逻辑关系。因此，可以将农村治理现代化作为乡村治理的目标，具体理解为乡村稳定与发展两个维度，即乡村治理要实现目标的双重有效性——秩序有效性和发展有效性，达到建构乡村秩序、实现乡村发展的目标。中国共产党接续了传统调适性的国家治理[①]的制度化动力，在不同阶段党在"三农"工作上的重点顺序不同[②]。因此，尽管乡村治理对发展有效性和秩序有效性的追求具有双向互嵌性，但在某个特定历史阶段的主导性目标追求有所不同，呈现出高秩序有效性—低发展有效性（1921—1948 年）、低秩序有效性—高发展有效性（1949—1977 年）、低秩序有效性—高发展有效性（1978—2001 年）、高秩序有效性—低发展有效性（2002—2016 年）、高秩序有效性—高发展有效性（2017 年至今）的发展历程[③]。

6.1.3　三组行动者：乡村治理的重要主体

自 1921 年以来，中国的百年村治史是多个行动主体围绕国家现代化的价值追求和双重有效性目标，在特定社会情境下展开的丰富多彩的复杂互动过程。长期以来，学术界主要从"国家—社会"这一视角开展乡村治理研究，形成了许多有影响力的研究成果，形成了社会制衡国家、社会对抗国家、社会与国家共生共强、社会参与国家、社会与国家合作互补五种分析模式，"国家"和"社会"被当成乡村治理实践中理所当然的两个重要主体。然而，"国家—社会"关系理论应用在中国场景难以达到逻辑自洽，学术界开始呼吁"将政党带进来"，认为基层党组织在乡村治理实践中是不可或缺的主要治理主体和核心力量，从而尝试构建了"政党—国家—社会"三个行动主体的分析框架。由于乡村社会由农民构成，农民虽然在公共场合保持集体意见的一致性，但在可能的情况下会采取对自己有利的策略性行为。

---

　　① 徐勇. 乡村治理的中国根基与变迁 [M]. 北京：中国社会科学出版社，2018.

　　② 周立. 实施乡村建设行动与全面推进乡村振兴——中国共产党领导"三农"工作的百年历史抉择 [J]. 人民论坛·学术前沿，2021（12）：50-56.

　　③ 对中国共产党成立以来乡村治理目标追求的类型学分析是两个韦伯意义上的理想类型，其主要目的不在于再现历史真实，而是希望通过对历史事实的把握而进行抽象，形成一个中层的解释框架，进而更好地把握中国共产党领导下乡村治理变迁的历史方向和深层结构因素。

主体的多元，导致我国的乡村治理处于碎片状态：一是对于乡村治理的认识存在偏差，多数治理主体尚未将产业、生态、乡风、治理、生活作为一个有机整体加以看待，乡村治理在乡村振兴中的"助推器"和"黏合剂"作用发挥还不明显。二是部分地区乡村的经济、政治、文化和生态等要素之间较为独立割裂，常表现为乡村治理滞后于经济发展。三是治理有效这一目标任务难以从整体上进行操作化或量化，使得考核指挥棒的作用难以发挥[①]。

6.2　自主治理：乡村振兴高质量发展的模式选择

自主治理理论由美国学者埃莉诺·奥斯特罗姆教授在大量实证分析和理论分析的基础上提出的，提供了在公共池塘资源治理问题上除国家—市场两种解决方案之外的第三种路径。以往针对集体行动引发的集体行动困境、公地悲剧、囚徒困境等难题，学者们给出了国家—市场两种解决方案，即通过一个强有力的中央集权或私有化来管理公共资源。然而这两种方案存在着固有的弊端：实现以政府为中心的有效治理，建立在以政府信息准确、监督力强、制裁有效以及监督和执行费用为零的假设的基础之上，而在现实中这些条件很难实现；私有化有利于维护私人利益，但却无法克服市场失灵、外部性较强和垄断投机等缺陷。自主治理理论提供了除政府和市场之外的第三条路径：一群相互依赖的委托人自主组织起来，对公共池塘资源进行有效治理。分析思路为，村民自治实现治理有效首要解决自治制度的供给，制度的设计需要有效解决可信承诺和相互监督问题，优秀的村庄文化可促使制度供给、可信承诺和相互监督的实现，从而实现治理有效和促进村庄发展。

6.2.1　自主治理的前提假设

每一种理论都有一定的适用范围，受到若干前提条件的约束。自主治理理论的适用性需要满足以下四个前提假设：

信息对称：组织中的成员能够在相互接触中经常沟通，彼此熟悉和

---

① 陆汉文. 中国乡村振兴报告（2021）[M]. 北京：社会科学文献出版社，2022.

了解。

规则影响力：组织中的成员意见表达自由，并拥有一定程度的对组织结构或规则的影响力。

信任和依赖：组织成员间建立起了信任感和依赖感，可以为了维护公共利益协作起来。

政治环境：组织成员需要在一个相对宽松的政治环境下发挥自主权[①]。

自主治理理论适用于小规模公共事务治理。其研究的中心问题是一群相互依赖的委托人如何才能把自己组织起来，进行有效的自主治理，取得持久的共同利益。我国农村地区村庄规模较小，村民之间以宗族血亲关系为主，彼此熟悉和信任；改革开放以来我国民主治理进程的不断推进，也使得绝大多数村民拥有了对操作规则的影响力；乡村振兴战略为村民自主治理提供了一个相对宽松的政治环境。由此可见，自主治理理论适用于我国村民自治模式的分析，对于我国农村地区的自主治理具有理论指导意义。

6.2.2 自主治理的制度设计

组织成员进行自主治理，新制度的安排必不可少，并且在制度供给后考虑如何维持成员的可信承诺以及如何实现有效监督也是必需的。成功实现自主治理需要解决制度供给、可信承诺和相互监督三个问题。

制度供给问题，即自主组织的制度由谁来设计，什么人有足够的动机和动力建立组织并实现制度的供给。埃莉诺·奥斯特罗姆教授指出，在公共池塘资源系统中，组成成员因为经常性的沟通彼此了解，知道谁值得信任及其行为的影响力大小，并且在长期的沟通中形成了共同行为准则和互惠观念，积累了一定的社会资本，因而可以进行复杂的制度设计。

可信承诺问题可以简单地理解为"我会遵守承诺，如果其他人都这么做"，即组织成员会根据周围环境的变化决定自己的行动方案。在组织的

---

① 盛佳. 论自主治理理论在我国农村治理中的适用性［J］. 商业经济研究，2015（3）：104-105.

初始阶段，由于所提出的规则符合所有成员的预期收益，并且群体中的大多数人都同意遵循这套规则，那么个体成员可能会为了与他人和睦相处也同意遵守。但是，当他认为违反规则所获的收益高于遵守规则的收益时，其违反规则的几率便会增大。那么，如何才能使组织成员保持对规则的遵守呢？对此，奥斯特罗姆给出了制定规则的五项准则[①]。她指出，当公有规则符合这五项准则时，可信承诺才能得到保障：①规定有权使用公共池塘资源的一组占用者；②考虑公共池塘资源的特殊性质和公共池塘资源占用者所在社区的特殊性质；③全部规则或至少部分规则由当地的占用者设计；④规则的执行情况由对当地占用者负责的人进行监督；⑤采用分级惩罚对违规者进行制裁。上述五条准则和以下三条准则一起构成了自主治理理论中长期存续的自治制度设计的八项具体原则。⑥组成成员和有关官员能够迅速通过低成本的地方公共论坛解决冲突；⑦组织成员设计自己制度的权利不受外部政府权威的挑战；⑧将占用、供应、监督、强制执行、冲突解决和治理活动在一个多层次的嵌套式企业中加以组织。

在相互监督方面，奥斯特罗姆教授指出，没有监督，可信承诺无法实现，而新制度的供给对相互监督有促进作用。在许多成功进行了自主治理的组织中，其治理规则既能促进组织成员相互监督，又能降低监督的成本。人们为获取采取权变策略所必要的信息而相互监督，如果他们通过监督发现其他人在大多数时间是遵守规则的，他们就会继续采取权变策略。此时，监督仅仅是组织成员遵守规则、实行自治的副产品，而不必支付额外的成本。

6.2.3　自主治理的实现基础

村庄文化是指长期生活和劳动在同一村落的人们所产生的集体意识、信仰禁忌、风俗习惯、生活方式等文化现象的总和[②]。农村社会建立在小农经济的基础之上，以村庄为基本单元。在村民长期共同生产生活的基础上，村庄文化逐渐形成。阿尔蒙德和维巴认为，文化是民主的基础，公民

---

① 埃莉诺·奥斯特罗姆. 公共事务的治理之道［M］. 余逊达，陈旭东，译. 上海：上海译文出版社，2012.

② 黄辉祥. 农村社区文化重建与村民自治的发展［J］. 社会主义研究，2008（2）：72-76.

文化有利于民主的实现①。自治蕴含在民主之中，因此自治与文化在一定程度上也相互关联。有学者指出，村庄文化作为一种地域文化，具有凝聚村民共识、划定边界范围、连接整合村民的作用②。村庄文化能够产生向心力和凝聚力，从内心深处唤醒村民对集体利益的关心。对村庄文化的认同感能够使村民关心村庄的发展，积极介入村庄治理的各个方面，自觉履行职责和义务③。因此，村庄文化是村民自治实现的基础，优秀的村庄文化对于制度供给、可信承诺和相互监督的实现会产生积极的影响。

6.3 治理有效的实现：H 村案例分析④

案例研究专家 Eisenhardt 和 Graebner 指出，案例研究包括现象驱动型和理论驱动型两种分析路径。现象驱动型适用于缺乏现有可行性理论、需要从现象中建立理论的研究。理论驱动型要求严格按照理论建立分析框架，通过定性数据验证和发展理论⑤。回顾自主治理理论的已有研究，发现尚存在值得研究之处：一是已有的自主治理研究停留在理论建构与描述的层面，对于自主治理理论用定性或定量的方法进行检验的研究尚属少数。二是对于自主治理理论是否适合中国农村自治的研究更加缺乏。尽管自主治理理论来源于对不同国家自主治理案例的总结升华，但这些国家均属于西方社会，对中国环境下的自主治理理论研究亟待开展。Eisenhardt 和 Graebner 指出，单案例研究需要选择典型的、极端的个案，以便利用理论对其深度分析。

合理运用多种来源的资料在通过案例检验理论的研究中十分重要。文中个案研究运用到的 H 村材料均来自笔者于 2018—2020 年在当地四次、

---

① 加布里埃尔·阿尔蒙德，西德尼·维巴. 公民文化——五国的政治态度和民主 [M]. 北京：东方出版社，2008.

② 邓大才. 村民自治有效实现的条件研究——从村民自治的社会基础视角来考察 [J]. 政治学研究，2014 (6)：71-83.

③ 任映红，车文君. 乡村治理中的文化运行逻辑 [J]. 理论探讨，2014 (1)：145-148.

④ 陈洋庚，等. 自主治理：乡村振兴高质量发展的模式选择——基于江西省 H 自然村的个案考察 [J]. 云南民族大学学报（哲学社会科学版），2021 (2)：39-47.

⑤ Eisenhardt, K. M., Graebner, M. E. Theory Building from Cases: Opportunities and Challenges [J]. Academy of Management Journal，2007 (1)：25-32.

长时间的实地调研，主要包括对关键人物的半结构式访谈、当地新闻资料的收集、多次实地考察以及现场参与观察等方式获得，调查中的所有的材料均是第一手资料。在对 H 村案例的研究中，综合多种渠道搜集资料，为案例研究开展做了充分准备。

6.3.1　自主治理历程

H 村自然村位于江西省上饶市横峰县西部，隶属于姚家乡百家村委会，全村现有 27 户人家，105 位村民，原名王家村。早年的 H 村土地贫瘠、取水困难，是横峰县远近闻名的贫困村。外界一度流传着"有女不嫁王家郎，上年吃了下年粮"的说法。从 1981 年独立建村起，迄今已有 37 年的自治历史，实现了由贫困村向富裕村、幸福村的转变。H 村坚持以文化建设为灵魂，以村民自治和发展产业为重点，形成了村民理事会管理村务、党小组负责思想建设、旅游公司发展经济的自治模式。H 村的自治历程可以分为以下三个重要阶段。

第一阶段（1981—1994 年）：由村民会议决定村务管理

1981 年以前，还没有王家村这个名字。因为村庄很小，小到只有几户人家，所以仅属于邻村生产队的一部分。1981 年夏季，家庭联产承包责任制要求分田到户，村庄被批准从隔壁生产队分离出来，正式命名王家村。建村初始，百废待兴，生活艰难的王家村民决定抱团生活，在以王有财等人为首的领导班子的带领下，开始了村民自治、强村兴族的探索。

王家村实行一事一议的村民会议制度，讨论的内容通过会议记录的形式保存下来。最初讨论的内容为山场的保护利用问题，制定了山场禁止放牛、禁止砍伐树木等规则，以及对违反者的惩罚措施。第二个讨论的问题为宅基地分配。土地改革时期宅基地分到村民个人，各村民的小块宅基地相连，谁也建不了房子，但如若两块宅基地合并在一起房子就能建起来。为了提高土地利用率，王家村决定作废全部的土地证，把宅基地收到集体统一划分。考虑到村容村貌整洁，村民会议又通过了房屋以屋后滴水为齐，统一长度"前后五丈四"的规定。

1984 年中央政策规定收取农民宅基地使用费，在王家村做试点。1985 年为减轻农民负担，该文件取消，但收取宅基地使用费的做法在王家村保留了下来。原因在于：一方面村集体没有收入，没有钱可以用来做公共设施建设，另一方面希望通过收费的手段控制建筑面积的扩大。最开始的宅基地使用费为建筑面积每平方米 0.16 元，庭院面积每平方米 0.08 元，后来随着物价上涨，宅基地使用费也经过了每平方米 0.3 元、0.5 元几次涨价，2018 年为每平方米 1.5 元。

在 1981—1994 年间，会议先后讨论通过的内容涉及山田地分配、耕地分配、宅基地使用三大方面的各种细则，积累了若干本党小组、村民小组会议记录。规则制定时有时村民激烈争论、各抒己见，但经讨论通过的规则，十几年来执行得都很顺利。王家村民齐心协力，共同奋进，很快赶超了周边村的生产生活水平。

第二阶段（1995—2015 年）：由《治村规约》决定村务管理

会议记录是王家村自主治理的准绳，什么时节禁止上山放牛，什么时节禁止捡柴，如果违反应如何处罚，就翻一下当时的会议记录。但随着会议记录的增多，查找起来愈加费时。1995 年由卸任副乡长王有录执笔，将十几年间的会议记录整理成册，王家村有了第一部手抄版《治村规约》。

1995 年版《治村规约》共十五章八十二条，内容涉及管理机构、村籍、财务、宅基地、水利、道路、治安等多个方面。其中财务管理是新增内容。王家村人认为通常干群关系不好、村民矛盾等问题与财务管理有莫大关系，规定本村财务由村长、会计和出纳三人共同负责，村集体每一笔收支必须开具发票，收支不得相抵；年底以张贴布告形式公布财务，以保证财务透明。

2003 年退耕还林政策实施，王家村因水利紧张，水稻无法旱涝保收，决定将村里十多亩山地和耕地改种油茶树。时任理事长王有财以个人名义承包，为集体争取到政策性资金补助，同时又为村民解决了吃油难的问题。

2006 年，出于节约土地、移风易俗的考虑，王家村开始进行殡葬改革。经过一年多的酝酿和磨合，2007 年村民理事会讨论决定制定规约，科学规划墓地，实行火葬。村民自筹资金四万余元，兴建"千古园"公墓。2015 年横峰县建设公益性墓地，王家村民理事会决定也重新规划墓地，迁址"千古园"，将 2007 年之前的祖坟全部迁入新建的"五福山"公墓。建议提出之始，许多村民不接受，村小组领导数次会议讨论、思想动员，组织村民到浙江衢州、江西上饶等殡葬改革先进地区参观学习。经过八个月的沟通交流，决定于 2015 年冬至日迁坟，两周之后举行祭祖典礼。县政府领导听闻，于 1 月 5 日在王家村召开现场会议。2015 年的冬季一直阴雨连绵，但凑巧的是迁坟日、祭祖日、会议日三个节点均晴空万里。王家人认为，"这是开明的祖先对子孙后代为了环境保护、产业发展而迁坟表示的支持和理解"。

坐落在村东面山上的"五福山"墓园墓穴按统一规格建造，按照先老病死的顺序排列，无高低之分。迁坟过程中，党员干部家庭先行，充分发挥党员带头表率作用。将村中祖坟全部迁出以后，王家人开始思索产业发展之路。2015 年 6 月，因修建上（饶）万（年）高速公路征地，王家村获得一笔 20 余万元的补偿款。经讨论，村民一致同意将征地补偿款用于发展集体产业。2015 年 10 月，王家村开始了青少年健康成长教育基地建设，确立了"H 村"的发展思路。同年 12 月，经政府批准，村庄正式更名为"H 村"。

为了更好地配合发展产业，村民理事会决定将田地统一流转到村集体。村民理事会于 2011 年新农村建设时成立，之后逐渐取代村民小组管理村务，成为村庄常设组织。理事会每年支付给村民田地租赁费，按照现代农业的发展思路和模式统一规划，发展观光农业。H 村北部田地建设苗木基地，种植果树，东部种植绿色无公害蔬菜，南部为 100 余亩葡萄园。集体经济的发展使得 H 村有限的土地开始"生金吐银"。

第三阶段（2016 年至今）：集体经济快速发展

2016 年，秀美乡村建设全面铺开。借着全县建设秀美乡村的契机，H 村大力发展乡村旅游，全力打造青少年成长基地和传统文化教育基地，将建设"物"的新农村和"人"的新农村结合起来。在村庄发展过程中，新的问题不断出现，《治村规约》中的一些条款也已经过时。2016 年 H 村《治村规约》再次改版，新版《治村规约》共十三章七十一条，新增思想意识、公共场地、卫生保洁、精神文明等内容。2019 年《治村规约》内容又扩充到七十九条。

2017 年，村庄成立"H 村农旅文化发展有限公司"。公司以"不破坏生态、不放弃生意、不影响生活"为理念，经营范围包括乡村旅游、拓展培训、康体娱乐、团队聚会、农产品销售等。村民以户为单位自愿入股，入股资金最少 1 万元，最多 3 万元。截至 2017 年年底盈利超过百万元。

同时，公司还承担了卫生保洁、绿化养护、公用水电等费用支出，负责给村内 60 岁以上老人按月发放国家同等标准养老金。

一部《治村规约》，使 H 村从积贫积弱的贫困村变成了远近闻名的富裕村、文明村。访谈过程中，受访者王寒自豪地告诉我们："我们按照《治村规约》自治三十多来年，全村没有一例违法犯罪案件，没有一起请上级入村调节的纠纷，没有一笔不透明的集体财务，村庄没有一处违章建筑，村内无一处污水沟，山场没有一座土坟等"。

6.3.2 自主治理的组织结构和运行机制

为了让村级治理与经济社会发展相适应，H 村创新推行了"村党支部＋"的"1＋4"乡村治理新模式，即：以村党支部为核心，组建村民理事会、监督委员会和乡贤促进会（简称"三会"）以及农旅文化公司为一体的自主治理组织，具体组织结构见图 6－1。它是在强化党组织的领导核心地位的基础上，充分尊重村民意愿，发挥村民在乡村治理中的主体作用。这一自主治理模式，使村级党组织在农村有了延伸和触角，有力地推进了农村基层民主政治建设，极大地优化了乡村治理秩序并复苏了村规民约，践行村民自治文化，从而提高了农村社会管理科学化水平，有效提升了乡村治理水平。"三会"自治组织的建立，培养了农民的民主管理意识和团队合作精神，彰显了"自我教育、自我管理、自我发展"村民自治精神，具有十分突出的社会功能、文化功能和教育功能。H 村自主治理的运行机制包括以下具体机制。

党支部＋村民理事会，打造乡村建设。在村党支部的组织下，以自然村为单位推选产生 5～7 名村民理事。在村民理事会中建立"双向培养"机制，即推荐党员参与村民理事会的选举，同时又在村民理事会一线培养和发展党员，既发挥了村民理事会在基层治理中的主体作用，又发挥了党员在村务建设管理中的监督引导作用。

党支部＋监督委员会，树立乡风文明。从老党员、老村干部、老教师、老模范、老退伍军人等"五老"群体中，推举产生"五老监督委员会"，参与到村务管理中。他们的主要职责包括：一是在环境卫生整治工作中实行五老包户制，"五老"对村民进行环境卫生教育，并定期查看村民的门前三包，五老人员率先垂范，在群众家门口"弯腰"捡垃圾，成为

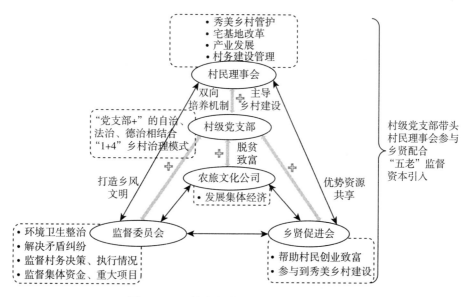

图 6-1　H 村自主治理的结构和运行机制

了村民乱丢垃圾的"警示信号"。二是在精准扶贫、征地拆迁、殡葬改革、五拆五清等解决矛盾纠纷工作中，实行五老调解制。三是在村庄建设发展中实行五老监督制。延伸民主监督"探头"，重点监督以脱贫攻坚、秀美乡村建设领域为主的资金、质量等内容，防止施工方在政府与村民之间打擦边球。

党支部＋乡贤促进会，实现资源共享。由村党支部发起，把在外工作、经商、专业技术人才等组织起来，组建"乡友促进会"。一方面通过在外乡贤把致富信息、市场信息、招商引资信息、知识技能等带回家乡，帮助村民创业致富。另一方面，发挥在外乡贤见识广、信息多、资源丰富的优势，引导他们积极参与到秀美乡村建设、脱贫攻坚、重点项目建设等中心工作中来。

党支部＋农旅文化公司，稳固脱贫致富。通过党支部带头，理事会参与、乡贤配合、五老监督，全村大力发展村集体经济，由党小组成员牵头成立了江西 H 村农旅文化发展有限公司。在产业发展、文化建设和乡村旅游方面采取村民入股、共同受益的方式，极大地调动村民的积极性、主动性、创造性，促进了产村融合发展，不断提升村民的获得感和幸福感。

6.3.3 自主治理实现路径

分析 H 村在制度供给、可信承诺和相互监督方面的实现路径，以及村庄文化在村民自治中产生的作用，有助于乡村治理可复制、可推广模式提炼与优化。

• 制度有效供给，形成自治文化凝聚力。在 H 村文化活动中心的墙壁上，整齐地挂着几幅祖训家教："宁可苦自己，不可坑别人""再穷不贪公家东西，饿死不沾集体粮食""王家子孙做人就要像王字一样，端端正正，不歪不斜"等。这是 H 村《治村规约》最早的源头。得益于村庄文化产生的凝聚力，王家村民极具集体意识，大家都希望有一个新的制度，使他们能够不用再单独活动。同时，H 村一直保留着遇事村民商量民主议定的传统，村内大小事务均由会议决定。制度供给先由理事会内部商议，然后再通过村民会议讨论，全体同意后规则方能生效。除《治村规约》外，村民理事会还编写了"八要八不要"的《村民准则》，其中一条讲道："要爱村，不要事不关己"。每年年初，全体村民齐聚一堂，诵读祖训家教和《村民准则》，并举行签名仪式。

• 共同遵守公有规则，达成可信承诺。《治村规约》（以下简称《规约》）的设计遵循长期存续的自治制度的八项设计原则：①2016 年修订版《规约》第一章总则中写道：凡本村人员，不论户口属性、居住地点以及从业类型均称为本村村民，均有遵守本规约的同等权利和义务。对于有权使用公共池塘资源的占用者予以明确规定。②《规约》中每一条规则的设计均对应村庄管理的实际问题，充分体现了"占用和供应规则与当地条件相一致"原则。以第六章第二节山地管理第三十八条为例："……经营户不得擅自砍伐油茶树和提前采摘油茶果，要适时抚育油茶树"。规则的制定充分考虑了公共池塘资源的特殊性质和农村社区的特殊性质。③《规约》由全体村民商讨制定。随着科技的发展，H 村与时俱进，将会议讨论转移到微信群进行。村里大事小事通过微信群发布，走到哪里村民都能及时掌握村里的情况。此外，《规约》附录中提到：本规约未及事宜，由村民理事会组织村民另议。④H 村监督者的角色由全体村民共同承担，由村领导主要负责。对于个别违反规则的占用者，由村领导以强制和说服并行的方式对其行为进行纠正。以建村初期宅基地管理为例，针对父亲不肯让出宅基地由集体统一安排的问题，村领导王有财、时任副乡长王有录兄弟两人在说服未果后，强行拔掉父亲种的菜，将宅基地让给村民建房子。总体来讲，村庄自治三十多年来，村民自觉遵守《规约》和《村民准则》，极少出现违反规定的情况。⑤对于违规者，《规约》主要采取经济处罚的制裁方式。第十章公共财物管理第五十四条规定："凡损害公共财物必须限期修复或赔偿，违者罚款"；第三章领导、管理机构第十六条规定："村民小组和理事会组成人员当选后不受职或任职期间未经村民代表会议同意擅自离职，处罚退任费。"得益于良好的村庄文化，村内未曾出现过违规者接受批评教育及制裁后再次违规现象，因而是否采用分级惩罚暂时无法论证。⑥H村冲突解决机制在《规约》和《村民准则》中均有体现。《规约》要求村民之间和家庭内部发生纠纷，第一不准动用亲戚，第二不准动用凶器，违者重罚；家庭内部发生纠纷，其家长无力或不愿处理，由调处小组接手，参照有关条款进行调处。《村民准则》提出村民"要和气，不要斤斤计较"，提倡发生冲突矛盾"党员干部不和群众计较，男人不和女人计较，有文化的不和没文化的计较，年轻人不和老人计较。"⑦H村地处横峰和弋阳的交界地带，地理位置偏远，长期不在政府的视野范围内，早期村民自治有较大的发挥空间。新农村建设和秀美乡村建设中，H村因治理有效、村容整洁、乡风文明，均被政府选作试点村和样板村。政府对H村治理成果高度赞扬，为村庄提供了较为宽松的发展环境，甚至额外提供政策支持。宽松的政治环境使村民自治得以自由发挥，较好的治理成效又使得政府乐于放权给村民，如此形成了良性循环。⑧H村属于人口规模较小的自然村落，因此不属于一个多层次嵌套式企业。此条规则在此不做讨论。

● 村民相互监督，保障公共权益的实现。H村治理有效的实现，一方面源于优秀自治文化熏陶下，村民自身具有良好的素质，另一方面源于他人也在遵守《治村规约》和《村民准则》。居住在一起的村民时刻留意他人是否遵守制度，以此来捍卫自己的利益，以及决定自己是否继续遵守制度。例如，《治村规约》（2019年版）第八章第五十六条规定，严禁向村前大塘、村内水池和禁期（夏至—秋分）坝塘投掷垃圾、土石、有毒物质和洗涤有毒器具。严禁在村内水池洗涤带有粪便、血腥、多泥土之衣物，禁止洗涤蔬菜、家具和多灰尘之物品。定期对水池清洗。如在水池外水窖杀牲、洗物，残渣必须装袋并带走放入自家垃圾桶。村民监督他人是否遵守制度，以保证自己获取公共池塘资源的权益不受损失。在 H 村自主治理模式中，监督无需支付附加成本，而是作为村民遵守制度的副产品存在。

6.3.4 乡村善治能力提升的条件保障

推动新时代乡村治理体系现代化，必须立足新时代村民最新诉求和乡村振兴战略发展的现实需要，坚持党总揽全局、协调各方，建立健全涵盖乡村治理组织体系、乡村治理内容体系、乡村治理运行体系、乡村治理保障体系的现代化乡村治理新体系，共同助推实现新时代乡村治理体系现代化。通过对 H 村的案例分析，可以清楚地看到，H 村通过不断完善《治村规约》和治理模式，成功实现了治理有效和产业发展。其制度设计符合自主治理理论的研究框架，证明了自主治理理论在中国农村环境下同样具有可行性。H 村实现治理有效，关键在于解决了制度供给、可信承诺和相互监督三大难题，也同样在于对于优秀文化、祖训家教的传承。首先，H 村每一届村领导都具有无私奉献的精神，坚持以制度治理村庄，杜绝大权独揽、一人拍板，坚持三十多年来不厌其烦地带领村民摸索、调整规则制度；其次，村庄注重村民思想教育，每年春节诵读祖训家教、举办春节联欢会。截至调研时日，全村共有 10 名党员，平均每两户有 1 名中专学历以上的村民，总体村民素质较高。H 村将文化传承与村民自治、乡村发展有机结合，探索出一条自主治理的创新之路。

历史虽然无法复制，但宝贵的经验却可以借鉴。H 村的案例表明，村民自治想要实现治理有效，需要满足以下条件：

第一，充分发挥党员干部、优秀乡贤的引领作用。一位或多位具有奉献精神、有威望且具有管理能力的领导者对于治理有效的实现至关重要。在其带领之下，村民得以有效组织起来，实现制度的供给、执行并取得显著成效。村民自治中，党员干部应发挥带头作用。村规民约要求村民做到的事，党员干部率先做到。优秀乡贤应积极为村庄治理献计献策，积极投身于本村民主自治之中。

第二，村规民约的设计避免流于形式、成为仅存在于展板上的摆设。一是村规民约的制定应从本村实际情况出发，不可照搬照抄别处经验。二是规则的集体制定形式有利于激发村民主体意识，促进规则顺利实施。在村规民约的制定过程中，应注重村民参与，避免村干部大权独揽，一人拍板。三是明确奖惩措施，促使村民选择遵守承诺。自主治理过程中，村民在进行策略选择时通常采用权变的策略，根据现实条件的变化改变自己的行动方案。须明确奖惩措施，有利于村民可信承诺的维持。四是监督行为本身属于公共产品的供给，高昂的监督成本会使村民放弃监督行为，从而导致自主治理的失败。村规民约的设计应具有较低的监督成本和实施成本，促使村民自发进行互相监督。

第三，注重村庄文化培育，传承优秀家风。任何村庄在发展过程中都积淀了独特的村庄文化，有效的自主治理离不开村庄文化的支持。应注重优秀家风的培育和传承，增强村庄文化凝聚力和村民文化认同感；充分利用本村优秀文化资源，可通过开展文化活动、成立文化理事会等形式培育公民的集体意识和参与意识，将文化资源输入村民自治之中。

概而论之，实现乡村治理有效是乡村振兴的重要内容，推进乡村治理体系和治理能力现代化，才能夯实乡村振兴的基层基础。提升乡村治理水平，要尊重农村特点，充分发挥基层党组织的引领作用，多种治理方式相结合，以自治激活力、以法治强保障，以德治扬正气，构建共治共享的社会治理格局。

第7章

技术赋能：积极实施数字乡村建设

☆ 主要观点 ☆

（1）数字乡村建设是新时代全面推进乡村振兴的重要抓手，也是数字中国建设的有机组成，利用技术赋能释放出均等化的市场机会，重新统筹城乡关系，并使得多元化、大众化的主体共同参与到乡村振兴中，可有效提升乡村发展内生动力，发挥信息惠农的作用。要实现数字乡村有效赋能乡村振兴，应从数字乡村对"乡村经济、乡村生态、乡村文化、乡村政治、乡村主体"五个维度的赋能机理出发，明晰数字乡村赋能乡村振兴的理论逻辑，直面影响数字乡村建设的内源性阻碍、要素支撑不足、发展机制有待完善等现实困境，采取建构产业优先机制、协同联动机制、要素支持机制等策略进行优化，构建与数字技术相匹配的高效平台与能有效激发农民主体内生动力的体制机制，高质量推进数字乡村建设，实现数字技术对于乡村振兴的精准赋能。

（2）加快数字赋能未来乡村发展，是全面推进乡村振兴工作对于数字技术场域影响的现代性回应和立足"数字乡村建设"的更高层次集成创新。高质量推进新时代数字赋能未来乡村发展，需要明确未来乡村在推进共同富裕进程中形成城乡互利共生态势、健全高质量发展机制中增进要素组合优化水平、全面深化基层治理改革中实现群众高品质生活追求的发展逻辑，进而有效协调数字赋能未来乡村发展进程中政府主导推动引领与乡村主体主动承接、技术影响单一规范与社会治理复杂多变等关系，辩证思维数字赋能未来乡村发展的关键影响，厘清赋能行为的施动主体、承接领域与工作重心等关键问题，突出发展场景引领，力求政策均衡及保障有效，促进数字技术与未来乡村发展良性互动，推动数字赋能未来乡村发展行稳致远。

（3）数字赋能、未来乡村及数字乡村建设的相关成果为数字赋能未来乡村发展提供了丰裕借鉴，但数字乡村建设作为现阶段数字技术在乡村发展空间中阶段性多维综合场景建构，并非数字赋能未来乡村发展的全景表达，辩证分析两者关系，数字乡村建设是乡村发展的阶段性任务表现和有力抓手，与农村人居环境整治、乡村治理等其他乡村建设行动，协同助力乡村振兴战略实施，致力于为促进农业高质高效、乡村宜居宜业、农民富裕富足的未来乡村发展做好铺垫。未来乡村无论是在覆盖领域、建设内容，还是在发展水平上，都将是对于涵盖数字乡村在内的以往乡村发展形态的包容性提升和拓展。随着高速、泛在、安全的基础信息网络为代表的新型基础设施在乡村普及，各类优质服务资源将以数字技术为载体，在乡村区域聚集和优化组合，未来乡村发展将在较长的一段时期中、在数字赋能基础上为乡村居民提供更加精准化的服务、便捷化的生活体验以及高水平的福祉享受。作为全面推进乡村振兴工作对于数字技术场域影响下的现代性回应，有必要对于未来乡村发展的系统演进逻辑、数字赋能未来乡村过程尤其是过程行为推进和乡村治理提升领域的哲学审视，以及现阶段高质量推进数字赋能未来乡村发展的实践向度做出系统思考。

数字乡村是乡村振兴的战略方向，也是国家把发展的选择权交给农民的关键一步，是乡土社会在时代变局中孕育的发展新机，为乡村振兴事业明确了一条弥合城乡发展鸿沟的现实路径。围绕推进数字乡村的顶层设计、政策框架和法律保障已逐渐完善，截至 2021 年 11 月底全国行政村通宽带比例达到 100%，农村地区互联网普及率逐年稳步增长，数字化覆盖达到新水平。2022 年 1 月，中央印发《数字乡村发展行动计划（2022—2025 年）》，明确了数字乡村发展方向、阶段目标和实施路径，为推动乡村振兴取得新进展、农业农村现代化迈出新步伐、数字中国建设取得新成效提供有力支撑，数字乡村建设走上快车道。

7.1　数字赋能与数字乡村及未来乡村建设

数字赋能伴随互联网技术的深入发展而逐步延伸，借助大数据、人工智能、物联网等数字化工具提高特定人群的生产效率和生活技能，不断改变着人们的生活状态与发展方式①。数字赋能溯源于 20 世纪 60 年代末至 70 年代初的"自助"及"政治察觉"运动，强调行为主体利用数字技术提高利益相关者匹配环境与解决问题的能力②，在彼此尊重与相互信任中实现利益相关者经济社会多维诉求满足和利益最大化。赋能行为主要表现为效率指向和精准供给的电子政务建设③、拓展资源要素空间和增进要素组合优化的数字经济④、紧密结合生命周期管理的数字健康⑤、融便利与集约于一体的智慧旅游⑥、赋权增能的弱势群体权益保障⑦等领域，亦有相关研究如授权、赋能、增权、授权赋能与数字赋能有一定联系，但在主体、受体、工具和目的等方面与数字赋能存有区别。

系统梳理数字乡村建设的代表性研究成果，国内外学界主要从五个方面展开研究：一是数字乡村建设的科学内涵和理论研究。曾亿武等认为协同学、数据可视化基本理论和内生性发展理论是与数字乡村建设密切相关的理论基础，将数字乡村建设阐述为实现农业农村现代化的其中一个进程，通过应用数字技术到乡村建设中，加强各要素组合，达到提升多元主体能力，增强乡村内生发展动力，最终实现农业农村现代化⑧。Jason C. Young 认为，已有数字乡村的理论研究过分关注数字鸿沟问题，忽略了农村能够利用数字技术进行社会经济创新实践，并以加拿大农村案例阐述数字平台能够为乡村社区塑造发展韧性、可持续性⑨。二是数字乡村建设赋能乡村振兴的机理研究。王胜等基于乡村的空间性，分析了匹配、乘

① Makinen M. Digital empowerment as a process for enhancing citizens'participation [J]. E - learning，2006 (3)：381 - 395.

② 陈海贝，卓翔芝 . 数字赋能研究综述 [J]. 图书馆论坛，2019 (6)：53 - 60.

③ 任晓刚 . 数字政府建设进程中的安全风险及其治理策略 [J]. 求索，2022 (1)：165 - 171.

④ 赵志君 . 数字经济与科学的经济学方法论 [J]. 理论经济，2022 (2)：68 - 78.

⑤ 申曙光，吴庆艳 . 健康治理视角下的数字健康：内涵、价值及应用 [J]. 改革，2020 (12)：132 - 144.

⑥ 乔向杰 . 智慧旅游赋能旅游业高质量发展 [J]. 旅游学刊，2022 (2)：10 - 12.

⑦ 宋保振 . "数字弱势群体"信息权益保障的法律路径 [J]. 东北师大学报（哲学社会科学版），2021 (5)：91 - 100.

⑧ 曾亿武，宋逸香，林夏珍，等 . 中国数字乡村建设若干问题刍议 [J]. 中国农村经济，2021 (4)：21 - 35.

⑨ Jason C Y. Rural Digital Geographies and New Landscapes of Social Resilience [J]. Journal of Rural Studies，2019 (8).

数、协同、公平、溢出五个效应对乡村社会和经济的作用原理，探究数字乡村建设是如何作用乡村振兴，解决农户市场对接困难、农村基层治理不平衡、农业生产效率不高、农村发展瓶颈、农村发展不充分五大问题[①]。沈费伟等认为数字乡村建设遵循从传统管理到数字治理、从平台建设到资源整合、从技术服务到赋能共享、从适度收益到长效发展的实践逻辑，具有以人为本、成效导向、统筹集约、协同创新四大优势特点，是实现高质量乡村振兴的策略选择[②]。三是数字乡村建设的现实困境及其纾解。冯朝睿等指出数字乡村建设存在数字与乡村的互嵌失调现象，耦合过程中产生包括数字鸿沟难以破除、数字转型难以推进、治理体系难以形成等现实问题，提出推动政策高效落实、夯实数字环境、推进产业振兴、促进治理有效的策略[③]。陈潭等认为在数字乡村建设进程中，要警惕信息鸿沟不减反增，防范和化解信息鸿沟成为数字乡村建设战略实施的阻力[④]。吕普生指出城乡数字鸿沟是城乡居民在接触和使用信息资源的机会和能力方面的差距，而农村居民在这些方面处于显著劣势当中[⑤]。张鸿等针对数字乡村发展的就绪度评价研究，验证数字乡村发展就绪度区域特征明显的现状，提出要持续加强基础设施建设[⑥]。沈费伟等通过分析新时代背景下的数字乡村对实现乡村治理有效的作用机理、价值呈现和带来的生态、资源、文化和道德被破坏的问题，论证以保持乡村性为要旨的提升数字乡村治理绩效的方法策略[⑦]。Sarah Rotz 提出数字乡村会带来关键的社会问题，在数字农业的热情建设中，不应忽视技术加剧剥削、劳动力边缘化、挤压农业空

①　王胜，余娜，付锐．数字乡村建设：作用机理、现实挑战与实施策略 [J]．改革，2021 (4)：45 - 59.

②　沈费伟，叶温馨．数字乡村建设：实现高质量乡村振兴的策略选择 [J]．南京农业大学学报 (社会科学版)，2021 (5)：41 - 53.

③　冯朝睿，徐宏宇．当前数字乡村建设的实践困境与突破路径 [J]．云南师范大学学报 (哲学社会科学版)，2021 (5)：93 - 102.

④　陈潭，王鹏．信息鸿沟与数字乡村建设的实践症候 [J]．电子政务，2020 (12)：2 - 12.

⑤　吕普生．数字乡村与信息赋能 [J]．中国高校社会科学，2020 (2)：69 - 79.

⑥　张鸿，杜凯文，靳兵艳．乡村振兴战略下数字乡村发展就绪度评价研究 [J]．西安财经大学学报，2020 (1)：51 - 60.

⑦　沈费伟，陈晓玲．保持乡村性：实现数字乡村治理特色的理论阐述 [J]．电子政务，2021 (3)：39 - 48.

间等问题①。四是数字乡村建设过程中乡村居民主体性和主体能力提升的研究。郑素侠等在行动者网络理论的基础上梳理发现，乡村居民的信息能力较低，基层政府与乡村居民间缺少有效互动导致供给与需求错位、乡村居民信息意识滞后于信息技术发展更新、政企间有效利益联结缺失，以及非体制精英与普通居民的社会网络脱节，提出了政府要发挥主导作用，激发主体信息意识，完善激励和动力机制，有效调动行动者能动性，建立行动者网络②。尹广文提出要把握乡村建设主体需求，营造数字乡村建设行动氛围，教育培训乡村干部群众以提升数字乡村建设主体能力，健全数字乡村组织体系以保障数字乡村建设行动开展，从而建构数字乡村共同体以多元协同推进数字乡村建设实践③。师曾志等认为数字赋权下的乡土社会被重构，主体能力被激发，主体意识被唤醒，人与人之间重新建立信任和情感，共同参与乡村振兴中实现乡村善治④。五是数字乡村的体系指标研究。崔凯等遵循投入产出的总体框架，围绕产业数字化和数字产业化的数字经济构成，对乡村数字经济的主要指标进行设计，建构出包括数字环境、数字投入、数字效益和数字服务等四项一级指标及对应的十六项二级指标的乡村数字经济指标体系⑤。张鸿等梳理了31个省份五年间的指标数据，建构模型评价了中国各省份的数字农业发展情况⑥。

论及未来乡村发展，多数研究基于传统乡村建设运动，结合党的十九大以来提出的乡村振兴战略要求，尤其是针对浙江"美丽乡村＋数字乡村＋共富乡村＋人文乡村＋善治乡村"建设，打造"宜居的生态环

---

① Sarah R，Evan G，Ian M，et al. Automated Pastures and the Digital Divide：How Agricultural Technologies are Shaping Labour and Rural Communities [J]. Journal of Rural Studies，2019 (5).

② 郑素侠，刘露. 数字乡村背景下农村居民信息能力及提升策略——以行动者网络的视角 [J]. 新闻爱好者，2021 (2)：40-44.

③ 尹广文. 乡村振兴背景下数字乡村建设的行动主体激活与培育 [J]. 社会发展研究，2021 (4)：27-38.

④ 师曾志，李堃，仁增卓玛. "重新部落化"——新媒介赋权下的数字乡村建设 [J]. 新闻与写作，2019 (9)：5-11.

⑤ 崔凯，冯献. 数字乡村建设视角下乡村数字经济指标体系设计研究 [J]. 农业现代化研究，2020 (6)：899-909.

⑥ 张鸿，王浩然，李哲. 乡村振兴背景下中国数字农业高质量发展水平测度——基于2015—2019年全国31个省市区数据的分析 [J]. 陕西师范大学学报（哲学社会科学版），2021 (3)：141-154.

境、现代的产业形态、融合的城乡关系、富足的居民生活、包容的文明乡风、高效的公共服务、和谐的善治社会"未来乡村试点[①]，以及上海的"未来创业 & 总部服务场景"与"邻里友好 & 智慧治理场景"乡村社区生活圈规划建设，部分谈及加拿大多伦多 Quayside 社区建设、德国"未来之城"规划及新加坡 COMPLEX 模式设计等国外实践[②]，依据马克思、恩格斯等城乡关系论述，前瞻性分析未来乡村图景建构，从功能分区合理科学、产业衔接无缝平等、治理体系健全完善、公共服务全面优质、文化休憩需要提高等方面探讨了乡村未来[③]。认为未来乡村建设作为乡村振兴进程中的一种乡建新探索，是推动乡村高质量振兴和农村居民高品质生活的新需要[④]，是促进农民农村共同富裕的重要组织支撑。至于数字技术与乡村发展的关联研究，则常从 2015 年数字中国建设谈起，再到近年来如火如荼开展的数字乡村、智慧乡村（社区）建设，涵盖数字乡村政策顶层设计、以人民为中心的发展理念转向、完善乡村数字基础设施和服务的资源投入、多元参与的数字服务供给网络、提升数字乡村主客体的数字技能培训等内容[⑤]，努力探索网络化时代乡村社会的内生发展道路。

数字乡村建设的研究已经有很大进展，数字乡村建设的科学内涵和理论、数字赋能乡村振兴的机理、现实困境及其纾解、提升乡村居民主体能力和构建体系指标研究上有了诸多成果，但联通数字乡村赋能乡村振兴的理论逻辑和实践操作领域的整体研究稍显单薄。借此，研究梳理数字乡村赋能乡村振兴的基本维度，探寻对数字乡村建设的现实困境并提出切实有效的优化路径，有助于在全面推进乡村振兴中促进农民农村共同富裕。

---

① 田毅鹏. 乡村未来社区：城乡融合发展的新趋向 [J]. 学术前沿，2021 (1)：12 - 18.

② 上海市城市规划设计研究院乡村社区生活圈项目组. 未来乡村社区生活圈 [J]. 上海城市规划，2021 (3)：67 - 71.

③ 郑瑞强. 新型城乡关系、乡村未来与振兴之路：寻乌调查思考 [J]. 宁夏社会科学，2018 (3)：64 - 68.

④ 黄祖辉，胡伟斌，鄢贞. 以未来乡村建设推进共同富裕 [J]. 农村工作通讯，2021 (19)：36 - 37.

⑤ 刘少杰，周骥腾. 数字乡村建设中"乡村不动"问题的成因与化解 [J]. 学习与探索，2022 (1)：35 - 45.

7.2 数字乡村建设赋能乡村振兴的基本维度

7.2.1 数字乡村建设赋能乡村振兴的理论依据

数字乡村建设是秉承新发展理念的一种创新发展模式。随着数字信息技术在整个乡村共同体中的应用，多元主体的信息能力得以带动提升并反哺乡村建设，提供相应数据信息支持，推动构建信息服务体系，形成新时代乡村经济社会高质量发展的新秩序。《中华人民共和国国民经济和社会发展第十四个五年规划和二〇三五年远景目标纲要》明确要"加快推进数字乡村建设，构建面向农业农村的综合信息服务体系，建立涉农信息普惠服务机制，推动乡村管理服务数字化。"数字乡村建设应以农民、农业、农村为主体和对象，国家和政府作为治理主体要不断推进服务体系、机制的高质量发展，目标是促进乡村振兴，实现农业农村现代化。我国城市数字化建设和国外数字乡村建设的实践探索为乡村推进高质量数字乡村建设提供有益镜鉴。然而，数字乡村建设不能简单复制先前实践，主要原因是发达地区的数字建设背景是建立在完备的工业社会基础上的，乡村从传统农业社会跨越到现代信息社会的过程中存在工业化和信息化的矛盾。数字乡村建设的对象是农业农村，主体是农民，追求形式上的数字化只会浪费宝贵的公共资源，应保留其"乡土性"并走特色化道路，利用好时下发展迅猛的信息技术和数字资源，对乡村进行关键性主体赋能，打通城乡信息壁垒，形成在高质量推进数字乡村建设过程中全面赋能乡村振兴的良好发展形势，促进农民农村共同富裕。

7.2.2 系统理解数字乡村建设赋能乡村振兴的五个维度

乡村振兴是通过赋予乡村与城镇相同的主体地位、以高质量发展乡村为目标而提出的促进城乡之间融合发展的国家战略。在党的领导和乡村振兴战略的指导下，乡村建设事业取得显著成效，但仍存在发展不平衡和不充分问题，突出表现为资源分配不均衡和组织协调低效，有必要充分发挥数字技术带给区域的匹配、乘数、公平、溢出、扩散等发展效应，赋能乡村振兴。基本维度如图 7-1 所示。

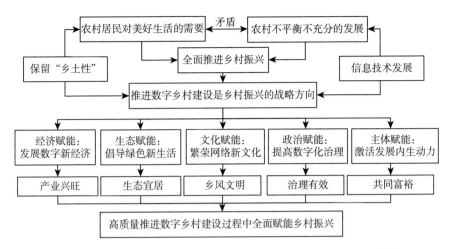

图 7-1 高质量推进数字乡村建设过程中全面赋能乡村振兴的五个维度

发展数字新经济，赋能乡村产业兴旺。数字经济事关国家发展大局[①]，是建设数字中国和推进数字乡村的着力点。乡村振兴的关键在于产业振兴，通过发展农村数字经济，发挥数字技术对产业发展的扩散、匹配、集群效应并促成产业振兴，基本维度如图 7-2 所示。2021 年农村网络零售额突破 2 万亿元，农村数字经济借助农村电商的发展有着突飞猛进之势。截至 2021 年 6 月，农村地区互联网普及率达到 59.2%，城乡地区互联网普及率差异缩小 4.8 个百分点，得益于政策加持下加快推进的数字乡村建设，发展全方位、全链条的乡村数字经济成为可能。作为数字经济的重要生产力要素，大数据赋能农业生产、管理、质量和销售的全环节，包括智慧农业等直接与生产相关的新产业，易采集的消费端数据更是直接推动了农村电子商务、平台经济和零工经济等新业态的繁荣，数字文旅和乡村普惠金融等新模式也激发了对未来农村数字应用场景的想象力。运用数字化手段进行智慧赋能，是推进乡村高质量发展的重要路径，运用物联网、可视化技术、大数据、云计算、AI 等技术与农业结合的新型智慧农业生产模式，通过收集生产端、消费端的大数据，推动传统农业从自然选择、靠天吃饭向知天而作、靠数增收的转变，提高全要素生产力，显著降低生产、物流、销售成本，降低现代化不充分的不利影响和风险。同时，

---

① 习近平．不断做强做优做大我国数字经济 [J]．求是，2022 (2)：32-35.

信息化时代的新业态是数字信息和实体经济融合而生的，包含农村电子商务、平台经济和零工经济，促进农村劳动力的非农就业，调动村民的生产积极性，确定村民的经济活动主导权，留住有理想、有能力、有担当的年轻人，以人才兴旺促进农业升级和横向相关配套产业的发展，吸引资本对乡村市场进行布局，以乡村普惠金融和数字文旅等快而精准的互联网新模式对乡村产业进行要素间重新组合，促进产业升级迭代。数字经济发展模式的不断创新让乡村产业有了兴旺之源。

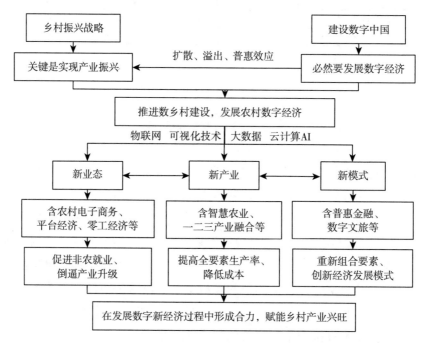

图 7-2 数字新经济赋能乡村产业兴旺的基本维度

繁荣网络新文化，赋能乡村乡风文明。伴随信息技术飞速迭代，新媒介下"差序传播"的网络传播模式深刻影响了文化的传播秩序[①]，乡村网络文化是乡风文明在虚拟空间的一种表现形式，同样也作用于现实空间。新时代文明乡风建设借助"数字东风"力量发展势头迅猛，利用数字在传播、协作和共享等方面的优势打造文化创新、文化科技和文化展示的乡风

---

① 徐鹤，郑欣. 关系泛化与差序传播：青少年网络语言使用及其人际交往研究［J］. 中国青年研究，2018（8）：23-31.

文明新场景。数字文化传播以公众号、视频平台等新媒介为枢纽，凭借碎片化、节奏快、周期短和传播强等优势，挖掘中华传统优秀文化和有价值的现代文明，填补乡村居民的娱乐空闲时间并达到文化传播的目的，陶冶乡村居民性情，培植深厚的文化兴趣，浓厚乡村互助友爱的精神氛围。众多中华传统乡村文化 IP 通过数字要素得以拓展，成为乡村居民喜闻乐见的文创作品，其较高的辨识度、有趣的性格特征和丰富的价值内核在 VR 展示、全息投影、视频平台和大数据等文化科技的加持下得以展示，为乡村游客提供丰富且具有未来感的文化体验，文化产业得以带动并持续升级。依托数字平台，乡镇基层部门将乡风文明建设等各项工作放在"云"上协同，以数字协作的形式明确相关责任人、时间节点和考核机制，确保关键环节衔接畅通，有序扎实推进移风易俗、文物资源数字化、文化站点建设等乡风文明建设工作。借助数字图书馆、网络电视、网上课堂、公众号和视频平台实现城乡间文化资源的数字共享，以数字为承载体，提升公共服务效能，实现农村居民的精神丰饶，普及推广优秀教育数字资源和农业生产数字影音，营造乡村终身学习的氛围，引导乡村建设独具特色、符合社会主义核心价值观的乡风文明和精神风貌。

倡导绿色新生活，赋能乡村生态宜居。数字生态遵循可持续发展的绿色发展理念，利用先进信息化、智能化工具提出解决方案，通过"以数优治"的思路建设节能、便捷、共享、绿色、智慧的生态宜居型乡村。乡村能源系统率先实现数字化，聚焦于服务商、供应商、消费者三方构建的智慧服务、供需协同、降本增效、资源循环的绿色低碳新场景，打造资源监测、快速响应、协同管理、高效运维、源头可溯的智慧互动能源资源网。智慧绿色生产的内涵是高质量发展，不仅要关注数字技术如何提升全要素的生产效率，更注重利用好数字工具的智慧属性解决传统农业生产的资源浪费和环境污染等痛点，实现乡村生产的高质量发展和可持续发展。绿色乡村建筑和乡村智慧出行"数智宜居"的属性同样蕴含于未来乡村的美好图景之中。可再生的本土材料建造的房屋遵循着原生态土屋"天人合一"的绿色理念，采用前沿被动式建筑技术提升节能效果，建筑造型设计体现当地乡村文化特色，内部装潢简约的同时蕴藏着物联网（IoT）的智能关怀，为主客营造强烈的身心归属感。乡村智慧出行则是打破了城乡的空间壁垒，打通"人、车、物"畅通无阻的县域智慧交通网络。生态宜居型乡村还需要构建智慧绿色生态，发挥数字的可视化功能，深入优化乡村生态治理模式，以信息化手段实时监控乡村的山水林田湖草沙，守住生态红线，使乡野复归绿色宜人、健康舒适的环境体验，在生态文明建设的新发展阶段不断助力提升生态系统的碳汇增量，为实现双碳目标、维护生态安全和乡村生态宜居做出更大贡献。

提高数字化治理，赋能乡村治理有效。大数据是促进国家治理体系和治理能力现代化的重要引擎。大数据驱动的数字乡村治理成为实现乡村治理有效的一条明晰的技术路线。在 5G 基站、地理信息技术、物联网、无人机、遥感测绘和视频监控等技术支撑下，分门别类采集实时数据，打造可视化的数字乡村治理平台，构建数字乡村未来图景"乡村治理一张图"，以动态交互的方式提供村庄规划、精细化管理、耕地保护、生态环境治理、自然灾害预警和智慧便农服务等治理模式，助力基层服务，提升管理效率，实现"以图管地、以图管产、以图防灾、以图监管、以图决策"的目标。村务监督群和村务公开群等建立在手机 APP 上的参与式数字治理模式是一种乡村治理和民主议事的数字创新实践，乡村居民的主体性在数字赋权下得以凸显①，有效引导村民有序主动参与到乡村治理体系中，对村内公共事务起到监督和议事的效果，打破传统乡村治理模式的公共话语霸权体系，突显自治地位。数字技术也将匹配到县域不同层级间，实现基层治理和党建管理的数字化，以创新协同治理模式推动乡村治理向数字、信息和网络方向发展，形成共建共治共享的数字共同体治理模式，增强乡村智治能力，以党建为引领，构建法治、智治、自治、德治的"四治"融合体系，全面提升乡村治理能力。

激活发展内生动力，赋能乡村共同富裕。在艰苦卓绝的百年奋斗历程中，中国人民在党的领导下实现了脱贫攻坚的伟大胜利，展望新的百年奋斗目标，面向的是农民农村共同富裕。在促进共同富裕过程中，政府和市场的主次关系被重新统筹，应用数字化工具的发展内生动力成为数字时代多元主体能力的关键一环，农村居民的数字信息技能水平将极大关联其富裕程度。若能弥合数字鸿沟，消除数字排斥，数字乡村无疑能构建一个更

---

① 翁列恩，杨竞楠. 大数据驱动的政府绩效精准管理：动因分析、现实挑战与未来进路 [J].
理论探讨，2021 (1)：86 - 93.

加公平、公正、合理的开放型经济，使得乡村居民获得均等化的市场机会。主打下沉市场的系列电商平台在一片红海中崛起，见证乡村数字经济的巨大上升空间和市场潜力，乡村居民对数字经济的认知与意愿的提升，将倒逼乡村基础设施的完善和人居环境的改善，提振劳动生产的积极性，实现村民收入的提高，形成良性循环。数字信息亦可促进农户主体、社会资本、村级集体经济等要素的耦合，促进收益分配公开化、透明化。作为民生服务的一环，信息化精准救助和常态化监测帮扶作为社会救助和帮扶的新形式赓续脱贫攻坚精神，社会保障等有关部门得以通过大数据等方法手段自动识别和预判，实现从"被动等"到"主动找"困难群众，依托大数据救助图景，采取多部门联动机制使得救助项目问题得到更优更快解决。乡村振兴战略背景下，数字乡村建设使得众多技术形成合力，为乡村修缮了一条通往共建共享共富的"云"上之路。

7.2.3 扎实推进数字乡村建设发展实践

为贯彻落实 2021 年中央 1 号文件和《数字乡村发展战略纲要》总体部署，根据《江西省实施数字乡村发展战略的意见》具体安排，江西积极推进全省数字乡村全面建设发展[①]。

坚持统筹协调，强化顶层设计，为数字乡村建设发展汇聚力量。一是强化顶层设计。相关部门联合印发《江西省数字农业农村建设三年行动计划》，编制《江西省数字乡村试点工作方案》《江西省数字乡村优秀案例工作方案》等文件，开展江西省数字乡村试点示范建设标准研究，并成立江西省数字经济协会数字乡村专委会。二是强化试点示范。选出包括南昌县、彭泽县共 16 个县（市、区）作为江西省数字乡村试点，重点从乡村信息基础设施建设、农村数字经济发展、智慧绿色乡村建设、数字治理能力提升、乡村信息惠民服务等五个方面开展试点先行。三是带动行业参与。相关部门签署《江西省"数字乡村"发展战略合作协议》，提出以加大 5G 等新型基础设施建设为基础，全面建设数字乡村信息基础设施；深化农业生产经营数字化改造，促进农业全面升级、农村全面进步、农民全

---

① 该项工作自 2021 年开始开展，本部分数据主要为江西省 2021 年度数字乡村建设发展工作信息。

面发展的总目标。

加快推进乡村信息基础设施建设，推动传统基础设施数字化转型。全省行政村在100%覆盖光纤宽带和4G网络的基础上，继续加大在农村通信基础设施投入。截至2021年年底，累计投入资金19亿元，建设农村基站1万余个，累计超过9万个，新增农村光纤宽带接口50万个，累计达到120万个；全省有79个县（市、区）开展了应急广播建设，覆盖914个乡（镇），9 755个行政村，已建和在建应急广播、"村村响"终端数4.6万余个；全省农村地区1 121个水文遥测站点、1 252个水库、重点河道、水库大坝进行了改造升级，实现水库工程管理流程化、程序化、痕迹化、可追溯化；建立全省农村公路基础数据统一的管理平台和系统，打通了农村公路项目完工、外业采集、统一上报、集中审核的数据链；农村电网巩固工程和新能源项目不断发展，全省建成风电装机810.25万千瓦，光伏发电1 420.06万千瓦，生物质发电199.5万千瓦。

加快推动乡村数字经济发展，用科技创新为数字乡村建设提供新动能。全省上下大力促进数字经济发展、打造数字经济高地的浓厚氛围；加大与阿里巴巴集团、蚂蚁集团、商汤科技等数字龙头企业的战略合作。截至2021年年底，全省共建成县级电子商务公共服务中心46个、镇村电商服务站5 217个、县级物流配送中心44个；全省快递服务建制村直接通达率为75.04%，邮政快递合作乡镇覆盖率为60.40%，建制村覆盖率为31.71%；"赣农宝"电商平台开设店铺527家，产品种类5 120个，平均每月销售额500万元；首选50家企业产品品牌作为"赣鄱正品"第一批认证品牌，以央视广告宣传为主阵地，组织了12个农产品区域公用品牌在央视重要栏目多时段进行推广；2021年，安排中央基层科普资金支持农村地区科普发展，增强农业科技自主创新能力，推进现代农业发展。

加快绿色智慧乡村建设，推动乡村网络文化迈上新台阶。全省智慧农业"一云、两中心、三平台"已全部建成并投入使用，农业指挥调度中心可实时对接市县农业指挥调度中心63个、现代农业园区253个，农产品质量安全监管追溯平台备案企业29 589家，生成追溯二维码11 146个。同时，还上线了动物检疫电子出证、畜禽屠宰无害化处理、测土配方施肥、农机安全监理、赣机惠农等45个业务系统，形成了千万条业务数据；完成"江西省生态环境大数据平台"建设，健全农村生态环境监测网络，提升乡村生态保护管理水平；加快乡村两级基层综合性文化服务中心数字化建设，为县级公共图书馆、文化馆乡镇分馆和行政村公共服务点配备数字化设备；建立了农村留守儿童、留守妇女关爱服务平台，全省建设农村"儿童之家"等服务平台 7 000 余个，扎实开展"未成年人保护工作宣传月"活动，远离违法及不良信息侵扰；积极推进优秀"三农"艺术作品网络宣传推广，通过网络宣传、网上直播、媒体报道等方式对活动进行宣传推广。

加快数字化乡村治理体系建设，推进乡村治理能力现代化转型。江西省社会治理大数据平台正式上线运行，着力为乡村社会治理现代化赋能，"雪亮工程"建设成效显著；全省各级通过综治中心平台和网格化服务管理系统处理各类矛盾问题，推广"一村（社区）一警（辅警）"制度落实，提升人民群众幸福感、安全感、获得感；乡村公共法律服务平台启用"江西掌上 12348"移动客户端和微信公众号，充分运用大数据、云平台和移动互联网技术，精心打造"法律明白人"微平台，将农村"法律明白人"的管理、教育、考核、服务等工作全部推送到微信平台和移动客户端。

不断深化"互联网＋"建设，将数字红利惠及广大农民群众。实现网上政务服务平台省、市、县、乡、村五级全覆盖，推出掌上"不见面"审批、"无证办理"、政策兑现"掌上办"，在有条件的乡村部署综合业务自助终端设备，为群众提供 24 小时不打烊的"自助办"服务；在推进"互联网＋教育"方面，全省 100％学校接入教育专网，建成教育云服务生态体系，"赣教云"平台、线上教学、"智慧作业"、"专递课堂"等信息化技术服务教育教学已呈常态化；在推进"互联网＋医疗健康"方面，依托"赣服通"平台，实现一网、一窗、一次等"六个一"服务模式，完善中医馆健康信息平台建设，进一步提高民生福祉水平。

7.3　数字乡村赋能乡村振兴的现实困境

在推进数字乡村建设的探索过程中，各地展开了与乡村振兴相结合的探索，积累了一定的实践经验。毋庸置疑，数字乡村能够发展数字新经济、繁荣网络新文化、倡导绿色新生活、实施数字化治理、激活发展内生动力，进而推动乡村经济社会高质量发展，有效赋能乡村振兴。然而，数字乡村建设的实践还处于初步探索阶段，不同程度面临着内源性阻碍、要素支撑不足和发展机制有待完善等现实困境。

7.3.1 数字鸿沟难以弥合

数字鸿沟持续作用于数字乡村建设。数字鸿沟生成的主要原因是主体间存在接入能力差、信息差、认知差和目的差，由此将数字鸿沟的内容分成三个层次，接入鸿沟、技术鸿沟和认知鸿沟[①]。随着近 3 亿农村用户接入互联网，农村地区互联网普及率达到 59.2%，还有超过 40% 的农村居民受困于接入鸿沟。随着数字乡村建设的加快推进，受困于信息基础设施的接入鸿沟正在逐步弥合。技术鸿沟主要体现在乡村主体间信息能力的差距，存在内容生产者和消费者之间，更反映在数字内容的生产机制中。从全民自媒体到人工智能，技术断层将造成无法估量的影响，对内容生产者和技术拥有者的良知和道德有了更高要求，网络话语权被高技术人群垄断，数字技术的"弱者"无法利用互联网"武器"发声并捍卫自己的权利，有关部门对数字技术的监管同样存在技术鸿沟。基于农村传统观念的认知鸿沟，认知层次的差距指主体能否理解信息技术对社会的影响，在此基础上把握这种影响并培养相应的能力和意愿，以契合个人与社会的发展并实现共同进步。受制于乡村主体较低的文化程度，乡村主体间和城乡居民间存在动机、意愿和寻找信息方式的巨大差异，农村居民对自身或者后辈在信息技术发展和把握上存在认知鸿沟，将导致乡村数字经济、智慧生产等发展受限。

大数据伴生的信息风险。伴随着数字乡村建设带来的乡村产业数字化和用户下沉化，遭受电信诈骗、信息泄露等信息侵害的受害者对象也呈现下沉趋势。电信诈骗风险在农村逐渐攀升。部分农村居民由于认知能力不高、法律意识不强、喜欢贪图小便宜、信任水平高等，很容易被电信诈骗分子列为行骗对象，受害人囿于较低的社会支持水平倾向于继续在网络上寻求帮助，使得犯罪嫌疑人能完成行骗[②]。由于犯罪分子在数字时代进行迭代升级，诈骗手段层出不穷，而且相关服务器通常都设置在国外，警方

---

① 刘魏. 数字普惠金融对居民相对贫困的影响效应 [J]. 华南农业大学学报（社会科学版），2021（6）：65 - 77.

② 吴加明. "电信网络诈骗"的概念界定与立法运用 [J]. 学海，2021（3）：183 - 190.

很难破获此类案件并对财物进行追回。对于初入网络空间的农村居民，一旦出现巨额财产损失，个人和家庭对新兴技术更易产生怀疑态度，并且可能因"电诈"致贫。同时，还存在潜在的信息泄露、"信息茧房"等信息风险。算法的优化需要以用户的数据为基础，获取的数据越多算法能演绎的场景越完备，故而农村日新月异的数字发展，将通过人与人、人与智能手机之间的关联，产生大量可供算法收集的数据，一定程度上助力了农村电子商务的发展。然而，部分互联网企业以创造便利服务为名却行垄断之实，为了拓展商业版图而利用算法优势窃取用户隐私、营造信息茧房，抢占用户的空余时间，这种由算法带来的无序扩张，伴生了诸多信息泄露风险。

乡村产业数字化受阻。数字与产业的耦合主要有两种形式，分别是数字产业化和产业数字化，在乡村重点体现为产业数字化。在广东、浙江等发达地区和农业集约化程度较高地区关于乡村产业数字化已有丰富的实践，广东、浙江得益于电商发展打造出了许多"淘宝村"，农业集约化程度较高地区也开始建设诸如农业农村天空地（卫星、无人机、传感器）一体化观测体系并发挥其效用。然而，由于农业生产难以预测、农户分散等特点，天空地一体化观测体系通常也只带来静态数据，从事农事的主体农民更是无法参与到数据化链条中，无法采集到有效的生产端数据，从而导致农村数字经济生产中存在产品与服务博而不精、集成度不高的问题，在产业数字化的过程中往往能够实现销售端的电商化，但是无法实现生产端尤其是农业生产的数字化，不利于整体的产业数字化升级。在欠发达地区和丘陵山区，乡村产业数字化实践程度不高，其原因仍是自身产业发展不充分，乡村产业数字化基础不够夯实。

基层数字治理面临问题。基层数字治理面临数字治理理念落实不足、主体在治理中的参与度不够和绩效评价指标有偏差等结构性问题，存在公共需求表达不畅、多元主体在各自决策时的权力冲突和决策不精准与执行效能低的危机。在数字乡村治理过程中，数字平台片面注重乡村治理数字化的技术性思维，忽略乡村治理的核心导向是公共需求，不合乎需求的设计与操作模式造成村庄间的沟通、村庄与政府间的沟通不畅，公共需求的供需双方对于数字表达缺乏信任，易形成无效沟通，共同挤压乡村的治理空间，阻碍基层治理精准化。多元主体在各自决策时存在权力冲突，数字乡村治理是乡村多元主体间的协同治理，对数字治理的认知水平不高、意愿不强等多重因素导致的参与度不均衡和政府各层级的利益竞争制约了主体间的协同和互动，陷入组织内耗。数字治理也呈现了决策不精准与执行效能低，决策数据的碎片化甚至缺失，使得决策者无法切中基层治理的要害，数字治理无法有效赋能，甚至成为基层治理人员的负担，治理绩效评价中不合理的目标和指标也无法建构系统、完整的验收体系，最终导致各地乡村治理成效存在差距，背离了数字乡村赋能乡村治理有效的初衷。

7.3.2　项目要素保障不足

数字乡村建设是由技术力量驱动的发展过程，天然被赋予对要素集中和创造超越的追求。因此，人才、资金、技术等要素是数字乡村建设和数字经济发展的重要基础和核心推动力量，数字乡村赋能乡村振兴的实践面临着人才匮乏、资金缺口、技术薄弱等困境。

人才匮乏。在数字乡村赋能乡村振兴过程中，人才缺位成为约束创新手脚、阻碍农村发展的根本问题，主要体现在人才供给疲软、人才流失严重和人才培养体系结构性失衡等方面。数字乡村建设仍处在萌芽阶段，乡村产生了大量的人才需求，人才供给端和需求端之间不能实现预期内的匹配，乡村的产业数字化和数字产业化需要大量的信息通信技术人才和跨界人才，而日益空心化和老龄化的村庄，使得数字乡村建设不仅面临着高技能数字人才短缺的问题，甚至一些村庄陷入普通村民短缺的窘境。数字人才培养体系同样存在结构性失衡。受困于乡村主体间信息能力差距较大导致的数字鸿沟和数字排斥，乡村对人才培养的需求日益旺盛，相比其他领域，信息通信技术的迭代周期短、时间快，数字人才更需要持续培训、终身学习，人口结构的改变对于信息行业同样是巨大的挑战，加之高等院校、科研院所和基层政府等组织针对数字技术人才的培养机制不够完善，适应数字乡村发展的复合型人才往往需要多学科共同培养，进一步加剧了人才缺失与人才错配现象，一定程度上阻碍了数字乡村建设进程。

资金缺口。资金保障是数字乡村建设的关键支撑。数字乡村建设是数字中国战略的"最后一公里"建设，是在我国最广袤的乡村进行的技术变革，发展不平衡不充分使得农村地区经济相对落后，而信息基础设施对资金需求高，资金短板成为阻碍数字乡村建设推进的关键因素。因此，数字乡村建设离不开财政支农资金、社会资本的投入。然而，基层地方政府的财政困难不容忽视，对数字乡村建设的重视程度不高，财政投入处于低位。2020 年全国县域农业农村信息化建设的财政投入总额占当年全国农林水支出的 1.4%，相比 2019 年提升 0.6%，全国县域农业农村信息化建设的社会资本投入为 809 亿元，较 2019 年提升 70%，提升幅度仍有较大空间。由于乡村发展水平受限、政策机制有待完善、数字认知水平不高和资金投入周期长、回报低，存在技术薄弱、人才匮乏、资源浪费等问题，使得社会资本产生犹疑心态，投资意愿较高的资本找不到投资渠道，容易陷入投哪里、怎么投、怎么管的困境。同时，数字乡村建设不能仅凭外部资金注入，还需要对乡村内部的农户资产、村级集体资产进行整合。农户、村集体与生产主体间利益联结不够紧密，农户资产、村级集体资产与财政投入、社会资本的关系较为脆弱，没有建构数字乡村利益共同体机制，资金运转缺乏内生性动力。

技术薄弱。数字乡村建设是应对乡村发展问题的技术尝试，对基础设施建设、数据资源挖掘、技术均提出了较高的要求。随着十亿用户接入互联网，普及率超过 70%，为实现乡村网络环境的全面提升，三大运营商针对数字乡村建设开启了乡村网络基础设施建设的布局。例如，中国移动《数智乡村振兴计划》白皮书公布了"十四五"期间全面推进乡村振兴的战略目标和行动计划，计划"十四五"时期要基本实现行政村 5G 覆盖，但是同样存在信息基础设施维护效能低的技术性问题。大数据对乡村振兴具有赋能作用，但存在数据资源挖掘不足的问题，表现为"无数据可用、数据不够全、数据不够深"。数字乡村建设的技术研发存在短板，尤其是在智慧农业配套的基础装备设施上，比如农业传感器、无人作业和芯片制造等方面存在技术瓶颈，国产化水平较低。对北斗卫星导航系统、遥感探测技术、地理信息技术、无人机等技术与农业的开发应用形式较为单一化，由于复合型技术人才的缺失，在各技术的综合开发应用上还稍显不足。

7.3.3　发展机制有待完善

尽管《数字乡村发展战略纲要》《数字农业农村发展规划（2019—2025 年)》《2020 年数字乡村发展工作要点》《"十四五"国家信息化规划》

《数字乡村发展行动计划（2022—2025年）》相继出台，但就数字乡村发展机制和体系而言，还存在数字乡村立法缺失、多组织间协调困难、网络有效监管不足等问题。

数字乡村立法缺失。数字乡村建设还在摸索和完善之中，由于数字乡村覆盖面广、涉及多方利益，对数字乡村建设的内容需要针对性立法，如信息安全、网络直播、网络安全、电子商务和智慧农业等与数字乡村建设配套的法律需要建立完善；存在部分法条空白的领域，如数字经济、数据共享、数据产权、权责划分等政策法规。由于数字经济包含了数字产业化、产业数字化和资产数字化，传统经济的法律已经不适用于全新的经济运行模式，数字经济领域的立法空白使得其发展处于无法可依的状态，立法长期缺失则将导致无序竞争，影响社会稳定，必须有效建立数字经济相关法条，适应当前经济的发展阶段。同样数据开放共享和主体权责划分的立法缺失导致在产权归属、开放共享、权责划定的标准无法统一，加剧了数据资源的浪费。因此，对数字乡村建设相关领域展开立法，是建设数字乡村和数字中国的必然要求，也是高质量推进乡村振兴的重要保障。

多组织间协调困难。数字乡村建设需要农户主体、各级政府、职能部门以及社会组织的协同参与。基层政府对于数字乡村的认知还需要提升，部分干部对于数字乡村建设的认识有限，对数字化的重要性、紧迫性认识不够深刻，开展相关工作的机构设置、人员队伍与数字乡村建设不匹配，存在平台未对接、数据未共享的情况，导致基础信息不统一，信息管理、统计分析存在偏差。由于机制缺失，多元主体在参与建设时所表现出的执行效能不同，数字共享不通畅使得分散在各部门和各村庄的数据和资源无法充分整合并利用，条块分割增加了基层组织的工作负担，各部门间难以形成合力，大量建设未实现共享数据、功能重复的数字平台，出现了资源浪费和闲置。由于没有统一标准，软硬件开发缺乏能够整体支持数字乡村建设的数据共享平台系统，使得数据的客观性、准确性、科学性不足，无法发挥其效用。在一二三产融合发展方面，标准不一使得农村产品质量不一，打造优质品牌存在阻力，不能形成头雁效应。

网络有效监管不足。数字乡村网络空间的监管不足，体现在软件和硬件两方面的监管和保护上。软件层面的监管不够，存在视频平台、直播带货等网络消费市场的无序经营乱象。平台依托算法引导、用户画像，制造信息茧房，加强沉浸式体验，增加用户的留存时间和留存率，极大程度挤压用户工作学习的时间和精力，不断影响用户的消费决策，形成以流量为食的数字内卷。这种趋势在受教育程度相对较低的农村居民间表现更甚，加大了监管难度，导致农村居民网络成瘾，有些平台为了博眼球甚至推送低俗视频和直播内容，潜在的道德风险隐患将进一步影响乡村社会环境。涉农关键信息基础设施和电信设施等硬件同样存在安全风险，存在对盗窃破坏行为的打击力度不足的现象。种种问题反映出数字乡村网络空间的监管制度尚不健全，网络监管机构的专业化不高，威慑力不足，网络监管还存在调查难、取证难、举证难、出证难的执法问题。

7.4 高质量推进数字乡村赋能乡村振兴的路径优化

针对数字乡村建设内源性阻碍、要素支撑不足和发展机制有待完善等现实困境，结合数字乡村建设趋势，应从建构产业优先、协同联动和要素支持三个机制系统推进，有效赋能以高质量推进乡村振兴。

7.4.1 建构产业优先机制，明确发展方向

推进数字乡村建设，精准赋能乡村振兴，关键在于优先发展产业并实现产业融通与数字化。立足地方实际和资源禀赋，注重产业数字化过程中"第五大生产要素"数据的收集与应用，着力建设具有全产业链服务能力的农村产业园区。坚持产业实体经济与信息技术的耦合发展，夯实产业基础，深化新技术新渠道运用，深度融合农村一二三产业发展。深化农产品电商发展，以推进"数商兴农"工程打造农产品优质品牌，落实农村产业发展支持政策，引导农村电商产业规模化、规范化、标准化发展，培育一批农产品龙头企业，带动特色产业发展。实现农业数字化的关键难题是生产端数据的采集，重视技术力量但避免唯技术论，集中优势科研资源，在传感器研究、拟合生态环境模型和建构农业生产模型等方向上实现突破，继续建设天地空一体化观测体系建设工程，将现实形态的农业产品转化成数据，促进集约化生产，降低用人需求，在疫情防控常态化背景下实现农业的无人化作业。数字乡村建设，应通过优先发展产业，实现产业数字化，以利益驱动提高主体数字认知、盘活已有沉睡资源、推动价值增值变

现，使得产业数字化服务于农村居民增收，通过建构县域数字产业孵化园，培育一批农村新业态，引进平台企业，提高要素吸引能力，促进资源要素交流，进而辐射县域村镇发展共富。

7.4.2 建构协同联动机制，打造循环系统

数字乡村建设背景下，基层组织建设需要专注于建构数字协作型组织，以协同联动能力的提升和服务体系的完善带动数字乡村治理能力的提升，推进乡村治理能力现代化。在数字乡村的多元主体协同治理过程中，应明确地方政府的发展引导功能、服务供给作用和乡村振兴主体责任，打破乡村治理数字化的技术性思维，真正构建能提高生产力的乡村综合信息服务体系和乡村数字化公共服务平台，畅通村庄间、村庄与政府间的公共需求表达，把政府层级之间的管理关系变为服务关系，以数字化平台推进基础公共服务下沉。在政企合作推进数字乡村建设过程中，要对乡村发展注入适度的外部动力和足够的资源，让乡村能够更多维度、更快速度、更高水平地完成数字化转型，明确政府、企业和社会组织等外部主体的促进者、服务者和保障者的角色和责任，防范乡村作为主体过度依赖外部，被外部掠夺已有资源，重视对内生动力的培育和自身能力的进化，实现数字乡村建设的可持续发展。以数字化为契机的协同联动机制的内核是主体间关系的平等，只有平衡层级组织间的利益并减少横向利益冲突，才能实现主体间的合作共赢，真正提高乡村居民获得感。给乡村居民在治理中的协同参与提供足够空间，在乡邻互助互爱的现实基础上延伸拓展到村落数字共同体，推广建设诸如"两群"式的共建共治共享数字平台和数字社区，发挥联动优势，打通乡村大小事务的沟通不畅、监督不力等堵点，提高乡村居民凝聚力。此外，进一步推动县域融媒体中心建设并辐射县域村落，发挥乡村移风易俗、传播正能量和为文化树新风的作用，使乡村精神面貌焕然一新，提高乡村居民幸福感，打造乡风文明的乡村数字生活。

7.4.3 建构要素支持机制，引入支持力量

建构数字乡村要素支持机制，全面支撑数字乡村建设高质量发展，包括基础设施支持机制、数字人才支持机制、绩效评价支持机制、完善法治支持机制。一是基础设施支持机制。加快建构基础设施支持机制，匹配数

字技术应用所需平台。基础设施是数字化和技术化手段运行的基础，通过打牢数字基础，形成虚拟与现实的纽带，数字公共服务、数字基础设施率先实现城乡融合发展；搭建农业农村综合信息服务平台，采用线上线下相结合的解决方案，解决农业信息服务"最后一公里"问题；切实抓好农村融资难、融资贵、融资慢三大痛点，持续推动建设农业农村大数据普惠金融服务平台；行政村基本铺设最新通信技术，智能手机、网络电视和电脑等消费级数字终端惠及乡村家家户户，实现农村家庭宽带网络基本覆盖；乡村物联网按照地方所需建设，乡村学校配备多媒体设备，能够接通最新一代 IPV6 宽带网络；乡村企业和农户基本接入智慧种养数字体系，广泛采用环境智能监测与控制、动植物生理生态监测等硬件设施辅助养殖种植，软硬件的开发应以减少人力使用成本、提升生产效率为目标导向。二是数字人才支持机制。数字乡村建设和乡村振兴战略都应以人为本，积极培育和引进数字人才是数字乡村培育自发动力的重点。大部分数字技术都非常简单易用，乡村居民误解数字技术门槛高、难以使用和复杂，应加大宣传力度，解除心理认知障碍，是弥合数字鸿沟中的认知鸿沟的第一步。要借力社区优势宣传数字乡村建设的理念，培育乡村居民的数字认同感，使广大乡村居民都有效参与到数字乡村建设中来，充分发挥数字乡村的赋能作用，实现内部资源和财富的保值增值，最终使得乡村内生出向外部输送优质内容和创造价值的能力。高等教育应注重增加"互联网＋"的软技能培训课程，培养在互联网时代下技能发展的跨学科学习、思考和实践的能力，推动建立持续培训体系，以适应更新迭代快的信息时代，培养一批高端数字人才后备军。农技推广服务应以智慧农业、农村电商为新抓手，推广新知识、新本领和新营销，培养专精智慧养殖、智慧种植和数字营销的乡村新乡贤。构建乡村教育资源信息平台，使得乡村与城市教育信息平台沟通渠道被打通，新时代农村孩子能通过多媒体设备在优秀老师的线上直播课上学习，平台以更高效更有力的资源整合开发更多更好的与乡村匹配的数字教育资源，拔高乡村义务教育质量下限，全面提高乡村义务教育实力，实现乡村人才振兴。此外，乡村不仅要有内生人才，还需要注重吸引创客、大学生、文创人群进入到乡村中成为新村民。三是绩效评价支持机制。构建绩效评价支持机制，解决基层治理执行力较差的问题。绩效评价应围绕经济发展、市场监督、社会管理、公共服务和环境保护五个指标构建。四是完善法治支持机制。法治支持为其他机制的实现提供规则，划定外部主体尤其是政府的权力和责任，规范基层组织的治理行动，在健全法制过程中，应注重数字背景下去中心化的影响，在立法、执法、守法和监督上创新理念，借助数字化平台的宣传作用，使法治宣传深入乡村居民的日常生活，促进践行法治的习惯和坚定法治的信仰，实现数字乡村建设行稳致远。

7.5　再论数字赋能未来乡村：逻辑检视与实践向度

数字赋能、未来乡村及数字乡村建设的相关成果为数字赋能未来乡村发展提供了丰裕借鉴，但数字乡村建设作为现阶段数字技术在乡村发展空间中阶段性多维综合场景建构，并非数字赋能未来乡村发展的全景表达。作为全面推进乡村振兴工作对于数字技术场域影响下的现代性回应，有必要对于未来乡村发展逻辑、数字赋能未来乡村过程的哲学审视以及高质量推进数字赋能未来乡村发展的实践向度做出系统思考。

7.5.1　未来乡村的发展逻辑：自然、社会和技术的"重构聚合"

谋划建设未来乡村，是新时代全域建设品质生活新家园的系统性举措和逻辑性延伸。高质量推进数字赋能未来乡村工作，要明确未来乡村自然空间、社会空间和技术空间重构聚合的发展逻辑。

● 未来乡村发展应在推进共同富裕进程中形成"城乡互利共生"态势。城乡关系是观察农村现代化进程中的重要社会结构。立足新发展阶段，系统思考乡村振兴，未来乡村发展不是农村单方面的事情，而是在城乡关系互动中进行的融合发展。经由漫长的"由乡村孕育城市走向城乡分割，再到城乡融合发展"的变化历程中[①]，乡村因其之所以成为乡村的条件从未消失，且在现代社会与现代性互补的"乡村性"[②]特征历久弥新，在不同时期被赋予了差异化时代内涵，用于揭示乡城空间聚落变迁尤其是

---

①　马克思，恩格斯．马克思恩格斯文集（第 1 卷）［M］．中共中央编译局，译，北京：人民出版社，2009：618．

②　贺瑜，刘扬，周海林．基于演化认知的乡村性研究［J］．中国人口·资源与环境，2021，31（10）：158—166．

乡村重构①及乡村未来。受力于资金、技术、规模、治理等现代性因素，传统乡村发展的平稳性与相对封闭的属性逐渐被非人性化的组织机制与效率取向的发展方式②所影响，但乡村发展"天人合一"的自然资源禀赋、"宜居宽心"的社会网络匹配以及"城镇发展支撑"的初级产品供应等特征，始终存在且逐步成为城乡可持续发展的根基，以及区域空间发展的人本取向之源。我国发展不平衡不充分问题仍然突出，城乡区域发展和收入分配差距较大，新时代扎实推进共同富裕，最艰巨最繁重的任务仍然在农村，要逐步缩小居民收入和实际消费水平差距，关键在于有效对接社会民众发展诉求，充分发挥城乡双方空间生产的优势与效能，即强化城镇生产功能的同时，注重乡村生活效能扬优成势，积极推进城乡公共服务均等化，推动形成新型工农城乡关系，促进城乡融合发展，实现民众追求全面发展过程中利城富乡。完整、准确、全面贯彻新发展理念，未来乡村发展应融入"双循环"新发展格局，注重科技创新与服务引领，实现作为民众生活共同体、生产共同体、市场共同体的有机转型与适度融合，亦城亦乡中形成城乡互利共生良好发展状态。

● 未来乡村要在健全高质量发展机制中增进要素组合优化水平。全面建设社会主义现代化国家，短板在农村，主战场也在农村。推进乡村经济社会高质量发展，对于乡村社会主要矛盾的精准回应，本质是乡村发展动能转换与新的增长优势形成。高质量发展关键是转变发展方式，体制机制基础是完善的产权制度、要素的市场化配置以及开放准入秩序的建立。契合高质量发展要求，未来乡村发展的基础在于重构乡村发展的动力机制③，亦即重构乡村自然空间、社会空间与技术空间等多维立体发展界面，整体构建异质性资源依存和高度整合的应用场景④，通过跨越传统空间界限的连接性治理将重构空间的资源要素进行有效整合，提升资源要素

---

①　Dibden J，Potter C，Cocklin C. Contesting the neoliberal project for agriculture：productivist and multifunctional trajectories in the European Union and Australia ［J］. Journal of rural studies，2009，25（3）：299 - 308.

②　尤尔根·哈贝马斯. 作为"意识形态"的技术与科学 ［M］. 李黎，郭官义，译. 上海：学林出版社，1999：38 - 80.

③　李子联. 中国经济高质量发展的动力机制 ［J］. 当代经济研究，2021（10）：24 - 33.

④　张毅，贺欣萌. 数字赋能可以纾解公共服务均等化差距吗？ ［J］. 中国行政管理，2021（11）：131 - 137.

组合优化水平，促进形成区域多元主体、多维资源要素、多种发展方式之间的互联互容与价值共创，渐进式形成契合区域发展特征的乡村产业结构优化机制、市场化建设推进机制、科技创新及推广机制等高质量发展机制体系。加速单个资本循环转换提升循环连续性，畅通社会总资本循环，重塑区域分工格局，健全完善跨域市场建设，增进区域发展动能和培育竞争优势。乡村发展需求在资源要素组合与价值共同系统的有效互动中得以实现和满足，增进创新驱动发展的可能。具体表现为乡村产业高阶演进，有效衔接现代经济体系建设，更多着眼于创新、消费等内生因素，着眼于增强乡村在经济社会循环链条中供给侧的产品和服务质量优势，强化乡村产业结构优化、市场效益突出且生态友好的综合型、集约型发展，根本指向则是乡村自有与可用的资源要素组合优化基础上的最大化产出，更好满足区域群众日益增长的美好生活需要。

● 未来乡村需在全面深化基层治理改革中实现群众"高品质生活"追求。"高品质生活"在全面建成小康社会决胜之际召开的党的十九届五中全会上首次提出，"高品质生活"是在经济、政治、文化、社会和生态等均得到高水平保障和满足的一种生活状态，是人们所呈现出的共享高质量物质生活和高品位精神生活的生存和发展状态[①]，是人的本质力量的确证，也是人民美好生活的必然要求和社会发展的根本动力[②]。立足新发展阶段，群众生活较之于改革开放初期发生了翻天覆地的变化，经济实力大幅度上升、民主法治建设不断加强、文化建设取得重大进展、生态文明建设不断加快，尤其是围绕人民群众最关心最直接最现实的民生问题，持续强化制度建设和提升治理水平，人民的获得感、幸福感不断增强。坚实的发展基础以及良好的发展预期，使得未来乡村发展过程中群众对于"高品质生活"的追求成为必然。没有需要，就没有生产。而消费则把需要再生产出来[③]，未来乡村发展要实现群众"高品质生活"需求，要贯彻"以人民为中心"的发展原则，着眼于农业农村现代化的全面建设，坚持乡村治

---

① 孟东方. 高品质生活的居民感知与创造路径 [J]. 西部论坛，2021 (3)：44 - 56.

② 杜玉华. 创造高品质生活的理论意涵、现实依据及行动路径 [J]. 马克思主义理论学科研究，2021 (6)：98 - 106.

③ 马克思，恩格斯. 马克思恩格斯文集 (第 8 卷) [M]. 中共中央编译局，译，北京：人民出版社，2009：15.

理的供给侧结构性改革，推进新时代乡村治理现代化，注重精致服务引领，重视党的基层组织建设、乡村政治制度建设、乡村文化建设，深入开展以"三位一体"、农村土地"三权分置"、农村集体产权、乡村治理为重点的新时代乡村集成改革，着力破解发展不平衡不充分、公共服务效率低下和居民收入差距悬殊的难题，逐步推进未来乡村居民的物质生活富足、精神生活丰裕，生态环境绿色健康，身心需求充分满足，使得乡村空间中的不同人群均能感受到自我价值和社区温度，乡村社会有序且充满发展活力。

7.5.2　数字赋能未来乡村发展过程的哲学审视

乡村作为人群聚落，其形成和发展受到所在时代政治制度、科学技术、民众生产生活水平等因素的影响和制约，在发展形态上反映出所处时代的主流价值取向。作为自然界的有机组成，适应自然、融于自然并追求人类自身全面发展是社会前进的不竭动力。历史分析人类解脱自身束缚、通往自由王国的发展之路，阶段性的重大科学技术突破发挥着至关重要的作用，且始终围绕着资源要素的合理利用、社会秩序的有效机构、人民生活的富裕富足等领域重新突破。共同富裕是社会主义的本质要求，实现区域发展不平衡不充分的问题在每个乡村扎实推进共同富裕中不断消弭，关键是未来乡村发展要紧抓信息时代带来的数字红利，充分利用数字技术无线连接、普惠共享、生态赋能等特点，赋能乡村振兴，为推动乡村高质量发展创造有利条件。所谓赋能指个体或组织对客观环境与条件拥有更强的控制能力来取代无力感的过程，数字乡村建设聚焦乡村振兴，致力于解决区域、城乡发展不平衡问题，以创新驱动乡村建设为重要抓手，逐步实现乡村治理有效，为农村地区实现弯道超车提供了可能[①]。但数字赋能乡村不同于数字乡村建设，数字乡村建设仅是数字赋能乡村过程中突出的综合性场景建构。技术之于区域发展，共识性的影响判断取自于辩证思维；赋能视域下论及数字技术对于未来乡村发展的影响，重在技术应用基础上正向效应考量和负向效应消减，数字乡村建设则是利用数字技术推动乡村发展政策向度的系列实践外显。推进经济社

---

① 徐梦周. 数字赋能：内在逻辑、支撑条件与实践取向 [J]. 浙江社会科学，2022 (1)：48 - 49.

会数字化转型，着力构建以数字化驱动的乡村现代化经济体系、社会治理体系和经济社会发展支撑体系，成为乡村振兴和农业农村现代化发展的战略方向和重要内容①。高质量推进数字赋能未来乡村发展的工作，应有效平衡政府主导推动引领与乡村主体主动承接、技术影响单一规范与社会治理复杂多变等关系，辩证思维数字赋能未来乡村发展的关键影响，推进数字赋能未来乡村发展行稳致远。

● 关注数字赋能乡村行为的政府先期主导推动引领与乡村主体主动融入基础上的有序承接。数字赋能未来乡村发展，绝不仅仅是对于乡村经济社会的技术性包装和修饰②，而是对于乡村发展空间的重构。作为阶段性提振数字乡村建设工作的政策设计，较为具体的是由中央网信办等部门印发的《数字农业农村发展规划（2019—2025年）》《数字乡村发展行动计划（2022—2025年）》等指导性文件，明确部署了基础设施建设、智慧农业建设、治理和公共服务等关键领域的重点行动。先期政府主导并推动乡村数字化，国家逻辑层面旨在全域范围内"双循环"新发展格局建设以及城乡基础设施建设和公共服务均等化供给，为城乡尤其是未来乡村高质量发展做好环境创设，为未来乡村发展做实要素引流，但未来乡村发展的资源要素组合优化、产出效益提升、高品质生活创造仍需要乡村及乡村居民主动融入并发挥主体作用。系统审视数字乡村建设过程中系统框架建构、多元参与主体的协同机制建设以及技术赋能乡村发展的有效性评价等工作，不断提升乡村居民数字素养，确保乡村数字信息资源质量、激发乡村居民参与活力、维护未来乡村良好生态至为重要。数据赋能未来乡村最直接最核心的手段是真实、全面、准确且可以有效使用的数据，基本保障是不断提升乡村居民"亲数字性"的数字素养和能力，特别是通过低成本、高效率、低风险的参与实践不断提升其数字化社交、创意、安全等素养，使得乡村居民在传统乡村向数字赋能基础上现代多维乡村转变过程中，改变自身有关乡村发展的资源利用、社会网络、区域发展等思维图景建构与发展行为可行能力提升，成为未来乡村发展中信息、资源、社会、

---

① 苏岚岚，张航宇，彭艳玲. 农民数字素养驱动数字乡村发展的机理研究［J］. 电子政务，2021（10）：42-56.

② 韩瑞波. 技术治理驱动的数字乡村建设及其有效性分析［J］. 内蒙古社会科学，2021（5）：16-23.

产业等多重网络的核心节点，聚合汇流的要素黏性和社会关系网络的关联比较效能，将持续激发乡村居民内源性发展动力，否则将会出现数字赋能乡村进程中形式光鲜而实体空虚特征明显的两张皮现象。同时，乡村居民数字综合素养的提升，亦将有助于推进数字时代公共领域和私人领域的数据信息边界划分，确保数字技术在合适的空间中发挥应有作用，尽可能消减技术带给人们的负面效应。未来应以乡村居民数字素养为纽带，有效激活乡村数字基础设施、数字产业、数字生活、数字生态、数字治理协同发展的互动关联系统，数字技术因其要素黏性和溢出效应而为乡村发展所重视，并由技术延展初期的被动接受转变为主动参与和创新，推动数字赋能乡村的政府主导地位将有序转移到乡村主体，根本上消除数字赋能乡村"政府推动而乡村不动"的问题，不断推动数字赋能基础上乡村系统结构优化和要素配置效率提升，真正实现数字赋能基础上的未来乡村高质量发展。

● 协调数字技术治理单调规范与乡村社会治理复杂多变的异质性行为取向。治理视角下探讨数字技术赋能未来乡村发展，复杂社会问题处理化繁就简取向要与乡村居民个性化复杂诉求满足兼顾。推进未来乡村治理体系和治理能力现代化，促进乡村多元主体协同共治，既要考虑国家有关乡村发展的科层管理体系约束与资源要素的行政配置机制影响，也要有效回应信息时代"互联网＋"为特征的精细化管理要求。简言之，未来乡村发展仍逃脱不了现代科学技术飞速发展进程中，现代社会治理愈发表现出的"技术装置"趋势，科层行政与数字技术等因素带来的技术治理已是其权力实践的重要表现。未来乡村发展空间，按照乡村发展开放或封闭的空间属性、系统治理信息的可识别性两大分析标准，可以分为"可识别＋在场、可识别＋不在场、不可识别＋在场、不可识别＋不在场"四类场景[①]，特定场景下的技术治理倾向于现存环境、已有状态的技术赋能基础上效率追求，重视复杂系统的精细分解、利益网络的相对恒定关联、目标达成的风险消减，行为外显使技术赋能后的传统乡村治理愈发规范便捷，内蕴矛盾则表现为技术治理的单调僵化与未来乡村发展的复杂多变之间的

---

① 吕德文．治理技术如何适配国家机器技术治理的运用场景及其限度 ［J］. 探索与争鸣，2019（6）：59－67.

协调衔接困境。人本化、生态化、数字化是未来乡村的发展特征，新时代乡村居民追求全面发展过程中的个性化、多样化诉求凸显，现实乡村中的经济社会发展与虚拟空间中的多元场景建构交织重叠，对于乡村社会治理提出了创新要求，不仅要善于利用技术赋能维护和谐共融的生态环境系统，建设助农增收的乡村产业链条，打造开放共享的邻里公共服务场所，健全优质可及的教育、医疗、养老服务设施，还要形成现代化乡村社会治理体系，以提升未来乡村空间生产效率，更要着力数字赋能基础上场景创新引领，解决技术和规则的异步困境，防范未来乡村被按照一种完整的关于力量与肉体的技术而小心地编制在社会秩序中[①]，充分释放未来乡村发展的资源要素场域张力，促进数字赋能乡村与区域系统多彩发展相得益彰。

7.5.3　高质量推进数字赋能未来乡村发展工作的实践向度

数字技术发展给传统乡村建设带来颠覆性创新和创造性变革，赋能未来乡村，联通城乡并促进区域融合发展，是数字技术驱动乡村区域发展的现代性回应。系统思维，深入推进新时代数字赋能未来乡村发展，应兼顾国家逻辑和未来乡村发展逻辑，高质量推进数字赋能乡村工作，通过发展数字乡村经济、建设数字乡村社会、以数字化转型驱动乡村生产方式和乡村生活方式发生变革，切实促进乡村内生动力发展，实现乡村振兴的国家战略目标[②]。促进未来乡村发展空间重构，高质量推进数字赋能未来乡村发展工作，要有效协调衔接关联战略，尤其是结合《中华人民共和国国民经济和社会发展第十四个五年规划和二〇三五年远景目标纲要》中有关数字中国的战略部署，立足现阶段未来乡村、数字乡村建设实践探索并有所超脱，综合数字乡村建设中有关数字经济、数字治理、数字服务、数字决策等开展的未来产业、风貌、文化、邻里、健康、低碳、交通、智慧、治理等场景创设，在更高层次、更广领域系统思考数字赋能未来乡村发展，需要关注赋能行为的施动主体、承接对象与活动推进，亦即谁来推动赋能行为、赋能领域如何探寻和赋能行为如何实施等关键问题，突出发展场景

---

　　① 米歇尔·福柯. 规训与惩罚：监狱的诞生 ［M］. 刘北成、杨远婴，译，北京：生活·读书·新知三联书店，2003：243.

　　② 邢振江. 数字乡村建设的国家逻辑 ［J］. 吉首大学学报（社会科学版），2021（6）：58-68.

引领，力求政策均衡及保障有效。

施动主体：政府主导向乡村主体转变。数字赋能未来乡村，旨在运用数字技术从市场、组织、技术三维角度，叠加虚拟的数字世界和现实的物理世界，形成乡村建设领域的数字孪生现象，实现数字赋智、赋利、赋权。致力于推进城乡区域均衡和乡村充分发展，政府先期关注新基建投入与建设，强化数据收集整理及数字要素市场培育，持续夯实数字赋能未来乡村发展的技术基础、制度建构与产业关联。未来乡村作为数字重构网络空间的有机组成，亦将在城乡经济社会巨系统发展演进过程中由"搭便车"走向自我发展优势的彰显，乡村在整合后的立体多维发展界面中成为商流、物流、信息流、资金流的网络节点，进入发展整合后的发展环境精准适配阶段与系统自组织基础上主动融入阶段。未来乡村既是数字赋能场景中的受益主体，也是确保虚实多维立体系统可持续发展资源要素的重要供应主体，互利共赢的发展生态将逐步引领未来乡村实现数字重塑乡村界面向乡村拥抱数字界面的平滑切换。

承接空间：场景创新向协同共创转变。数字赋能未来乡村发展，价值内蕴之一是解决乡村发展治理短板弱项，借力"数字之翼"，提升乡村在绿色生态、产业发展、服务供给、治理创新等领域发展水平，不断增强乡村空间全要素生产效率，提升未来乡村治理能力和水平。围绕新阶段乡村发展面临的城乡要素交换不平衡、公共服务不均等、产业融合发展不充分、基层组织治理能力提升仍有较大空间等诸多挑战，数字赋能未来乡村，重在坚持以高质量发展理念为指导，以打造高品质生活为核心，以推动未来乡村可持续发展为导向，强化网络建构，促进人才、资本、技术等城乡资源要素的等值交流，加快打破"二元对立"和"城市中心、乡村边缘"的传统格局；强化空间跨越，重视资源要素优化组合基础上的乡村集群发展，立足特色资源、区域定位和竞争优势，围绕要素盘活、资源利用、市场引流和品牌打造等核心工作开放乡村、经营乡村；强化精准对接，推进未来乡村发展从"普惠式"到"回应式"的服务供给，通过个性化与精细化的服务质量提升，消减公共服务供给不均衡现象传递给乡村受众的负面感知；强化整体智治，积极实施服务技术下沉，构建乡村智慧治理体系，关联基层党组织、村委会、专业合作社、乡村居民、企业等多元主体，提高价值共创水平，激活乡村社会内生动力，扎实推进共同富裕。

突出数字化改革重点，全面优化乡村生产、生活、生态布局，加快城乡融合发展，实现共建共享。坚持党建引领，注重农村改革综合集成，开展富民经济、宜居生态、文明乡风、治理高效、幸福生活等民生领域一体化建设。一是富民经济领域，打造绿色富民乡村产业，勇于农村经济集成改革，加快农业农村全产业链、全价值链建设，打造全程全域覆盖的社会化服务网络，充分运用数字化技术，做好农村中低收入群体增收监测和返贫风险防范，为乡村主体提供生产、供销、信用"三位一体"综合服务，健全产权利益联结机制，争取让产业链条的更多增值收益留在农村、留给农民，夯实农民共富经济基础，探索走出一条未来农村多元价值拓展的多业态高质量发展新路。二是宜居生态领域，持续开展山水林田湖草全要素综合整治和生态修复，通过数字赋能推进乡村规划布局、环境治理、交通出行等迭代升级，健全乡村人居环境长效管护机制，探索建立数字生态系统 GEP 核算制度和应用体系，实现乡村生产生活生态全方位系统性重塑。三是乡风文明领域，探索健全乡村文脉传承的路径和方式，提供乡村文化沉浸式体验服务，拓展未来乡村 IP 文化内涵及外延。挖掘优秀乡土传统文化内涵价值，注重保护历史文化村落、乡村特色风貌、农业特色景观，让未来乡村在现代与传统复合式发展中乡愁味更浓。四是乡村治理领域，结合乡村治理数字化改革，建强乡村善治核心，开展未来乡村党建联盟建设，推动治理体系和治理能力现代化，实施农村文明素质提升工程，形成文明乡风、良好家风、淳朴民风。培育乡贤理事会等多元治理组织，构建乡村治理共同体，增强乡村智治能力，形成共建共治共享的乡村治理格局。五是生活富裕领域，推进乡村基础设施提档升级，探索未来乡村情景式教育模式，建立健全乡村数字化服务平台，畅通人才下乡返村的创业渠道，在医疗养老、就业帮扶、公益服务、邻里互助等改善中增进民生福祉，全面提升广大农民的获得感、满足感、幸福感。

实践推进：阶段推进向梯次融合转变。未来乡村建设是新时代乡村振兴进程中的一种乡村建设探索，数字技术与未来乡村的融合也有渐进发展的过程：从发展理念分析，数字赋能将从作为未来乡村发展手段以及乡村振兴特定发展场景创新，转变为未来乡村发展空间重构，以服务于居民对于理想、品质和美好生活的追求；从政策重心分析，需要注意数字技术采纳和乡村发展人性尺度、邻里交往和社会互助的有机融合，夯实数字赋能未来乡村的硬件支撑和智慧场景构设，更应关注实现人类与自然相和谐的生态文明在未来乡村空间里面的高度回归；从技术层面分析，数字赋能乡村首在基础设施建设与数字技术规范制定，确保信息质量、通道畅通与信息安全，重在强化技术服务，创新不同领域差异化的应用场景；从业务领域拓展分析，数字赋能未来乡村发轫于效率提升，让村庄更新融入更多的科学生态发展元素，乡村的文化价值、休闲价值和生态价值被提升到和经济价值同等的重要地位，实现了乡村可持续发展，关键在于乡村数字产业发展水平提高，根本目标在于数字技术与未来乡村发展良性互动基础上的乡村振兴和促进农民农村共同富裕。

第8章

经验借鉴：典型区域推进
乡村发展的路径探索

☆ 主要观点 ☆

（1）乡村振兴战略是针对农村经济、政治和社会发展各自的瓶颈而提出的。相应地，回归农民主体性、重建农村基层组织和重塑乡村社会是推进乡村振兴战略实施的充要条件。准确把握乡村振兴过程中人、地、财、制度等关键领域的发展梗阻，注重战略推进的原则和策略等现实要求，只有保证农村资源配置效率和公平、巩固拓展脱贫攻坚成果、全面推进乡村振兴的深化机制、精准机制和长效机制，加之宏观战略和微观规划的结合，因地制宜、分类施策，形成乡村振兴常态化动力机制，最终实现对现实困境的纾解，推动乡村振兴的实现。

（2）国际视野下深入分析并探讨发达国家和地区支持乡村振兴的法律制度、财税与金融等政策工具、"一村一品"与多产融合、"造人"为核心的教育培训、农协"国民生命库"、公共服务等具体经验，对各地实施乡村振兴战略具有思路性启示：应从顶层设计、制度供给和政策创设、特色产业培植、新型经营主体培育、公共服务及医疗、养老等兜底性社会保障等角度，引导和撬动多方参与，推动农村一二三产业融合，构建内生式发展动力。

（3）乡村振兴是实现共同富裕的必经之路，各地结合区域资源禀赋，因地制宜全面推进乡村振兴，涌现出建设新时代鱼米之乡、打造乡村振兴的"齐鲁样板"、共同富裕示范区等系列典型，也为新时代乡村振兴提供丰富经验借鉴：破旧局，进一步破除过去旧的理念、格局和模式，探索出小农经济向现代农业转型、传统乡村向现代化乡村转变和实现巩固拓展脱贫攻坚成果同乡村振兴有效衔接的发展新路子；育新机，在探索新的工作机制、发展规划和业态上有所突破，着重制定好乡村振兴产业发展规划，加大一二三产业、线上线下、内外贸易等方面融合发展，更好激发乡村振兴发展动能；壮合力，坚持按照政府引导、部门支持、民众参与、市场运作的模式，凝聚乡村振兴更大合力。

乡村振兴是新时代解决"三农"问题的根本出路和重大战略。实施这项重大战略，国家已经做好了迎接各种机遇和挑战的准备。然而，地方政府特别是基层政府对乡村振兴战略实施的经验不足和理解不深，可能会导致其在实践中显得十分零碎，缺乏系统性和协调性。根据后发优势理论，要推进江西新时代乡村振兴，有必要借鉴其他国家和地区、省份的成功经验及教训，以益于探索适应区域现实需要的乡村振兴方案。

8.1 国外乡村发展典型案例分析及经验启示

国际上很多地区城市化进程的快速发展，加剧了城乡差距扩大、农村人口减少、农村环境恶化等现象的发生。然而，这些地区经过长时间的探索和实践，形成了可借鉴、可参考、可学习的经验。乡村发展相关研究中常选择推行"乡村发展"的美国、实行"造村运动"的日本、开展"新村运动"的韩国以及实施"城乡等值化"的德国为典型案例，通过介绍他们的主要做法以及典型经验，从而为实施乡村振兴战略获得启示。

8.1.1 美国——乡村发展

20世纪30年代初，世界经济危机对美国的经济发展造成了重大影响，同时也对美国的乡村发展带来了巨大的冲击，导致大量农场主濒临破产，乡村产业发展面临着巨大的挑战和威胁。随后，美国政府积极推行"乡村发展"计划，经过多年的强化和发展，形成了完善的乡村发展支持政策体系，建立了以农业部乡村发展署为主体，下设职责明确的乡村商业与合作局（为乡村地区提供工商贷款和技术支持，创造就业机会，改善乡村的经济和环境条件）、乡村公共事业服务局（向乡村提供基础设施投资、制定信贷项目，从而实现公共设施服务的普及化）以及乡村住宅服务局

（为乡村提供安全住房和改善社区基础设施，支持方式有赠款、直接贷款和担保贷款）等部门。美国在支持乡村发展方面，也颁布了一系列的法律法规，自 1933 年的《农业调整法》至今，已形成包括 20 余部农业基本法和 100 多部专项法的法律体系，为乡村发展提供了强有力的法律保障。此外，美国政府在乡村公共基础设施服务方面，建立了三大领域支持投资计划，即面向乡村电力计划、乡村通信和宽带计划、水资源和环境支持计划，用以改善乡村基础设施条件，提升农民生产生活条件。

8.1.2 日本——造村运动

20 世纪 40 年代，第二次世界大战结束，日本社会一片混乱，经济也遭到了重创。日本政府为了实现城市快速发展、经济快速增长，因此大力发展城市经济，推行城市化进程，鼓励人才向城市流动，从而顺利实现了 1955—1973 年长达 18 年的经济高速增长。而经济快速发展的同时也造成了一定的不良影响，如农村人口大量流失、农业发展停滞不前、农村环境日益恶化等问题凸显。为了破解农村发展遇到的困境，实现乡村文明，20 世纪 70 年代末日本推行"造村运动"，此次运动极大促进了当地乡村振兴与可持续发展。主要做法为：其一，开展"一村一品"运动（One - Village - One Product），即结合当地资源优势，鼓励农民积极发展特色农业，政府加大各项补贴力度，实施差异化的产品战略，提高品牌知名度，扩大本土企业的影响力，改善农民的经济收入，该模式在日本得到了积极推广，也取得了一定成效。其二，日本政府先后制定和修订有关农业土地利用的法律法规 60 多部，用以保障乡村振兴的稳定发展。其三，重视乡村社区的主导作用，利用社区力量积极发展乡村产业，提高乡村基础设施建设，设立专门机构开展人才培训和乡村教育，为乡村发展提供人才保障。

8.1.3 韩国——新村运动

20 世纪初中期的韩国，是一个地少人多、以小农经济为主的国家，耕地面积仅占全国国土面积的 22%，70%的农民处在饥寒交迫中，被认为是最没希望的国家。为了改善落后的乡村面貌，提高农民的生活状况，韩国政府 1970 年 4 月推出了"建设新村运动"的伟大构想，这一运动有效地实现了乡村产业的快速发展，乡村基础设施明显改善、农民经济收入显著上升。韩国的"新村运动"主要分为 5 个阶段，即基础建设阶段（1971—1973 年）、扩散阶段（1974—1976 年）、充实和提高阶段（1977—1980 年）、国民自发运动阶段（1981—1988 年）、自我发展阶段（1989 年以后）（表 8-1）。

表 8-1　韩国"新村运动"的主要阶段及典型做法

阶段	时间	典型做法
基础建设阶段	1971—1973 年	开展政府拟定的 20 个农村建公共澡堂、公共洗衣处、公共饮水设施，绿化荒山，改善厨房、厕所，修筑围墙、公路等基础设施建设项目
扩散阶段	1974—1976 年	重点从基础阶段的改善农民居住生活条件发展为居住环境和生活质量的改善和提高，同时积极调整产业结构，着力提高农民的经济收入
充实和提高阶段	1977—1980 年	着力推进治山绿化十年计划事业、大面积山地开发六年计划事业、农村电气化事业，大力开展农业机械化运动和保护自然运动
国民自发运动阶段	1981—1988 年	注重农村社区建设，建立和完善了全国性新村运动的民间组织，并大力发展农村金融业、流通业，指定和开发农工地区，继续提高农渔民收入等
自我发展阶段	1989 年至今	提高农民的自我发展能力，加大农民的教育和培训，注重农村的精神文明建设，加强农民共同体意识以及民主法制建设

8.1.4　德国——城乡等值化

第二次世界大战后，德国农业走向衰退，农村基础设施落后，广大农民为了寻求更好的生活，将土地卖掉，选择去城市发展，从而导致大量人口涌向城市，城乡经济发展差距迅速拉大。为了缩小城乡之间的差距，提高乡村生活的幸福感，1950 年，德国赛德尔基金会积极推行"城乡等值化"理念，即认为农村和城市生活虽然不同，但在各个方面应实现等值化发展，也就是说生活在农村并不代表生活条件的下降。其中，最显著的做法就是进行土地整改，整合土地资源，聚零为整，规模化发展农业产业。

如德国农业 91.3% 以家庭农庄为主，德国就业人口 4 428 万，农业从业人员占 1.6%，1 个农业人员可养活 155 人；同时，耕地采用 7 年一轮作制度，每年安排 7% 的耕地休耕。此外，德国政府非常重视乡村环境的美化，如 20 世纪 70 年代，开始实行"我们的乡村应该更美丽计划"，其主要是改善乡村基础设施，提升乡村公共服务水平，提倡绿色生产生活方式等；1993 年出台《垃圾分类法》，对乡村垃圾进行科学分类，以培养民众的环保意识，从而提高农民的生存环境质量。

8.1.5 欧盟——乡村复兴运动

欧盟"乡村复兴运动"的共同农业和农村发展政策由欧盟农业委员会依据"自下而上"的原则制订，欧盟吸收包括各成员国政府、协会、企业、研究机构、农民协会等在内的利益相关者意见，提供一个法律意义上的政策框架和"一篮子"政策措施清单，各国农业部门在政策措施选择方面具有充分的自主性、灵活性，可按照各自的政策目标实施、管理与评估，并根据政策的评估结果对下一轮政策目标和措施进行相应调整，欧盟只依据各成员国或下属地区制定的乡村发展政策计划提供其所需部分资金支持。从 2000 年第一个农村发展七年纲要（2000—2006 年）实施以来，到 2007—2013 年、2014—2020 年欧盟农村地区发展计划，欧盟一直强调在农村发展政策中的"自下而上"的做法[①]：一是在不同层面出台了促进城乡一体化发展、解决生态环境问题等法律法规；二是持续强化提升农业产业振兴，欧盟 1993—1999 年各年度拿出 30% 财政预算用于促进农业生产结构调整，实施土地休耕，开展农村旅游业及手工业发展；三是注重通过国家和地区的农村发展规划项目等为青年农民提供项目启动资金，完善农场咨询系统和开展培训等方式推动农业知识转化为实用科技，帮助农民掌握新技术，支持农产品生产者合作；四是在养老保障方面，除了社会养老体系之外，欧盟建立了以税收为基础的最低养老金制度和家庭老年保障金制度，国家对退休的老年农民提供补贴收入；五是注重改善农民的生产和生活环境，实行"贫困地区计划"，制定"农业—环境—气候"保护制

---

① 冯勇，刘志颐，吴瑞成. 乡村振兴国际经验比较与启示［J］. 世界农业，2019（1）：80 - 85，89.

度体系，整合资金用于改善乡村基础设施、保护生态环境，应对气候变化。

国外主要做法及典型经验启示见表 8-2。

表 8-2 国外主要做法及典型经验启示

国家	主要做法	典型经验	借鉴启示
美国	20 世纪 30 年代，推进"乡村发展"	政府的主导作用；完善的法律体系；政府、市场以及社会间的良性互动；科学的规划体系；完备的基础设施建设	
日本	20 世纪 70 年代末，推行"造村运动"（又称"造町运动"）	以法律保障为根本，促进乡村振兴运动；以政府补贴为手段，积极发展特色农业产业；以人才振兴为抓手，有效巩固"造村运动"成果	
韩国	20 世纪 70 年代初，开展新农村建设与发展运动（简称"新村运动"）	发挥政府主导作用，切实推行新村运动；引导农民积极参与，完善农民基层自治组织；保留各自村庄特色，实现分类发展	政府主导，多方参与；立法先行，科学规划；创新制度，完善机制；转变理念，注重人才；尊重规律，循序渐进
德国	20 世纪 50 年代，实施"城乡等值化"发展战略	实施乡村土地综合整治；释放土地资产和资本能力；精细化发展特色农业；加强农村人才教育培训；推行绿色生产生活方式	
欧盟	20 世纪 80 年代，开展"乡村复兴运动"	采取立法手段，加强乡村振兴制度供给；立足乡村本位，强化政府顶层设计引导；注重政策创设与改革，引导和撬动多方参与；培育产业核心，推动乡村一二三产业融合；着眼乡村主体，构建内生式发展动力；完善公共服务，发展乡村医疗养老保障体系	

8.2 国内乡村发展典型案例分析及经验启示

乡村振兴是实现共同富裕的必经之路，各地结合区域资源禀赋，因地制宜，全面推进乡村振兴，涌现出乡村振兴先行区、共同富裕示范区等系列典型，积极探索推动共同富裕新实践，依据过渡期"巩固拓展脱贫攻坚成果同乡村振兴有效衔接"的时代主题，紧密关联革命老区高质量发展，分别选择山东、陕西、广西以及浙江、江苏等省份推进乡村振兴的典型实践为分析样本，以期为新时代构建乡村振兴新格局提供经验借鉴。

8.2.1　山东——打造乡村振兴的"齐鲁样板"

全面乡村振兴，山东坚持问题导向，优化顶层设计，多措并举，在强化统筹推进、守护粮食安全、利益联结机制、村社一体发展、人才回流体系、金融支农惠农等方面找到了众多可行可鉴可推的路径，乡村全面振兴沉稳起势（表 8-3）。

表 8-3　山东推进乡村振兴关注的主要问题与典型做法

主要问题	典型做法
针对三农工作"说起来重要、干起来次要、忙起来不要"等问题	将"重中之重"落到实处，全面完善"五级书记抓乡村振兴"的推进机制，集聚各类资源、要素流向乡村、润泽乡村、振兴乡村
针对粮食生产"比较效益低、非粮化倾向重"等问题	坚定扛牢农业大省责任，坚持藏粮于策、藏粮于地、藏粮于技，实施规模化经营与社会化服务双轮驱动，全面推行稳粮就业双增收路径
针对农业"产业基础薄弱、小农户散弱"等问题	探索按揭农业、合伙人制度、拎包入住等做法，构建"投资商＋运营商＋农户承租管理"运行机制，找到多条小农户与现代农业有机衔接的路径
针对农村"集体经济薄弱、资源分散闲置"等问题	统筹推进乡村组织振兴、产业振兴与人才振兴，用活用好村级党组织领办合作经济组织这一有效平台，找到一条统分结合的"村社一体化"发展路径
针对"涉农干部队伍不强、基层组织人才匮乏、现代农业后继无人"等问题	聚焦"引进来、培养好、沉下去、留得住"，强化"店小二、保姆式"服务，建起"物质激励＋台阶激励＋精神激励"的政策支撑体系，打造人才队伍数量充足结构合理的样板
针对"涉农贷款难贵烦、金融活水难下乡"等问题	以省农担公司为龙头，以农业农村大数据为依托，通过"农政银担"四方合作，实现"农担简化程序降成本，银行竞争拼服务，农业主体选银行"

8.2.2　广西——打造"桂风壮韵、宜居宜业"新乡村

广西切实抓好脱贫攻坚与乡村振兴工作的体系衔接，紧扣全面提升乡村"形、实、魂"主线，优化调整原有政策，完善重点帮扶机制，抓实风貌塑形、产业做实、文化铸魂。加快推动风貌塑形，深入开展乡村风貌提升和农村人居环境整治两个"五年行动"，努力扩大有效投资加快补上"三农"领域发展短板，全面提升农村基础设施建设和公共服务水平，打造桂风壮韵、宜居宜业的新乡村（表8-4）。

表8-4　广西推进乡村振兴关注的主要领域与典型做法

主要领域	典型做法
摘帽不摘帮扶　乡村风貌换新颜	严格落实"四个不摘"要求，并对现有帮扶政策进行分类优化调整，确保政策不断档。同时，落实防止返贫动态监测和帮扶机制，扎实做好易地扶贫搬迁后续扶持工作
立足特色资源　打造农业产业集群	培育了一批在全国举足轻重的优势特色农业产业，包括粮食、蔗糖、水果、蔬菜、渔业、优质家畜等6个千亿元产业，蚕桑、中药材、优质家禽等3个500亿元产业，糖料蔗、桑蚕、优质鸡等多个产业规模稳居全国第一，罗汉果、三黄鸡、桂系猪、广西芒果等4个产业入选国家级优势特色产业集群
拓宽农村新业态　共享产业增值收益	立足特色资源，坚持科技兴农，因地制宜发展乡村旅游、休闲农业等新产业新业态，贯通产加销，融合农文旅，推动乡村产业发展壮大，让农民更多分享产业增值收益
厚植文化　筑牢乡村"精神家园"	大力推进农村文化建设，促进民族融合，丰富乡村文化生活，提升农民文化自信

8.2.3　陕西——三秦"乡村振兴谱新篇"

陕西坚持农业现代化与农村现代化一体设计、一并推进。聚焦"农民增收推进高质量发展"这一主题，围绕以现代化示范区为抓手、推进农业现代化，以乡村建设行动为抓手、推进农村现代化的两轮驱动，采取"抓两头、带中间"三级推进，突出保供、建设、改革、增收四个关

键，加快农业农村现代化，推动农业高质高效、乡村宜居宜业、农民富裕富足（表 8-5）。

表 8-5　陕西推进乡村振兴关注的主要领域与典型做法

主要领域	典型做法
产业：正在成为一个有奔头的产业	深入实施"3＋X"特色现代农业工程，着力做大做强果业、畜牧业、设施农业以及区域特色农业，有力推动了农业现代化和农民增收
人才：让乡村发展才会更有底气	以吸引能人返乡为抓手，实现一批批能人返乡创业，一批批乡土人才茁壮成长，一批批专家来到乡村，发展产业、创办企业、传授技术，他们为乡村振兴提供了有力支撑，成了农业农村发展的"领头雁"
文化：为发展提供了不竭的精神动力	坚持"塑形"与"铸魂"有机统一，以社会主义核心价值观为引领，发挥红色资源丰富优势，大力弘扬延安精神，不断加强农村思想道德建设，弘扬优秀传统文化，铸造社会主义新农村的"魂"
环境：推动生产生活方式逐步转变	大力推进农村人居环境整治，着力解决群众反映强烈的农村厕所、生活垃圾和污水治理等问题；推广绿色种植技术，推进农业废弃物资源化利用，全面加强农业面源污染治理，绿色发展的理念日益深入人心，尊重自然、顺应自然、保护自然正在成为大家的自觉行动
治理：党支部就是农业农村发展的"火车头"	一个党员就是一面旗帜，一个支部就是一个战斗堡垒。着力培养一支懂农业、爱农村、爱农民的"三农"工作队伍，为乡村振兴提供坚强的组织保证

8.2.4　江苏——建设"新时代鱼米之乡"

江苏作为经济大省、农业大省，有基础、有条件、有使命在率先基本实现农业农村现代化上先行先试、积极探索，力争走在前列。全省持续巩固拓展脱贫致富奔小康成果同乡村振兴有机衔接，以农业现代化示范建设为重要抓手，坚定不移贯彻落实，真抓实干开拓进取，全面提升农业生产能力和综合竞争力，努力建设新时代农业强、农村美、农民富的鱼米之乡：在土地上做文章，稳产保供端牢饭碗；在特色上做文章，高质量发展乡村产业；在环境上做文章，让美丽乡村宜居宜业（表 8-6）。

表8-6　江西建设"新时代鱼米之乡"的主要内容

主要领域	典型做法
稳住"三农"基本盘，扛起粮食安全和稳产保供重任	一是持之以恒压实"米袋子"，落实粮食安全党政同责，稳面积、稳产量、稳政策、增效益，不断提高主产省粮食综合生产能力；二是优化供给丰富"菜篮子"，落实"菜篮子"市长负责制，确保供给安全、价格稳定；三是巩固基础强化"硬底子"。紧紧扭住种子和耕地两个要害，落实"长牙齿"耕地保护硬措施，严格落实耕地优先序，坚决遏制耕地"非农化"、防止耕地"非粮化"
持续抓点带面，积极推进农业现代化试点示范	推动资源集聚、要素集中、政策集成，以县乡村等为基本单元，分区域、分类型培育一批示范样板，率先建设一批现代化试点区域，为全国探索经验、提供样板。一是务实推动部省框架协议落地落实。深入落实农业农村部与省政府共同推进江苏率先基本实现农业农村现代化合作框架协议，以江苏为示范样本，研究建立指标体系，构建农业农村现代化目标任务框架。二是以县域为单位梯次推进农业现代化示范建设，在全省启动省级农业现代化先行区建设，努力构建以国家农业现代化示范区为龙头、省级先行区为支撑、市县梯次推进农业现代化的工作格局。三是开展全省农业现代化进程监测，组织跨部门、跨领域、跨界别的人员力量联合攻关，率先在全国开展省级农业农村现代化评价指标体系研究，初步形成"2＋6＋20＋1"评价指标框架体系。包括农业现代化和农村现代化水平2个一级指标，也包括现代农业产业体系、生产体系、经营体系等二级指标，还专门设置了1项人民群众对农业农村现代化发展成果满意度调查
开展"六强六化"行动，加快构建农业现代化框架体系	一是突出质量强，示范引领标准化；二是突出生态强，示范引领绿色化；三是突出装备强，示范引领设施化；四是突出"数字"强，示范引领智慧化；五是突出主体强，示范引领园区化；六是突出链条强，示范引领融合化

8.2.5　浙江——争创"农业农村现代化先行省"

浙江深刻把握新阶段、新形势、新任务，不断提高政治判断力、政治领悟力、政治执行力，坚持问题导向、目标导向、效果导向和价值导向，重塑制度架构，主动担当作为，全面推进乡村振兴，坚持全省"大三农""一盘棋"的发展理念，完善"大三农"的架构体系，创新"大三农"的工作思维、理念和方式，高效协同推进"三农"重点工作任务落地、落实、落细。深化数字化改革，大力推进"三农"工作流程再造、业务协同、系统集成、制度重塑，突破性、建设性地打造一批"三农"领域数字化改革重大标志性成果。推动农业农村现代化，大力实施农业"双强"行动，深化部省共建乡村振兴示范省建设，突出思路创新、制度供给、先行示范，有效破解"三农"发展的诸多瓶颈，促进农业高质高效、乡村宜居宜业、农民富裕富足，为打造"重要窗口"、建设共同富裕示范区贡献"三农"力量（表8-7）。

表8-7 浙江推进未来社区建设的主要内容

主要领域	典型做法
以美好生活为目标追求	更加注重人的美好生活需要，以功能复合的邻里中心为依托，构建24小时全生活链功能体系，有机叠加教育、健康、商业、文化、体育等高品质公共服务
以美丽宜居为环境底色	更加注重社区优美环境打造，充分运用新材料新技术，减少建设过程和建筑本身的环境污染。合理优化社区空间规划，打造多样化个性化的立体绿化空间
以智慧互联为基本特征	更加注重数字技术在社区建设运营中的应用，利用互联网、物联网、大数据、云计算、人工智能等先进技术为社区赋能
以绿色低碳为核心理念	更加注重低碳生活方式和生产方式，强化TOD布局理念，提升绿色低碳出行比例
以四化九场景为主要内容	人本化、田园化、科技化、融合化，未来文化、未来生态、未来建筑、未来服务、未来通道、未来产业、未来数字、未来治理、未来精神九大场景

8.3 国内外乡村实践发展启示透析

乡村振兴战略是针对农村经济、政治和社会发展各自的瓶颈而提出的。相应地，回归农民主体性、重建农村基层组织和重塑乡村社会是推进乡村振兴战略实施的充要条件。准确把握乡村振兴过程中人、地、财、制度等关键领域的发展梗阻，注重战略推进的原则和策略等现实要求，只有保证农村资源配置效率和公平，巩固拓展脱贫攻坚成果，全面推进乡村振兴的深化机制、精准机制和长效机制，加之宏观战略和微观规划的结合，因地制宜、分类施策，形成乡村振兴的常态化动力机制，才能最终实现对现实困境的纾解，推动乡村振兴的实现。

国际视野下深入分析并探讨发达国家和地区的支持乡村振兴的法律制度、财税与金融等政策工具、"一村一品"与多产融合、"造人"为核心的教育培训、农协"国民生命库"、公共服务等具体经验，对各地实施乡村振兴战略具有思路性启示：应从顶层设计、制度供给和政策创设、特色产业培植、新型经营主体培育、公共服务及医疗、养老等兜底性社会保障的角度，引导和撬动多方参与，推动农村一二三产业融合，构建内生式发展动力。

乡村振兴是实现共同富裕的必经之路，各地结合区域资源禀赋，因地制宜全面推进乡村振兴，涌现出的建设新时代鱼米之乡、乡村振兴先行区、共同富裕示范区等系列典型，也为新时代乡村振兴提供丰富经验借鉴：巩固拓展脱贫攻坚成果，严格落实"四个不摘"要求，并对现有帮扶政策进行分类优化调整，确保政策不断档，落实防止返贫动态监测和帮扶机制，扎实做好易地扶贫搬迁后续扶持工作；补齐基础短板，把基础设施建设作为推进乡村振兴的基础工程和重要抓手，聚焦农村基础设施弱项，完善通达支撑，增强基础承载；夯实产业支撑，严守耕地红线，加快良田建设，大力发展乡村旅游，推进乡村电商发展，推动"一二三"产融合发展，探索村级集体经济多种发展模式，壮大村级集体经济；提升社区治理水平，更加注重数字技术在社区建设运营中的应用，利用互联网、物联网、大数据、云计算、人工智能等先进技术为社区赋能；筑牢精神家园，大力推进农村文化建设，促进民族融合，丰富乡村文化生活，提升农民文化自信；推进城乡融合发展，以实施乡村振兴战略为统揽，通过紧凑式布局、聚焦式投入、集中式建设，打通要素进城与下乡通道，破解城乡二元结构等。

国内外乡村发展的相关探索，为江西高质量推进乡村振兴提供了诸多启示：一是破旧局，进一步破除过去旧的理念、格局和模式，探索出小农经济向现代农业转型、传统乡村向现代化乡村转变、实现巩固拓展脱贫攻坚成果同乡村振兴有效衔接的发展新路子；二是育新机，在探索新的工作机制、发展规划和业态上有所突破，着重制定好乡村振兴产业发展规划，加大一二三产业、线上线下、内外贸易等方面融合发展，更好激发乡村振兴发展动能；三是壮合力，坚持按照政府引导、部门支持、民众参与、市场运作的模式，凝聚乡村振兴更大合力。

第9章

守牢底线：持续巩固拓展
脱贫攻坚成果

☆ 主要观点 ☆

（1）江西在持续巩固脱贫攻坚成果同乡村振兴有效衔接过程中，妥善做好过渡期政策平滑衔接，力促帮扶产业提档增效，多举措保障脱贫人口稳岗就业，推进搬迁扶贫人口生计持续改善，积极防范因灾致贫返贫，切实做好各类风险防范化解：统筹协调，强化培训指导，破解政策调整优化质量与实施风险；精准服务，加大资金投入，破解益贫产业持续升级与农户稳定增收风险；赋能为基，完善就业支持，破解新冠肺炎疫情与能力约束带来的失业风险；协同发力，创新帮扶机制，破解搬迁劳动力就业不够稳定与配套产业抗风险能力弱的可持续发展风险；全面排查，完善就业支持，破解因灾致贫与因灾返贫风险。

（2）科学研判形势，持续巩固提升脱贫攻坚成果，进一步夯实新时代乡村振兴发展基础。需要加大培训力度，抓好政策落实，关注敏感领域政策优化；推进帮扶产业高阶演进，紧密利益联结，促进产业增值收益更多留给脱贫人口；规范就业车间管理，调整优化公益性岗位帮扶政策，精准发力脱贫人口稳岗就业促增收；创新搬迁扶贫人口发展机制，提供安置点定制化发展思路，确保易地搬迁人口脱贫致富；提高灾情预警水平，全面落实防贫保险政策，防范化解因灾返贫致贫风险。

（3）持续巩固拓展脱贫攻坚成果的核心在于实现稳就业、高质量就业。江西克服疫情期间经济下行、防控措施等带来的影响，按照稳存量、扩增量、提质量的要求，把促进脱贫人口稳岗就业作为巩固拓展脱贫攻坚成果的重中之重，就业帮扶政策延续优化，完善就业帮扶体系，加强就业监测和精准援助，加强帮扶车间、公益性岗位管理，持续推动脱贫人口多渠道灵活就业，引导就地就近就业，取得了较好成效。长远来看，促进脱贫人口稳定就业，需要培训和服务双轮驱动，缓解结构性就业矛盾；扩容和提质双向发力，加强政策的协同发力；促进形成内生动力，建立就业援助长效机制。

打赢脱贫攻坚战以来，江西省在国家乡村振兴局的指导帮助下，靠前服务，主动作为，高度重视防范化解涉贫涉乡村振兴领域各类风险，严格落实"四个不摘"要求，做到过渡期内"保持主要帮扶政策总体稳定"，着力解决影响全省脱贫攻坚成果的源头性、根本性、基础性问题，及时有效防范、化解、管控各类风险，坚持做到将防范化解风险工作抓早抓小，切实将各类风险化解在萌芽状态，为巩固拓展好脱贫攻坚成果发挥了重要作用。

9.1　分类施策，扎实推进脱贫攻坚成果巩固拓展[①]

9.1.1　妥善做好过渡期政策平滑衔接

一是加强政策研究谋划。中共江西省委、省政府出台《关于巩固拓展脱贫攻坚成果同乡村振兴有效衔接的实施意见》，就衔接政策作总体部署。依据国家层面相关衔接政策，逐项优化完善、制定出台配套政策，确保政策不留空白、工作不留空当。江西在推进政策衔接中，严防政策弱化、政策缩水、政策断档等问题，资产收益帮扶、脱贫对象家庭高中生免除学杂费等政策未退出，未发现帮扶政策断崖式退出带来返贫情况。创新将全省100 个县（市、区）划分为先行示范县、整体推进县、重点帮扶县"三类县"，分类指导推进；从全省选定了 1 841 个重点帮扶村，"十四五"期间每村每年安排 100 万元资金，进行重点扶持。

二是加强政策宣传培训。及时做好政策发布解读，深入开展政策宣传培训，编发《巩固拓展脱贫攻坚成果 200 问》16 万册作为培训教材

---

① 课题组于 2022 年 5 月赴江西省农业农村厅、江西省乡村振兴局相关处室调研，所收集资料的截止时间为 2022 年 3 月底。

和工作手册，省级先后举办市级党政主要领导、省直单位主要领导、县级党政分管领导、市县乡村振兴局局长、驻村第一书记、创业致富带头人等示范培训，市县组织乡村振兴干部和村组干部全员培训，2021 年全省举办培训班 1 878 期、培训 25.1 万人次，让广大干部群众知晓政策、会用政策。

三是加强政策推进落实。江西省委、省政府成立巩固拓展脱贫攻坚成果专项小组，由分管领导担任组长，省乡村振兴局承担专项小组办公室职责，14 个省直单位为成员单位。市县两级普遍成立了由党政主要领导挂帅的领导小组。健全落实统筹协调、定期调度、暗访督导、考核评估等一整套工作机制，选派新一轮第一书记 6 188 人、工作队 5 593 个、驻村干部 17 474 人（含第一书记），督促推动各项政策落地见效。

9.1.2 力促帮扶产业提档增效

2021 年来，江西扎实推进特色产业帮扶、脱贫人口小额信贷、光伏帮扶、消费帮扶等重点工作，推动脱贫基础更加稳固、脱贫成效更可持续。全省 5.11 万个四类带动经营主体直接带动脱贫户和监测对象 28.52 万户；共培育创业致富带头人 3.3 万名，直接带动脱贫户和监测对象 15.69 万户；小额信贷当年累计贷款 26.47 亿元、5.83 万户。江西符合国家政策的 39 171 座光伏帮扶项目，总装机规模 189.59 万千瓦全部纳入国家补贴的规模范围。全省村级光伏帮扶电站当年设置公益岗位吸纳脱贫人口就业 7.8 万人。全省认定帮扶产品 1.67 万个，供应商 4 000 余家，2021 年以来累计销售金额 155 亿元；布放消费帮扶专柜 2 000 多台，开设消费帮扶专区 300 余处，建设消费帮扶专馆 200 多个。

9.1.3 多举措保障脱贫人口稳岗就业

就业是民生之本，是人民群众改善生活的基本前提和基本途径。"六稳""六保"就业居首位，就业关乎国计民生，更关乎千家万户。江西克服疫情期间经济下行、防控措施等带来的影响，按照稳存量、扩增量、提质量的要求，把促进脱贫人口稳岗就业作为巩固拓展脱贫攻坚成果的重中之重，就业帮扶政策延续优化，完善就业帮扶体系，加强就业监测和精准援助，加强帮扶车间、公益性岗位管理，持续推动脱贫人口多渠道灵活就业，引导就地就近就业。通过以上措施，全方位保障了脱贫劳动力的稳岗就业。全省脱贫劳动力稳岗就业规模 2019 年为 117.7 万人，2020 年为 130.9 万人，2021 年为 135.2 万人，较好完成了就业规模稳定、劳务输出不减的稳岗就业目标任务。

9.1.4　推进搬迁扶贫人口生计持续改善

"十三五"期间，全省实施易地扶贫搬迁建档立卡贫困群众 3.5 万户 13.47 万人，涉及 8 个设区市、60 个县（市、区）。全省搬迁安置工作实行县乡村"三级梯度"安置，在易地的基础上做到"不跨县、不离乡、不出村"，在搬迁群众社区融入上具有先天优势。全省以集中安置为主、分散安置为辅，建成集中安置点 886 个，集中安置率 87.5%。其中，800～3 000 人安置点 23 个、安置 3.24 万人，占比 27.5%。截至 2022 年 3 月，经人口自然增减，实有搬迁脱贫户 3.46 万户 13.33 万人，有劳动力家庭 3.2 万户、劳动力 7.5 万人，已实现就业务工 3.1 万户，劳动力就业率 85.6%，其中：省外务工 2.47 万人、省内县外务工 0.6 万人、县内务工 3.35 万人（其中扶贫车间和产业园区吸纳就业 1 万人、公益岗位就业 0.6 万人）。搬迁劳动力月均工资 2 500 元，搬迁劳动力就业率和就业月均工资均高于全省就业脱贫人口和监测对象平均水平。搬迁脱贫家庭发展种养等产业 1.3 万户，搬迁脱贫劳动力家庭基本实现 1 户至少有 1 人就业。

9.1.5　积极防范因灾致贫返贫

2018—2021 年，江西省各地自然灾害受灾县 100 余个，主要是洪涝灾害。全省没有因灾死亡的脱贫户和监测对象，受灾群众已得到妥善安置。因灾纳入监测对象均有安全住房、安全饮水；均参加了 2022 年基本医疗保险；均落实教育帮扶政策，无失学辍学情况。部分农作物被水患淹没，但由于补救措施及时，未产生重大影响；通过各驻村干部对受灾点逐户调查，通过发动群众开展生产自救、乡镇干部帮助、农业保险理赔、社会救助等措施，及时对脱贫户和监测户遭受的农作物、牲畜等经济和财产损失，做好了灾后帮扶或补救工作，近年自然灾害对全省脱贫户、监测对象影响有限，未产生规模性返贫现象。

9.2 主动应对，切实做好各类风险防范化解

9.2.1 强化培训指导，破解政策调整优化质量与实施风险

一是健全工作体系，确保政策落地见效。主要是2021年上半年，由于领导小组的改革、各级干部的换届、驻村干部的轮换等，导致一些地方存在机制不畅，一些干部存在情况不清、政策不熟、工作断档等风险。江西通过健全机制、压实责任、加强培训、提升能力等举措，有效解决了风险隐患。比如，针对各级扶贫开发领导小组职能划出后，各地普遍反映工作缺乏抓手、缺乏机制等问题，省委、省政府在省委农村工作领导小组框架下，成立巩固拓展脱贫攻坚成果专项小组，由省委副书记和分管副省长任组长，推动各地普遍成立了由党政主要领导任组长的领导小组、联席会议或建立专项机制，构建了"责任清晰、各负其责、合力推进"的工作体系，有力保障了政策落地见效。

二是加强培训指导，严防政策调整致贫。一方面，在政策调整过程中，存在宣传不到位的风险。比如，个别县指导一些乡镇对公益岗位、教育补助进行调整。政策调整后，基层干部没有宣传到位，导致暂停岗位、下调补助的群众不满。针对这一风险，通过切实加强政策发布解读、政策宣传培训，提高政策知晓率。另一方面，个别帮扶政策调整较大，带来返贫风险。比如，医保政策调整后，2021年以前脱贫人口参加医疗保险均有财政资助，从2022年开始取消稳定脱贫人口财政资助参保政策，可能带来医疗保险脱保的风险；脱贫攻坚时期贫困人口医疗保险报销比例达到90％左右，政策调整后大病保险对三类监测对象不再倾斜，医疗救助比例也相应降低，并且在消除风险后不再享受医疗救助待遇，可能带来因病大额支出的风险。针对这一风险，江西积极做好参保动员工作，确保脱贫人口和监测对象参加医疗保险。在后期大病保险、医疗救助实施过程中，将密切关注脱贫人口、监测对象报销情况，严防返贫致贫风险。

三是协调关联政策，避免有效政策空白。主要是国家关于耕地使用、退捕禁捕、疫情防控等政策，可能对脱贫人口、监测对象发展产业、外出就业造成影响。比如，针对退捕禁捕政策可能带来的影响，江西积极做好涉及脱贫户和边缘户的建档立卡渔民身份确认、船网工具处置、社保政策

政府补助、转产就业和兜底保障等方面帮扶工作，确保脱贫户稳定脱贫不返贫、边缘户不致贫。

9.2.2　加大资金投入，破解益贫产业持续升级与农户稳定增收风险

一是做实指导服务，强化产业人才和技术支撑。 积极开展江西农业大讲堂下基层宣讲活动，2021 年共组织 93 个宣讲团近 1 500 名农业农村干部和专家深入基层，开展集中宣讲、现场服务，帮助解决问题。充分发挥省级现代农业产业技术体系专家队伍优势，持续加大脱贫地区产业发展服务，落实农业产业发展指导员 9 000 多名，深入基层和生产一线，面对面开展技术指导和培训服务，切实解决脱贫地区和脱贫户产业发展遇到的困难和问题。2021 年累计开展技术指导与培训服务 1.7 万场（次），服务脱贫人口和监测对象 18.1 万人次。深入开展高素质农民培训，全省已培训高素质农民 2.9 万人，其中，经营管理型 1.5 万人，专业生产型 0.7 万人，技能服务型 0.6 万人。纵深推进"一村一名大学生工程"，采取"政府出钱、大学出力、农民受益"的方式，将高等教育延伸到农村，全年招录 1 000 名本科层次和 4 000 名大专层次的乡村大学生，为推动乡村人才振兴提供坚实的保障。

二是加大投入力度，提升农业保险保障水平。 开展了小农户发展特色农业价格保险试点，2021 年选择 30 个县开展试点，覆盖特色农业产业 22 个、参保农户 3.3 万余户（其中脱贫户 7 215 户）。继续加大农业政策性保险支持力度，继续提高育肥猪、能繁母猪保险保额。在 35 个试点县开展水稻大灾保险试点。2021 年省级地方特色农业保险承保面积 634.11 万亩，保费规模 3.51 亿元，累计赔款 1.03 亿元，受益农户 1.2 万户。2021 年起在 26 个产粮大县开展了水稻完全成本保险试点，2022 年逐步扩展到 44 个产粮大县。

三是抓好协调储备，全力保障农资保供稳价。 2021 年 11 月，江西建立了农资调度机制，重点调度化肥、种子、农药的供需情况和到位情况，及时纾困解难，及时协调新增省级化肥商业储备 4 万吨，保障企业正常生产。强化资金支持，第一时间将中央下拨的 6.4 亿元实际种粮农民一次性补贴下拨，用于补贴农户采购化肥等春耕生产物资，最大限度降低化肥价格上涨对春耕生产的影响。同时，在重点时期、重点区域，对化肥等重要

农资产品开展农资打假专项治理行动，严控化肥等农资产品质量。推进减量增效，在全省实施化肥减量增效春季行动，完成测土配方施肥取土点2.1万个，培训人员1.1万人次，落实化肥减量增效示范县12个。

四是强化部门联动，建立帮扶产品滞销应对机制。江西省发改委等31部门联合印发《关于深入实施消费帮扶巩固拓展脱贫攻坚成果的实施方案》，建立健全发展改革、农业农村、乡村振兴部门牵头，相关部门参与的沟通协调机制，进一步强化统筹协调，研究完善消费帮扶政策措施，协调解决工作推进中面临的困难和问题，妥善应对农副产品和帮扶产品滞销情况。同时，要求各地积极协调配合当地发改部门建立符合本地实际的农副产品特别是帮扶产品滞销监测预警和应急处置机制，制定相应工作方案，有效防止脱贫人口和农村低收入人口返贫致贫。如：景德镇市昌江区多部门联动解决甘蔗糖滞销问题。由区乡村振兴局、区总工会、区机关工委、区工商联、区市场监督管理局、区委宣传部等部门多方协调配合，区总工会牵头倡导辖区各工会会员购买，区工商联牵头倡导辖区企业购买，市场监督管理局牵头督导办理相关生产证件，区乡村振兴局持续巩固完善甘蔗糖厂的设施、提升甘蔗糖的品质。创新销售模式，用好视频直播带货。通过多方联动，确保甘蔗糖达到市场准入条件，进入商超，长效解决销售问题。

五是加强协调配合，消减脱贫人口小额信贷风险。在推进脱贫人口小额信贷工作过程中注重部门配合，分级联合建立了省、市、县工作联席会议制度，共同做好工作风险监测、工作进展分析和问题整改完善。根据工作进展和推进过程中出现的新问题、新情况，及时主动开展沟通协调，共同推进问题解决和政策落实，有效提升了部门间横向协调张力和工作纵向推进合力，及时解决工作中存在的问题，保证了工作的顺利开展，切实防范金融风险。如，发挥联席会议制度作用，协同相关行业部门保持过渡期扶持力度不减，对符合申贷、续贷、追加贷款等条件的对象，及时提供脱贫人口小额信贷政策，支持产业创业发展，做到确保贷款余额较上年不减，充分满足信贷需求，做好新增贷款发放，实现应贷尽贷。通过系统数据分析、银行部门联动，密切关注脱贫人口小额信贷还贷和产业发展情况，每月定期与江西银保监局就银行业反馈逾期数据进行双线调度，防范逾期风险。

9.2.3　完善就业支持，破解新冠肺炎疫情与能力约束带来的失业风险

一是着力做好脱贫劳动力的就业技能培训，增进就业能力。 ①继续实施"雨露计划＋"行动，对脱贫户和监测对象家庭新增劳动力接受中高等职业教育进行补助，2021年秋季学期补助工作已全部完成，全省核发补助资金1.33亿元，补助脱贫户和监测对象家庭学生8.85万人。②强化就业技能培训，坚持定点办班、流动办班相结合，强化市场需求、脱贫户意愿、重点企业"三对接"，推行"订单、定向、定岗"培训，做到技能培训与转移就业的无缝对接，实现对接单位100％推荐就业。③举办技能大赛提升工匠精神，人社、乡村振兴、共青团、妇联等部门联合举办乡村振兴职业技能大赛，发掘江西更多"乡村工匠"投身乡村建设，弘扬精益求精的工匠精神。

二是完善就业支持，积极应对疫情对就业造成的严重冲击。 ①建立完善了一整套政策。印发《关于加强疫情科学防控推进全省企业复工复产的通知》《关于进一步做好春节后农民工返城服务保障工作的通知》《关于做好疫情防控期间有关就业工作的通知》，以及《关于有效应对疫情稳定经济增长20条政策措施》等文件，实施减免房租，减免房产税、土地使用税，延期缴税纳税，取消反担保抵质押要求、降低担保费，对不裁员或少裁员的参保企业返还上年度实际缴纳失业保险费的50％等切实管用的举措，积极应对和化解疫情带来的影响和冲击。②强化实施就业监测和帮扶。乡村振兴部门和人社等部门通力协作，按照省委省政府统一安排，全力做好脱贫劳动力稳岗就业工作。乡村振兴部门依托巩固拓展脱贫攻坚成果大数据管理平台对脱贫劳动力实施就业务工状态进行监测，并及时将信息推送共享给人社等部门。人社部门牵头抓好就业帮扶工作，通过"6＋1"就业帮扶模式，实施"一扩二贷十补贴"就业帮扶。坚持省内就业与省外输出并重，强化跨区域劳务协作，积极与浙江、上海、广东等周边劳务输入省市加强劳务输出工作对接，掌握企业复工及岗位需求，联合输入地就业部门，组织输送脱贫劳动力安全有序返岗就业。开展"点对点"返岗服务活动，引导农民工安全、有序返岗就业。2020年疫情发生以来，开展"点对点"返岗服务活动，累计组织专列、专车、包机等输送农民工9.35万人，其中脱贫劳动力1.36万人。对外出就业后又返乡回流

的脱贫劳动力1.3万人，帮助1.18万人实现再就业，占返乡回流总数的89.6%。③严密落实调度督导机制。根据疫情影响情况，乡村振兴部门采取日调度、周调度、月调度等机制，全力调度做好脱贫劳动力返岗复工工作。通过完善乡镇乡村振兴工作站室、村委会、第一书记（联络员）、信息员四位一体的"一张网"式管理机制，定期调度、动态监测、实现全省脱贫劳动力就业信息化精准管理。

9.2.4 创新帮扶机制，破解易地搬迁人口生计可持续发展风险

一是完善政策措施。江西坚持把后续帮扶同搬迁安置同谋划、同部署、同落实，2018年以来先后出台了一系列后续帮扶政策文件，不断完善后扶政策措施。2021年，省委省政府把加强搬迁后扶纳入"我为群众办实事"省级重点民生项目，推动责任再压实、政策再落实、成效再提升。

二是强化后扶监测。健全完善搬迁群众后续帮扶、防止返贫、风险隐患监测和调度机制，定期回访监测，每月组织开展集中摸排，重点掌握搬迁脱贫户就业、产业、收入、社区融入情况和存在的困难问题，加强后扶措施落实和防返贫精准监测，加强安置点地质灾害、消防安全、房屋质量等风险隐患和疫情等突发事件的监测，实行台账管理，牢牢守住不发生规模性返贫的底线。2021年全省搬迁群众中有监测对象700余户，已消除风险近400户，未消除风险户均已按照风险类型跟进了帮扶措施。

三是突出就业帮扶。针对就业方面风险，依托省大数据系统精准监测劳动力状况，建立到户到人的劳动力台账，通过劳务对接输出一批、就地就近安置一批、就业技能培训一批、"一对一"跟踪服务一批，帮助搬迁脱贫群众就业和收入实现稳中有增。截至调研时日，全省搬迁群众中有劳动力家庭3.2万户、劳动力7.5万人，已实现就业务工3.17万户，劳动力就业率85.6%。搬迁脱贫劳动力家庭基本实现1户至少有1人就业。

四是优化产业配套。江西搬迁安置为无土安置，保留了搬迁群众在原迁出地的山林土地权益，搬迁安置区配套产业主要靠帮扶车间、附近产业基地及搬迁群众自主创业产业，这些产业总体上规模小、吸纳群众就业能力有限、抵御市场风险能力弱。针对产业方面风险，坚持因地制宜发展，将易地扶贫搬迁安置区产业发展纳入县域规划，优化安置点配套项目布

局，根据安置点周边资源禀赋，发展种养加等产业，落实产业发展奖补政策，对缺少资金的，帮助申请小额信贷支持，完善利益联结机制，让搬迁贫困群众宜工则工、宜农则农、宜商则商、宜游则游。截至调研时日，在安置点及周边建设帮扶车间近 500 个、产业基地 700 余个。

五是加强社区治理。合理设置安置点管理机构，26 个规模较大的安置点成立社区，其余纳入所在地管理。实行"点长"负责制，全省 58 个县设立安置点"总点长"，由县分管领导担任，在 886 个安置点设立"点长"。建设完善了 23 个 800 人以上安置点一站式服务窗口，提供户籍、就业、就学、就医和社保、物业、法律咨询等服务，完善小型安置点代办服务。

9.2.5　加强监测预警，破解因灾致贫与因灾返贫风险

一是突出重点人群灾情监测，密切关注受灾农户收入。①畅通因灾申报监测对象渠道。大力宣传国家防返贫监测系统 APP、"12317 平台"和江西自主申报二维码，部署要求各地乡村公共场所将二维码宣传作为长期固定栏目，确保受灾农户困难诉求上报渠道始终畅通。同时要求各地密切关注，及时入户核实农户申报的帮扶诉求并组织评议和研判，真正落实早发现、早干预的要求，确保农户的诉求得到及时响应，并在各系统和 12317 平台及时进行反馈。②部署各地全面排查核实灾情隐患。及时掌握因灾致贫返贫情况和脱贫户、监测对象、脱贫村、脱贫县受灾及帮扶需求情况，持续关注已受灾人群、灾区困难人群（老人户、低保户、集中供养户、残疾户、大病户等）生产生活情况和后续帮扶情况，确保及时将符合条件户纳入监测对象管理。同时，要求各地密切配合应急、民政、残联、人社以及"两不愁三保障"相关部门，对突发紧急情况陷入困难的农户，采取各类临时紧急救助措施，严防大规模因灾致贫和返贫情况的发生。③密切关注受灾农户收入。以县（市、区）为主体，联合应急、水利、民政、农业农村、气象等职能部门对受灾农户特别是脱贫户和监测对象灾害损失开展核定，第一时间掌握群众受灾受损情况。对农作物、牲畜业因灾遭受经济和财产损失的，积极组织开展灾后排水防涝、农作物及农田设施恢复或补救、技术指导等帮扶工作，运用防贫保险和农业保险政策，加大因灾致贫返贫保险及农业保险理赔力度；对符合条件的农户积极采取社会

救助、临时救助、安排救济资金等措施增加收入，做好灾后帮扶或补救工作；对务工就业遭受影响的，抓好稳岗就业，加强对外出务工脱贫劳动力就业监测，发挥本地工业园区、帮扶车间、公益岗位等吸纳就业作用，促进就近就业，保障受灾脱贫劳动力稳定增收。

二是重点排查住房和饮水安全情况，优化调整项目安排。①全面排查是否存在居住 C 级或 D 级危房的脱贫户、边缘易致贫户及其他农户。督促指导受灾地区帮助受灾群众开展房屋加固、防水排水等自救措施。对符合危房改造条件的农户，采取协助纳入应急部门或住建部门危改重建认定范围、协助申请农房保险、协助办理租房补贴等保障住房稳定帮扶措施；对居住在危险区域、危险地段和危险房屋内的受灾贫困群众，及时做好投亲靠友、借住公房、搭建临时住所等紧急转移安置措施，防范次生灾害发生。全面排查因灾产生饮水安全隐患，受洪灾影响，江西部分小型集中供水设施水源出现堵塞，导致水量不足，省水利部门安排专项资金用于加强饮水工程维护、设施维护和新建人饮工程，对水管被挖断、水表损坏、饮水设施损坏等情况及时抢修后恢复供水。②优化调整项目安排。部署各地根据应对洪涝地质灾害需要，及时动态调整县级脱贫攻坚项目库，优化年度项目实施计划。坚持精准方略，对恢复灾区贫困群众正常生产生活必要的基础设施、饮水安全、住房安全等项目，有利于贫困户开展生产自救、技能培训等项目，支持带动贫困户和边缘户发展增收的扶贫龙头企业、合作社、致富带头人等生产补贴及贷款贴息等项目，要求各地优先入库、优先安排资金支持。对于急需实施的项目，村、镇两级公示后可提交县级审核，县扶贫开发领导小组审定后，公示 3 天即可入库并予以公告。

三是加强结对帮扶，压实各级责任。压实乡村振兴工作站（室）、村两委、驻村工作队、帮扶干部等监测帮扶责任，坚决防止因灾返贫致贫。统筹工作力量，进村入户开展排查。重点关注灾区老弱病残等特殊农户、受灾农户情况，排查"两不愁三保障"突发问题、基础设施隐患、扶贫种养殖产业损失、脱贫户和监测对象务工就业影响、受灾群众直接经济损失等情况，部署各地做好受灾登记和分类统计工作，并开展定期分析研判，将符合条件的及时纳入监测，落实针对性帮扶措施，有效消除风险。将应对灾情影响、防止返贫致贫工作作为江西巩固拓展脱贫攻坚成果定期调度机制重要内容，督促各级以问题为导向，及早发现问题、提前预警风险。

继续围绕"两不愁三保障"和饮水安全标准，根据脱贫户和监测对象受灾帮扶需求，协调农业农村、卫健、住建、水利、广电、民政、残联等部门，做好灾后重建各项工作。督促市、县对受灾脱贫户、监测对象、脱贫村加强帮扶力度，对因灾新纳入监测户按照"一户一档"要求建立工作台账，及时录入信息系统，因户施策建立专项帮扶方案，努力缓解灾情不良影响。

9.3　科学研判，夯实新时代乡村振兴发展基础

9.3.1　抓好政策落实，关注敏感领域政策优化

一是加强各级干部把握政策、抓好落实的培训力度。巩固拓展脱贫攻坚成果、衔接实施乡村振兴战略关键在人。鉴于打赢脱贫攻坚战后进入"过渡期"，急需通过加强培训，帮助各级干部学深悟透习近平总书记关于巩固拓展脱贫攻坚成果、全面推进乡村振兴战略的重要论述，提高抓好工作落实的政策水平和实战能力。

二是协调国家相关部门调整优化政策。比如，为防范医保政策带来返贫致贫风险，建议优化医保方面的政策，在资助参保方面，对稳定脱贫人口采取渐退方式，在五年过渡期内，逐步降低资助标准，避免急刹车；将因病突发严重困难人口，纳入资助参保范围；对消除风险的监测对象中，上一年度以医疗保障作为主要帮扶措施消除风险的，下一年度继续享受资助参保政策。在医保待遇方面，在大病保险上，对脱贫不稳定人口、边缘易致贫人口、因病突发严重困难人口，享受和特困人员、低保对象同等待遇；对消除返贫风险的监测对象，以医疗保障作为主要帮扶措施消除风险的，纳入医疗救助范围。

9.3.2　紧密利益联结，促进产业增值收益更多留给脱贫人口

一是健全规范工作推进机制。多部门协同作战，根据《关于推动脱贫地区特色产业可持续发展的实施意见》《关于深入实施消费帮扶巩固拓展脱贫攻坚成果的实施方案》等文件要求，发挥好脱贫人口小额信贷联席会议机制作用，推进工作举措落地。加强四类带动经营主体和扶持产业基地监测调度，紧密利益联结，强化带动增收作用。通过系统数据分析、银行

部门联动，密切关注脱贫人口小额信贷还贷和产业发展情况，防范逾期风险。依托系统监测，抓好光伏帮扶电站运维监管，保障发电收益稳定。做好帮扶产品滞销监测预警，密切关注主要农产品价格运行和供需形势变化，妥善应对帮扶产品滞销情况。

二是深化融合助推"三业共兴"。督促各地结合巩固拓展脱贫攻坚成果，以县为单位编制"十四五"时期特色产业规划，持续推进农业产业结构调整。紧盯带动经营主体和扶持产业基地的培育，助推产业发展，带动脱贫人口和监测对象就业，巩固拓展带动增收效果。用好政府采购政策，全力推进帮扶产品"六进"活动，规范销售渠道，不断提升帮扶产品销售。对符合申贷、续贷、追加贷款等条件的对象，及时提供脱贫人口小额信贷政策，支持产业创业发展。规范村级光伏帮扶电站发电收益使用分配，实现村集体经济和脱贫人口稳定增收。

三是延伸发展链条推动产业振兴。协调农业农村、商务、发改、供销等行业部门，共同推进农业产业现代化，发展壮大特色产业，提升农产品附加值，推进冷链物流建设，打造特色农产品品牌，加大产销对接力度，推进农业产业转型升级，促进产业全面振兴。

9.3.3 调整优化公益性岗位帮扶政策，精准发力脱贫人口稳岗就业促增收

一是加大政策支持力度，增强企业创建就业帮扶车间的积极性。已有的就业帮扶车间可持续性不强，存在规模渠道有限，产品模式单一，抵御市场风险能力较弱的问题。就业帮扶车间扶持政策吸引力不大，补贴金额少，再加上顾虑挂牌之后各级检查考察，造成新增就业帮扶车间意愿不强。务工人员不稳定，就业帮扶车间务工者大多数是无法外出的留守人员，需要照顾家庭、打理农活，经常需要请假，人员流动性较大，一定程度上对车间发展造成影响。加之就业帮扶车间一般都是开设在乡村的小型加工车间，安全生产、环保的设施不健全，有的就业帮扶车间不能购买工伤保险，仅有商业意外保险，工伤保障力度不够。建议由国家层面进一步从就业奖补、税收优惠、务工培训、金融厂房等方面加大政策支持力度，统筹研究制定就业帮扶车间的工伤保险政策，给予全方位支持，增强企业创建就业帮扶车间的积极性，促进就业帮扶车间提质增效、转型升级，更

多吸纳农村就业困难人员，特别是农村脱贫劳动力就地就近就业。

二是完善车间管理体制，促进车间高质量发展。 就业帮扶车间采取由乡村振兴部门认定，其他支持帮扶补助等工作由人社部门承担的双重管理体制。多头管理难免会造成工作对接的脱节滞后，也会对各自开展工作的积极性造成一定影响。建议由人社部门（最好是国家层面）按照行业政策规定，统一制定各种模式就业帮扶车间的认定标准体系，不仅仅以吸纳脱贫人口数量为指标，而应以吸纳农村就业困难人员，以及车间规模等条件为参考，并健全监督管理体制，促进就业帮扶车间的建设和发展；乡村振兴部门负责做好在就业帮扶车间务工脱贫劳动力的就业监测工作，及时将就业监测信息反馈给人社部门，确保就业帮扶车间充分发挥带贫益贫功能。因地制宜，打造特色产业，发挥资源优势、产业优势，推动就业帮扶车间与地方产业体系相互融合，引导适合分散式、家庭作坊式生产的企业在乡村设立工厂、车间或代工点，促进就业帮扶车间高质量发展。

三是稳定公益性岗位规模，调整优化公益性岗位帮扶政策。 针对公益性岗位设置中存在的不够精准规范现象，如未签订工作劳务协议、签订协议不完善，未明确协议的工作内容、时间、方式、补贴、时限、考勤、退岗、续岗等要素，部分地方公益性岗位工资未按月及时发放，有些安置人员年龄偏大劳动力较弱无法正常履职等问题，继续保持乡村公益性岗位规模总体稳定，拓展乡村建设和治理方面的岗位。加强资金保障，统筹各方资源，形成工作合力，切实稳定乡村公益岗位数量，发挥好公益岗位对脱贫人口中弱劳力、半劳力的托底保障作用。加强公益性岗位管理的统筹协调，与人社、财政、林业、新闻出版、残联等部门沟通协作，合理确定各自管理的公益性岗位总体规模、岗位结构、招聘人员等，做到岗位设置、岗位职责与安置人员胜任能力的有机统一。建议针对脱贫户的公益性岗位取消累计安置次数原则上不超过2次的限制。因公益性岗位大多是年龄偏大的弱劳动力脱贫户，2轮之后清退会导致无法保障稳定就业。

9.3.4 提供安置点定制化发展思路，确保易地搬迁人口脱贫致富

一是推进就业帮扶。 根据搬迁群众就业意愿，依托当地职业技术学校、职业高中等，开展针对性、实用性技术培训。以大中型安置点为重心，对接用工企业，举办专场招聘会，有计划、有组织输出劳务。加大以

工代赈项目对安置点的倾斜支持，大力推广以工代赈方式，吸收更多搬迁群众参与项目建设获得劳务报酬。

二是加大产业发展扶持。将易地扶贫搬迁安置区产业发展优先纳入县域相关产业发展规划，继续加大安置点后扶产业投入，引导加工产能重心下沉，推动产业振兴项目向安置点及周边倾斜、集聚、辐射，发展壮大安置社区集体经济。积极利用电商兴农等手段，线上线下联动帮扶促进安置点农副产品销售。

9.3.5 全面落实防贫保险政策，防范化解因灾返贫致贫风险

一是做好与应急管理部门、气象水文部门的有效对接。实时关注全省对流天气、洪涝和山洪地质灾害等灾情预警信息，准确把握省情规律特点，加强对监测对象实时预警，督促各地提早做好防范和应对工作。

二是用好防贫保险政策。根据灾情摸底排查情况，督促相关承保机构立即启动产业保、财产保、防贫保、光伏保等各类保险理赔程序，尽快履约、尽早赔付，止损补失、兜牢保障。根据贫困户和边缘户因灾损失、收入减少等情况认真测算，全面落实防贫保险政策，确保不因灾减少收入。与承保公司密切协调沟通，根据当地灾情实际，开通保险理赔"绿色通道"，简化保险赔付流程，提升保险服务质量，落实应赔尽赔，及时快速将保险理赔资金发放到户、赔付到位。

第10章

创新探索：打造新时代
乡村振兴样板之地

☆ 主要观点 ☆

（1）聚力打造具有江西特色的新时代乡村振兴样板之地，可让"幸福江西"的成色更足。聚焦保障粮食等重要农产品供给、巩固拓展脱贫攻坚成果、推动农业绿色发展、建设美丽乡村、改进乡村治理、深化农村改革等六大新时代乡村振兴样板之地。课题组认为：农业是幸福江西建设的重要基础，高质量发展理念引领的乡村产业体系、生产体系和经营体系构建至为关键；农村是幸福江西建设的重要阵地，良好的生态与营商环境、健全的社会治理和公共服务是为保障；农民是幸福江西建设的重要主体，乡村现代化进程中持续稳定增收并逐步走向共同富裕则是打造新时代乡村振兴样板之地的根本追求。

（2）结合江西9市20县乡村振兴工作实地调研，切实回应基层干部群众普遍反映的"一个实践困惑"，以及如何实现持续稳定增收、民生服务改善和扶持政策优化等"三类突出问题"，聚焦"做示范、勇争先"的目标要求，科学研判乡村振兴战略要求和区域功能定位，应坚持以乡村高质量发展为主题，深入实施"一网覆盖、三链牵引、五动赋能"战略，即：①联带成网，加快构建赣都现代化秀美乡村振兴网络。②三链牵引，协同推进江西乡村产业发展、乡村建设、乡村治理工作：一是筑牢"党建链"，牵引乡村治理品质提升；二是整合"服务链"，牵引高水平乡村建设；三是提升"产业链"，牵引高价值乡村产业。③五动赋能，努力在高质量推进革命老区乡村振兴工作上做示范：一是持续深化农村综合改革，释放乡村发展动能；二是加快补齐农村数字短板，提高乡村智治水平；三是始终坚持服务引领乡村发展，营造长期稳定可预期的发展环境；四是持续促进农民稳定增收，夯实革命老区共同富裕基础；五是尽快明确现阶段乡村振兴示范村（镇）、示范带（区）创建指标体系，为打造乡村振兴样板之地提供切实可行的参考依据，聚力打造保障粮食等重要农产品供给、巩固拓展脱贫攻坚成果、推动农业绿色发展、建设数字农业和数字乡村、改进乡村治理、深化农村改革"六大样板"，构建新时代乡村振兴新格局，奋力开创新时代乡村振兴建设新局面。

持续巩固拓展脱贫攻坚成果，高标准高质量打造新时代乡村振兴样板之地，做优农业、做美农村、做富农民，是江西省委省政府准确研判全省"三农"工作阶段性特征基础上的重大战略部署。在推进乡村振兴战略实施进程中，江西作为中部省份，坚持农业农村优先发展，初步形成共建共治共享的乡村治理格局，努力探索出一条具有赣鄱特色的革命老区乡村振兴新路子，全面推进振兴工作进展顺利，取得较好成效。

10.1　推进乡村振兴工作的基础扎实

10.1.1　着力高位推动，有力落实重点工作任务

调研发现，脱贫攻坚取得全面胜利后，各地保持接续奋战的良好态势，紧扣中央决策部署和省委省政府工作要求，总结运用脱贫攻坚期好的体制机制和有效做法，接续推进巩固拓展脱贫攻坚成果同乡村振兴有效衔接重点工作落实。在省级成立巩固拓展脱贫攻坚成果专项小组的示范引领下，各地均成立相应领导机制，统筹推进产业发展、乡村建设、乡村治理等有关重点工作落细落实。如赣州、抚州、吉安、景德镇等多地市、县（区）均成立了推进乡村治理、产业发展、乡村建设等工作的专项治理小组，完善推进机制，专职专责推进乡村振兴有关重点工作落地见效，扎实推动乡村全面振兴。再如资溪县打造乡村振兴示范区模式，创新实施"智汇资溪"行动，与 40 所高校院所签订合作协议，按照"一村一大学"理念，6 所高校分别对接 6 个省定重点帮扶村乡村振兴规划设计，统筹规划一体设计 9 个行政村的示范创建，构造"一心一镇两轴三区"空间布局，实现五大振兴齐头并进、互促互融。

10.1.2　着力产业兴旺，发展壮大乡村富民产业

江西以产业兴农富农为目标，推进农村集体产权制度改革，围绕粮食、脐橙、蔬菜、生猪等农业特色产业，坚持市场导向，因地制宜、因村施策选准产业，扎实推进农业产业转型升级，越来越多的乡村成员分享到产业发展带来的红利。如抚州市深耕特色农业，依托乡村特色资源和生态优势，制定特色产业扶持政策，积极打造"赣抚农品＋产品品牌＋企业品牌"品牌体系，提升抚州农产品品牌认知度、公信力和影响力，实现从"农产品经济"向"农商品经济"的转变；永丰县通过组织联姻、智力联盟、合作联营、利益联结的"四联普惠"机制，带动约 3.1 万户农户增收，利益联结脱贫户 0.36 万户；再如安远县着力打造县、乡（镇）、村三级联动，农户、电商企业、电商合作社、电商产业基地"四位一体"的"电商＋消费"产销对接新模式，发展脐橙、百香果等农产品网货基地近8 万亩，让特色农产品销往全国各地。同时，全面推行"强村带弱村"联村发展模式，大力发展壮大村级集体经济，2021 年省财政安排省级以上补助资金 2.9 亿元，支持 724 个村发展壮大村级集体经济，确定 977 个强村帮带 1 956 个弱村和 990 个中等村。

10.1.3　着力生态宜居，有效推进乡村建设

扎实开展农村人居环境整治，压茬开展村庄清洁行动，推进农村生活污水整县推进治理试点，扎实开展农村户厕问题摸排整改，继续加大农村基础设施建设投入，提升农村公共服务水平，如上饶市进一步健全完善城乡环卫"全域一体化"运行机制、各地和社会各界共同参与的城乡生活垃圾治理监督管理机制；龙南市积极建立完善以"网格化管理"为基础的村庄环境长效管护机制，农村人居环境整治工作实现由集中整治向"建管并重"转变；于都县探索乡村振兴新路径，通过抓规划、促融合，建机制、重长效，切实打造 89 个产业兴旺、生态秀美、文明淳朴、共建共享、和谐有序的乡村振兴示范点，以试点示范引领带动全域发展等。

10.1.4　着力文明有序，健全完善乡村基层治理

各地多措并举加强和改进乡村治理，强化"三治"融合。如鹰潭市积

极推进市域社会治理现代化试点工作，深化"诉调对接"和矛盾纠纷多元化解，"智慧雪亮"工程实施"3651890"党群综合服务平台、物业进乡村、民事村办、村事民办等做法，实现村级便民服务点全覆盖，不断健全共建共治共享的基层社会治理体系；井冈山市创新推广"指尖上的派出所""警民小栈"等模式，打造了马源村等5个法治阵地新示范点，创建了神山村等10个国家级和省级民主法治示范村。丰富农村文化供给，培育富有红色基因、地方特色、时代感强的乡村文化。如上犹县探索出台农村办理婚丧喜宴事宜的指导意见，为各地简约办理各类喜丧事宜提供指导。深入探索推动"网格治理""村企（社）联建"等资源整合行动，有效引导群众有序参与村内公共事务，构筑富有活力和效率的新型社会治理体系，为巩固拓展脱贫攻坚成果、加速转向推进乡村全面振兴提供了和谐稳定的良好社会环境。

10.2 推进乡村振兴重点工作的约束性因素解读

调研发现，各地在产业发展、乡村建设和乡村治理等重点工作推进方面做了很多探索，取得了一系列成效，但也不同程度地存在一些困难和问题，一定程度上制约乡村全面振兴发展步伐。

10.2.1 乡村产业同质化明显，构建突出功能定位的乡村实体经济任重道远

产业振兴是乡村振兴的重要一环，是乡村居民就近就业、促进增收的重要基础。调研发现，契合区域发展战略，江西乡村充分发挥区域红色资源丰裕、生态资源富集、生产要素成本相对低廉等有利条件，初步夯实了水稻生产、蔬菜种植、赣南脐橙、特色规模养殖等乡村一产，以及家具制造、电商服务、农产品绿色加工、乡村旅游等乡村二三产业，乡村产业融合水平不断提高。鉴于乡村产业更多是基于乡村本身的资源禀赋发展起来的，特别是在打赢脱贫攻坚战过程中选择的符合贫困人口生计禀赋且较具益贫特征的乡村产业，同质化、低端化特征显著，有的地方产业以短平快等种养项目为主，长效主导产业较少，各自为政、多点开花、分散独立的发展模式较为普遍，基础配套薄弱、产业链条不长、经营管理水平不高等

短板较为突出。有的产业发展缺乏合理性规划，持续性、竞争性、带动性不强。有的经营主体和农户之间利益联结主要以土地流转、股权分红为主，群众没有真正融入产业，长远看来，势必会影响农村群众持续稳定增收。

江西作为中部省份，要全面推进乡村振兴，还应主动融入国家、省域发展战略，围绕新能源、先进装备制造、生物医药、节能环保、新材料、数字经济等新型实体经济补链延链，准确选择合适的产品定位，理性建构让更多增值收益留在乡村的市场交易网络，做好制度创新、科技赋能、品牌增值以及金融支持等工作，逐渐使得乡村产业依靠自身力量立足市场，兴村富民。审视江西乡村产业园区发展滞后、科技创新驱动单薄、市场融入程度不高的发展状况，促进全省乡村产业在推动传统产业转型升级、主动融入战略性新兴产业、大力发展实体经济并取得突破将是长期和艰巨的任务。

10.2.2 数字赋能乡村建设亟待重视，乡村服务均等化水平有待提升

乡村建设点多面广，任务繁重，无论是人居环境整治提升还是乡村基础设施建设管护，都离不开政府的精心指导、大力支持和群众的共同参与、积极配合。调研发现，各地不同程度存在资金投入不足、村民环保意识不够、污水处理水平不高、基础设施后续管护乏力等问题，成为制约乡村建设稳步推进的重要因素。同时，江西乡村在打造全程全域覆盖的社会化服务网络、推进基本公共服务均等化集成改革等领域探索仍显单薄，需要进一步补齐设施条件、产业基础、市场空间、资本人才等要素禀赋的发展短板，全面提升乡村建设水平，协同推动乡村高质量振兴，满足农村居民高品质生活的新需要。

值得注意的是，加快数字赋能乡村发展是乡村振兴的战略方向。利用数字赋能乡村发展，重在以数字化为手段，联通乡村物理空间、网络空间与社会空间，实现区域资源禀赋改善与乡村生产生活变迁中推进乡村发展空间重构与空间生产。2021 年，赣州市作为全国 15 个城市之一、全省唯一入选国家区块链创新应用综合性试点。积极推进数字乡村建设，坚持党建引领、以点带面，突出数字化改革重点，注重农村改革综合集成，逐步推进乡村经济、人居环境改善、文明乡风、基层治理与

幸福生活一体化建设，全面提升乡村信息化建设水平，特别注重扎实推动传统农业向智慧农业迈进。但对标发达区域如浙江、上海等地未来乡村试点，囿于新型基础设施、信息服务、发展理念等条件，江西数字乡村围绕富民经济、宜居生态、文明乡风、治理高效、幸福生活等民生领域的应用场景创新单薄，数字化改革步伐仍需加快，农民数字素养有待提升。

10.2.3 乡村振兴共同体发展水平不高，综合性改革需要继续向纵深推进

乡村群众是乡村建设行动的当然主体，也是受益主体，需要什么样的乡村、建设什么样的乡村，群众自己最清楚。全面推进乡村振兴，全面激发群众参与乡村建设的主动性、积极性、创造性，将为乡村发展提供持续不竭的内源性动力。调研发现，有的群众缺乏治理主体意识，参与村级事务、履行村民义务意识淡薄，一定程度存在"等、靠、要"依赖思想和根深蒂固的老旧思想，不支持不配合村级工作，不认同新时代文明乡风，不同程度存在"干部干、群众看"的现象。同时乡村治理涉及党建、自治、法治、德治等多个方面，关联组织、宣传、政法、司法等多个部门，存在重视程度不一，推进力度不够均衡等方面的问题。

乡村振兴战略实施以来，江西已经全域完成农村集体产权制度改革，发展壮大新型经营主体，创新动员形式，鼓励工商资本、城市人才"进村入乡"，在一定程度上吸纳了多元社会力量参与到乡村振兴工作中来。总体来看，社会力量参与乡村振兴工作的动员性、阶段性特征明显，考虑乡村振兴工作的持久性，推进乡村振兴社会参与的体制机制尚需健全完善，乡村振兴共同体建设水平不高，特别是需要运用市场化思维完善社会资源的筹集、配置、使用机制，形成乡村振兴的"统一战线"。且要从根本上改变乡村振兴中形式光鲜而实体空虚特征明显的"两张皮"或"上热下冷"现象，仍需将综合性改革继续向纵深推进，特别是着力于农村农业"三改合一"改革工程、农村宅基地改革试点工程、集体经济强村建设工程等领域探索，推进形成乡村系统参与主体利益分配均衡且具有活力的动力格局。

10.2.4　焦点探寻：一个实践困惑，三类突出问题

- 干部普遍提到的一个实践困惑

访谈得知，基层干部清楚省委省政府提出"打造新时代乡村振兴样板之地"的战略部署，但对于打造新时代乡村振兴样板之地的战略内涵与工作要求的认知不全面，理解不透彻，尤其是对于"如何打造新时代乡村振兴样板之地，有哪些抓手"和"新时代乡村振兴样板之地是什么模样，未来的乡村到底是什么状态"等问题充满疑问，大家没有一个统一的观念，期待省级层面出台相关指导性文件。

- 群众反映较多的三类突出问题

一是如何确保持续稳定增收？由于乡村传统产业同质化、低端竞争激烈，特色产业质效不高；乡村新型集体经济规模小、保障水平不高，联农益农联结机制不完善，加之疫情背景下的群众收入下降、就业困难等因素影响，群众对于"增产又增收""工作哪里找""能否持续增收"等问题较为关心。

二是如何补齐乡村民生领域存在的短板？部分农村基础设施和公共服务水平仍然不高，偏远地区还不完善，加上存在项目不好选、用地不好拿、资金不好筹、带头人不好找等问题，民生领域短板问题客观存在，乡村群众希望未来乡村能有更好教育、医疗等优质公共服务供给，更加便利的乡村治理，以及城乡一体的社会保障体系等。

三是如何进一步给予乡村发展"一揽子"帮扶支持？群众普遍反映乡村人才资源匮乏、发展资金短缺、科技支撑相对落后等问题，希望给予乡村更多的人才支持、项目支持、政策支持和资金支持，通过乡村发展环境进一步优化，让人才、资本、项目、产业等留在乡村、兴在乡村。但论及"应该有哪些具体的支持领域"，多数群众并未给予明确信息。

10.3　推动江西打造新时代乡村振兴样板之地的战略思考[①]

打造新时代乡村振兴样板之地，是全面建设幸福江西的题中应有之

---

① 此建议获江西省级领导批示并批转职能管理部门研究。

义。共同富裕是社会主义的本质要求，是人民群众的共同期盼。中共江西省第十五次党代会提出全面建设幸福江西的奋斗目标，是省委、省政府深入践行以人民为中心的发展思想，努力让老区群众过上更加幸福美好生活而作出的重大决策部署。打造新时代乡村振兴样板之地，必须加快推进乡村产业振兴、人才振兴、文化振兴、生态振兴、组织振兴，让乡村的精神风貌、人居环境、生态环境、社会风气焕然一新，促进农民农村共同富裕。一是要高站位打造保障粮食等重要农产品供给样板。一方面，要保耕地，保产量。严格落实粮食生产党政同责要求，防止耕地非农化、非粮化，确保农田是农田；持续推进高标准农田建设，确保农田是良田。另一方面，保成本，增收益。加大化肥和种子商业储备力度，将水稻完全成本保险试点范围扩大到全部产粮大县，探索建立土地租金差别化调节机制，稳定种粮农民收益。完善小农户与新型经营主体利益联结机制，健全社会化服务体系，合理分享全产业链增值收益，让农民种粮能获利、多得利。二是要高质量打造巩固拓展脱贫攻坚成果样板。牢牢守住不发生规模性返贫底线，过渡期内保持主要帮扶政策总体稳定，防止出现规模性返贫。对脱贫不稳定户、边缘易致贫户和突发严重困难户实施常态化监测，做到应扶尽扶。加强对易地搬迁群众的后续扶持，注重扶贫项目资产后续运维管护，强化就业、产业、创业"三业"帮扶，确保稳得住、有就业、逐步能致富。三是要高标准打造推动农业绿色发展样板。抢抓省部共建绿色有机农产品基地试点省的契机，加快认证一批绿色、有机、地理标志农产品，探索建立碳汇产品价值实现机制，加快农业绿色发展。拓展农业功能，挖掘乡村价值，大力发展农产品加工、乡村休闲旅游、农产品电商等产业，推动农村一二三产业深度融合，唱响"生态鄱阳湖、绿色农产品"品牌。四是要高品质打造建设数字农业和数字乡村的样板。实施数字农业农村建设三年行动计划，建设数字农业园区、农业物联网基地和智慧农场，推进各类数据共网共享。有序实施乡村建设行动，推动农村人居环境由村庄整治向功能品质提升迈进。完善农村基础设施，提升乡村公共服务能力，让江西的乡村更加宜居秀美。五是要高效能打造改进乡村治理样板。推进红色名村建设，常态化整顿软弱涣散村党组织，派强管好用好乡村振兴驻村第一书记和工作队。健全党组织领导的自治、法治、德治相结合的乡村治理体系，深入实施农村"法律明白人"培养工程，创新积分制、清单制、数字化、村民理事会等治理方式，探索"互联网＋"治理模式。坚决反对厚葬薄养、高价彩礼、大操大办等各种不良风气，积极推动农村移风易俗。六是要高水平打造深化农村改革样板。持续深化农业农村重点领域改革，有序推进农村承包地三权分置，促进承包地经营权规范流转。稳慎推进农村宅基地改革试点和规范管理三年行动，探索宅基地所有权、资格权、使用权分置有效实现形式。巩固拓展农村集体产权制度改革成果，探索建立村级集体经济经营性收入增长与村集体经济组织管理人员报酬待遇挂钩的利益联结机制，发展壮大新型农村集体经济①。

切实回应基层困惑和民生所向，聚力打造新时代乡村振兴样板之地，应准确把握全省"三农"工作进入巩固拓展脱贫攻坚成果同全面推进乡村振兴的衔接期、农业产业发展进入转型升级的窗口期、乡村建设进入加快补齐短板的机遇期、农民生活水平提高进入改革赋能的快速发展期、城镇乡村进入协同融合发展的突破期的阶段性特征，聚焦"做示范、勇争先"的目标要求，坚持以乡村高质量发展为主题，深入实施"联带成网、三链牵引、五动赋能"战略，聚力打造保障粮食等重要农产品供给、巩固拓展脱贫攻坚成果、推动农业绿色发展、建设数字农业和数字乡村、改进乡村治理、深化农村改革"六大样板"，构建新时代乡村振兴新格局，奋力开创新时代乡村振兴建设新局面。

10.3.1　联带成网，加快构建赣鄱现代化秀美乡村振兴网络

升级乡村振兴示范点建设，分类推进不同类型乡村振兴发展。结合乡村资源禀赋和特色优势，鼓励各地示范村建设改革创新，因地制宜、先行先试，彰显各自特色，打造不同类型单项或融合样板。聚焦党建领村、治理立村、产业富村、文化兴村、生态惠村、改革强村等创新探索，因地制宜推动各设区市主导建设"产业兴旺、农民增收""生态宜居、传承乡愁""红色治理、感恩奋进""城乡融合、赣才回归"以及"数智乡村""善治典范"等一批社会有影响、群众得实惠、各地可推广的"区域 IP"样板乡村，区域联动，竞合发展，强化乡村振兴试点示范引领。

---

①　张宜红．奋力打造新时代乡村振兴样板之地［N］．江西日报（"学与思"理论版），2022 - 05 - 30.

加强乡村振兴示范带建设，带动乡村发展连片突破。统筹规划、集群融合打造，瞄准乡村落实江西建设粮食主产区、红色基因传承区、生态资源涵养区、改革开放新高地建设等战略功能定位，以省际边界合作、革命老区高质量发展示范、区域农产品生产加工、承接发达区域产业转移、国家乡村发展改革试点以及特色文化、地域文化等重点区域为主轴，以"十百千"工程乡村振兴样板县和示范村镇为结点，支持打造环赣边界合作区域乡村振兴示范带（区）、赣南等原中央苏区红色基因传承乡村振兴示范带（区）、吉泰盆地与赣抚平原特色产业发展示范带（区）、赣北全域乡村旅游创建示范区以及各地特色现代乡村田园综合体等一批乡村示范带（区），推动省域乡村发展格局动态重构，促进乡村多维发展空间交错迭现，进一步畅通乡村要素交流通道，织密省域乡村关联网络，共筑乡村振兴良性生态，逐步形成点上精美、线上出彩、组群突破、全面振兴的富有区域特色与发展活力的赣鄱现代化秀美乡村振兴网络，在保障粮食等重要农产品供给、巩固拓展脱贫攻坚成果、推动农业绿色发展、建设美丽乡村、改进乡村治理、深化农村改革等领域"勇争先、做示范"，逐步形成覆盖面广、辐射力强、特色显著的乡村振兴江西样板。

10.3.2 三链牵引，协同推进江西乡村产业发展、乡村建设与乡村治理工作

● 筑牢党建链，牵引乡村治理品质提升

注重党建整合，构建乡村振兴跨越联合体。推动"党建引领·组织领航"党建链建设，聚焦乡村振兴战略实施，构建全领域统筹、全覆盖推进、全方位引领的乡村大党建工作格局。紧密结合乡村振兴示范点、示范带（区）建设，采取"支部＋支部""党委＋支部""党委＋党委"等方式，跨领域、跨行业、跨层级、跨地域组建"强村引领、合作共建、产业引领、行业共建、区域共建"党建联合体，形成党建领航乡村跨域发展的同心圆。

保障要素供给，形成新时代"党建＋"乡村振兴治理新格局。加强和改善村党组织对村民理事会、乡村商会等村级各类组织的领导，统筹集聚整合乡村振兴组织资源。有力链接人才、资本、技术等乡村资源要

素，链接资源要素供应链；有效链接龙头企业、新型农业经营主体、普通农户等主体，链接乡村振兴主体链；发展壮大村级集体经济，夯实村民自治基础；进一步规范村级协商主体、内容、方式和流程，深化新时代文明实践中心建设，健全矛盾纠纷预防化解机制，深入推进乡村全过程民主实践。积极探索具有时代特征、江西特色的"综治中心＋网格化""党建＋商会"等社会治理新模式，不断激发自治活力，提升乡村振兴资源配置效率，形成群众主体、全社会力量参与、合围攻坚的乡村振兴治理格局。

● 整合服务链，牵引高水平乡村建设

主动融入区域战略，高起点谋划乡村未来。主动对接国家、中部区域和省域发展战略与协作体系，拓展乡村发展新空间，紧扣"三类县"发展模式，立足乡村资源禀赋和未来发展场景，充分尊重农民意愿，启动并制定《2022—2035 江西乡村振兴样板之地建设总体规划》，提升决策层级，统筹规划乡村建设与村庄农田保护、产业集聚、生活居住与生态环境等空间结构，集群打造，高起点谋划各具特色、相得益彰的示范村（镇、带、区）建设。

完善创新乡村支持系统，全方位服务乡村建设。持续拓宽资金来源渠道，整合政府资金和投入，扩大财政以奖代补和贷款贴息投入规模，引导和推动金融机构发展普惠金融，强化资金监管，确保效率效益。充分发挥社会力量投身乡村建设的重要作用，依托涉农院校、乡村振兴学院、远程教育站点等教育平台，强化乡村振兴人才支撑。持续完善绿化、亮化、净化、美化等农村公共基础设施，合理规划乡村路网、管网、垃圾处理网、污水处理网等，强化长效管护机制。扎实开展农村人居环境整治提升，逐步推动厕所粪污就地就农消纳、综合利用，加强农村厕所革命与生活污水治理有机衔接，切实打造宜居宜业秀美乡村。

● 提升产业链，牵引高价值乡村产业

延伸拓展产业链条，夯实稳定增收基础。聚力江西乡村重点产业链，注重"链"上发力，优化乡村产业链"生态圈"：做强"农业＋工业"，延长产业链；做优"农业＋服务业"，完善供应链；做精"农业＋旅游业"，提升价值链；做实流通"三体"培育，培育壮大流通前端的微观个体，培育壮大流通中端的企业主体，培育壮大流通终端的平台载体，促进城乡要素流动。依托并有机嵌入江西绿色食品等产业"链长制"，坚守粮食安全、防止规模性返贫两条底线，深挖特色优势资源，面向市场调优结构，推动乡村资源优势与新技术、新业态、新商业模式有机结合。以区域公共品牌建设为抓手，打造一批特色农产品优势区，建设一批优势特色产业集群，梯次推进农业现代化示范区创建，尤其是支持龙头企业在县域布局，持续推进乡村产业提质增效，更多地把产业链主体留在县域、增值收益留给农民。

坚持科技创新驱动，发展壮大集体经济。坚持以科技创新驱动产业链供应链优化升级，广泛吸引延链、补链、拓链、强链项目落地。绘制乡村现代产业集群建设路线图，不断推进江西乡村产业向产业链价值链高端爬坡跃升。探索设施出租、股权投资、农宅合作社、共建共享、"飞地抱团"、委托经营等新发展模式，充分盘活闲置土地、固定资产等集体资产资源，实现集体增收与特色产业发展互促双赢。

10.3.3 五动赋能，努力在高质量推进革命老区乡村振兴工作上做示范

- 改革创新驱动

持续深化农村综合改革，释放乡村发展动能。着眼盘活资产，巩固"两资清理"成果；着眼盘活土地，深化农村土地改革；着眼盘活机制，继续深化农村集体产权制度改革；同时统筹推进农村金融创新、完善农业支持保护制度等各项改革，为乡村振兴提供强劲动力。注重发挥"改革整体联动"效应，强化农村集体经营性建设用地入市与入市后建筑物抵押贷款联动探索、"两权"改革与整合盘活用好传统资源、村干部专职服务村级集体经济发展模式创新、工商资本进入农村公共服务领域试点、发行专项债融资方式解决乡村产业发展和乡村建设的资金问题等，用产业化思维、项目化举措拓展资源资产价值化实现模式。坚持多要素联动，持续完善农村产权制度和要素市场化配置，激发农村内在活力，积极争取国家"百县千乡万村"乡村振兴示范创建，努力实现革命老区农村改革发展的新突破。

- 数字技术推动

加快补齐农村数字短板，提高乡村智治水平。加强整体规划设计，出

台标准化建设指导方案，将县域数字农业农村发展水平纳入乡村振兴指标体系。设立数字"三农"专项资金，高水平谋划实施一批乡村信息基础设施升级换代项目，推进数字化物流基础设施、农业大数据平台、数字农业园区等硬件载体建设，以及数字化和智能化的监测、监管、调度、运营等系统建设。积极组建省级、市级和县级数字乡村服务联盟，加强对基层干部和农民的数字素养培训，加快构建与产业、项目、治理、服务等内容相结合的应用场景，持续迭代更新应用场景。建立涉农信息服务机制，提升涉农数据资源的分析利用，建立激发农村居民广泛参与的机制，从用户体验角度不断优化服务流程和应用场景设计。

- 环境优化联动

始终坚持服务引领乡村发展，营造长期稳定可预期的发展环境。组建乡村振兴政策宣讲组，加大有关乡村振兴战略和江西乡村振兴样板之地打造的政策宣传力度，加强农民培训教育。开展"乡村振兴服务再提升"活动，全面推进"放管服"改革向乡村延伸，建设"赣服通""村事民办、民事村办"和"便民服务"为重点的乡村便民服务体系。重点推进"城乡统一大市场""5G 网络新基建"等基础设施建设工程，实行清单式管理和推广"物业进村"等服务机制，共建"民生服务网"为乡村群众提供一站式、全领域、高水平精致服务，提升群众的满意度。

- 增收致富带动

持续促进农民稳定增收，夯实革命老区共同富裕基础。瞄准产业价值链的关键环节发展县域富民产业，探索"共享农业"等农村新产业新业态新商业模式，注重农产品标准化生产和品牌增值，聚焦稳岗就业，提高经营净收入。推动农村资源、资产、资本的市场化运作，鼓励以土地经营权、林权、宅基地使用权等入股经营主体，拓宽财产性收入渠道。进一步提高农村最低生活保障补助标准，健全分层分类救助制度体系，稳定特定人口转移净收入。进一步补齐乡村基础设施和公共服务短板，推进城乡融合发展，创造良好的增收环境。

- 考核督导促动

尽快明确现阶段乡村振兴示范村（镇）、示范带（区）创建指标体系，为打造乡村振兴样板之地提供切实可行的参考依据。建议省级层面尽快出台乡村振兴示范村（镇、带、区）创建指标体系、设区市要加大对乡村建设行动的标准指导，建立动态评估和信息发布机制，不定期开展专家评审，常态化调查研判、协调服务，及时总结推广成功经验，及时纠正苗头性问题，对各地乡村振兴工作进行客观科学的考核督导，并将考评结果作为巩固拓展脱贫攻坚成果同乡村振兴有效衔接、全面推进乡村振兴实绩考核的重要内容。

第 11 章

老区示范：赣州革命老区 高质量推进乡村振兴

☆ 主要观点 ☆

（1）赣州是赣南等原中央苏区的主体和核心区域，在实现共同富裕、全面建设社会主义现代化强国进程中是不可忽视、不可落下的重要区域。深入探讨革命老区构建乡村振兴新格局的科学内涵，应紧紧围绕乡村发展"人民中心，共同富裕"主题，准确把握革命老区构建乡村振兴新格局的"全面深化改革"总基调，坚持以高质量发展为总领方向，注重形成相对均衡的利益格局，持续增进乡村发展活力，加快推进革命老区城乡融合发展，以期不断提高革命老区乡村群众的获得感和幸福感。

（2）革命老区构建乡村振兴新格局，重在推进土地、资本等乡村发展要素的市场化配置改革，协同发挥政府维护公平竞争、加强监督监管和维护社会秩序领域的治理效用，以供给侧结构性改革为主线，着力破解基础设施建设瓶颈，实施创新驱动，促进关乎乡村发展的体制设计和制度设计，利城富乡，清除发展路上的"拦路虎"，既能扩大乡村区域开放性，又能增进异质性区域之间的协同耦合。通过改革赋能，促进革命老区乡村发展提质，有机衔接新型城镇化与乡村振兴战略，在畅通要素流动中促进革命老区城乡融合，区际协作中推动城乡一体化协调发展。

（3）新发展阶段构建乡村振兴新格局，是全面建设社会主义现代化强国的必然要求，革命老区乡村发展空间重构和系统重塑是新时代全域建设品质生活新家园的系统性举措和逻辑性延伸。结合赣州革命老区现实考察，系统审视过渡期革命老区全面推进乡村振兴的基础条件，明确革命老区构建乡村振兴新格局在空间布局、产业提质、治理提升、改革赋能、未来乡村谋划等现实难题，提出优化空间分布、突出功能定位、强化支持政策有效供给、全面激活乡村发展要素、大力发展老区乡村实体经济、优化老区乡村发展环境等增进革命老区乡村振兴动能、打造新时代革命老区乡村振兴的"江西样板"的推进路径。

新发展阶段构建乡村振兴新格局，是全面建设社会主义现代化强国的必然要求。革命老区是党和人民军队的根，是中国人民选择中国共产党的历史见证，是革命红色基因传承的重要承载地，是新时代巩固拓展脱贫攻坚成果、全面推进乡村振兴的重要一环，是在实现共同富裕、全面建设社会主义现代化强国进程中不可落下的重要区域，因此在革命老区构建乡村振兴新格局具有重大的现实意义和理论意义。赣州是赣南等原中央苏区的主体和核心区域。习近平总书记反复强调，"原中央苏区振兴发展工作要抓好，这具有政治意义""一定要把老区特别是原中央苏区振兴发展放在心上"。党的十九大以来，赣州始终坚持把实施乡村振兴战略作为新时代"三农"工作的总抓手，书写了乡村振兴发展的精彩篇章。立足新发展阶段，完整、准确、全面贯彻新发展理念，在厘清革命老区构建乡村振兴新发展格局的理论内涵的基础上，结合赣州革命老区实际，明晰革命老区构建乡村振兴新格局的现实难题及其推进路径，对赣州革命老区在全面推进乡村振兴中促进农民农村共同富裕的目标顺利实现至为重要，亦可为全国其他革命老区全面推进乡村振兴提供重要参考。

11.1 革命老区构建乡村振兴新格局的理论内涵

乡村振兴战略的核心要义在于，从城乡一体化发展转向坚持农业农村优先发展、从推进农业现代化转向推进农业农村现代化、从生产发展转向产业兴旺、从村容整洁转向生态宜居、从管理民主转向治理有效、从生活宽裕转向生活富裕等领域根本性转变[①]，全面推进革命老区乡村振兴不仅要巩固拓展脱贫攻坚成果，而且要以更有力的举措、汇聚更强大的力量，

---

① 蒋永穆，胡筠怡. 从分离到融合：中国共产党百年正确处理城乡关系的重大成就与历史经验[J]. 政治经济学评论，2022（2）：13-28.

加快农业农村现代化步伐，实现农业高质高效，乡村宜居宜业，农民富裕富足。立足新发展阶段，革命老区构建乡村振兴新格局是适应城乡发展规律的重要体现，是适应革命老区发展战略重大调整的现实需要，是从根本上增进革命老区民生福祉的战略举措。深入探讨革命老区构建乡村振兴新格局的科学内涵，应紧紧围绕乡村发展"人民中心，共同富裕"主题，准确把握革命老区构建乡村振兴新格局的"全面深化改革"总基调，坚持以高质量发展为总领方向，注重形成相对均衡的利益格局，持续增进乡村发展活力，加快推进革命老区城乡融合发展，以期不断提高革命老区乡村群众的获得感和幸福感。

11.1.1　推动革命老区乡村赋能提质与城乡融合

"十四五"时期，我国正式开启了全面建设社会主义现代化国家的新征程，高质量发展引领下的构建新发展格局应涵盖培育现代化发展的新动能、健全现代化的市场体系与产业体系[①]，关键前提是要构建能够促进要素等值流动和优化组合的新型工农城乡关系，完善现代化的区域协调发展机制以及推进治理现代化。革命老区构建乡村振兴新格局，重在推进土地、资本等乡村发展要素的市场化配置改革，协同发挥政府维护公平竞争、加强监督监管和维护社会秩序领域的治理效用，以供给侧结构性改革为主线，着力破解基础设施建设瓶颈，实施创新驱动，促进关乎乡村发展的体制设计和制度设计，利城富乡，清除发展路上的"拦路虎"，既能扩大乡村区域开放性，又能增进异质性区域之间的协同耦合。通过改革赋能，促进革命老区乡村发展提质，有机衔接新型城镇化与乡村振兴战略，在畅通要素流动中促进革命老区城乡融合，区际协作中推动城乡一体化协调发展[②]。

11.1.2　增进革命老区民生福祉战略的平滑过渡与有效承接

党中央、国务院始终关注和支持着革命老区的发展，2012 年 6 月国务院印发《关于支持赣南等原中央苏区振兴发展的若干意见》（国发

---

① 师博. 新时代现代化新格局下"十四五"规划的新要求与重点任务 [J]. 浙江工商大学学报，2020（5）：116-124.

② 姚树荣，周诗雨. 乡村振兴的共建共治共享路径研究 [J]. 中国农村经济，2020（2）：14-29.

〔2012〕21号），开启了对赣南等原中央苏区支持的新纪元，也是支持全国革命老区发展的缩影。八年来，赣州革命老区城乡居民收入大幅提高，2020年区域生产总值为2011年的2.74倍，人均地区生产总值占全国平均水平的比例由2011年的43％升至57％。特别是经由八年脱贫攻坚，赣州革命老区11个贫困县（市、区）和1 023个贫困村（含167个深度贫困村）全部脱贫摘帽，现行标准下114.3万农村贫困人口全部脱贫，老区群众精神风貌焕然一新，乡村基础设施、支撑产业、人居环境等得到根本改善。新时代革命老区构建乡村振兴新格局，本质是要把革命老区建设得更好，让老区人民过上更好生活，实现革命老区"由脱贫攻坚向高质量推进乡村振兴统揽乡村经济社会发展全局"的转变；坚持以打造新时代革命老区高质量发展示范区为引领，巩固拓展脱贫攻坚成果，接续推进乡村全面振兴，在传承红色基因、发展特色产业、推动绿色崛起、促进区域协调和深化乡村综合改革中走在前列；在增进民生福祉、促进农民农村共同富裕上作出示范，在"老区＋湾区"高质量发展中勇争先进，奋力开创革命老区振兴发展新局面。

11.1.3　扎实推进共同富裕的必经之路与创新探索

实现共同富裕是社会主义的本质要求，是人民群众的共同期盼。革命老区在以往的发展中取得了阶段性突出成就，为全面建成小康社会做出了突出贡献，但受到历史、自然等多维因素影响，许多革命老区整体发展水平与发达地区仍有较大差距，对标社会主义现代化建设目标，革命老区发展基础依然薄弱，仍是全面推进乡村振兴的主战场之一。赣州革命老区要与全国一道开启全面建设社会主义现代化强国新征程，在全面推进乡村振兴中促进农民共同富裕，具备加快振兴发展的厚实基础和特色潜力，应充分利用《关于新时代支持革命老区振兴发展的意见》（国发〔2021〕3号）、《"十四五"特殊类型地区振兴发展规划》等支持政策，用好用足国家赋予的先行先试权，积极开展先行先试，构建乡村振兴新格局，创新探索乡村高质量发展的有效途径，形成一批可复制可推广的经验，推动革命老区振兴发展，在全面建设社会主义现代化国家新征程中不断取得新成效。

11.2 革命老区构建乡村振兴新格局面临的现实难题

赣州作为全国革命老区的典型代表、区位优势明显，产业基础雄厚，人力资源丰富，具备构建革命老区乡村振兴新格局的基础条件，但同时也要看到，赣州构建革命老区乡村振兴新格局的短板仍较突出。

11.2.1 革命老区构建乡村振兴新格局的基础条件

乡村振兴格局是乡村区域竞争力的根据与来源，是乡村发展系统的层次结构、空间布局、组合状态和发展态势的综合体现[1]。在推进乡村振兴战略实施进程中，赣州革命老区坚持农业农村优先发展，初步形成共建共治共享的乡村治理格局，努力探索出了一条具有赣南特色的革命老区乡村振兴新路子，革命老区乡村全面振兴工作进展顺利，取得较好成效[2]。一是着力平稳过渡，切实做好巩固拓展脱贫攻坚成果同乡村振兴有效衔接，严格落实"四个不摘"政策，坚决防止发生规模性返贫。2021 年全市持续对易致贫返贫人口实行动态监测、及时帮扶，新增 4 437 户、17 805 名监测对象全部落实帮扶措施；完成了 1 763 个乡村振兴重点帮扶村的选定工作，着力加强乡村振兴示范点谋划，筑牢富有赣南特色的革命老区乡村建设基础。二是着力产业兴旺，发展壮大乡村富民产业，以产业兴农富农为目标，推进农村集体产权制度改革，围绕脐橙、蔬菜、生猪、油茶等农业特色产业，坚持市场导向、因地制宜、因村施策选准产业，做强富硒农业品牌，扎实推进农业产业转型升级，越来越多的乡村成员分享到产业发展带来的红利。截至 2021 年 10 月，老区乡村村级集体经济总收入 13.84 亿元，经营性总收入 9.07 亿元，93.45% 的村过 10 万元，50.69% 的村过20 万元，8.86% 的村过 50 万元。三是着力生态宜居，有效推进乡村建设，扎实开展农村人居环境整治，压茬开展村庄清洁行动，推进农村生活污水整县推进治理试点，扎实开展农村户厕问题摸排整改，继续加大农村

---

① 李芸，战炤磊. 新时代区域高质量协调发展的新格局与新路径［J］. 南京社会科学，2018 (12)：50 - 57.

② 文中有关赣州革命老区乡村振兴的数据信息，为课题组于 2021 年 10 月—2022 年 3 月在赣州革命老区调研所得。

基础设施建设投入，提升农村基本公共服务水平，促进义务教育优质均衡发展、提升基层卫生服务及农村综合服务能力。截至2021年12月，赣州革命老区1 323个省级新农村建设点、1 489个县级新农村建设点进展顺利，共整治建设村点2.75万个，基本实现25户以上自然村组全覆盖。四是着力文明有序，健全完善乡村基层治理，强化"三治"融合，丰富农村文化供给，培育富有红色基因、地方特色、时代感强的乡村文化，探索推动网格治理、村企（社）联建等资源整合行动，有效引导群众有序参与村内公共事务。五是着力共建共享，加快推动城乡融合发展，深化农村综合改革，聚焦促进城乡生产要素双向自由流动和公共资源合理配置，积极拓展乡村发展空间。党的十八大以来，城乡居民收入持续稳定增长，农村居民人均可支配收入由2016年的8 729元升至2021年的14 675元，增幅达68.12%，城乡居民收入差距较上年缩小0.1，人民生活更加殷实。

11.2.2 革命老区构建乡村振兴新格局的现实问题

构建乡村振兴新格局，推动乡村全面振兴是实现共同富裕的必经之路。围绕建设全国革命老区高质量发展示范区、革命老区共同富裕先行区，着力打造新时代"第一等"民生福地的发展目标，对比沂蒙山革命老区、海陆丰革命老区、川陕革命老区、太行革命老区等典型实践，赣州革命老区构建乡村振兴新格局在空间布局、产业提质、治理提升、改革赋能、未来乡村谋划等领域仍存在短板弱项（表11-1）。

表11-1 全国部分革命老区乡村振兴典型实践经验

地区	典型探索与经验借鉴
龙岩、三明、南平等革命老区	健全老区乡村振兴工作体制，尤其关注对口帮扶资源承接；加大扶持力度，注重精准帮扶；逐步补齐产业发展、公共服务短板，推进生态补偿、生态修复与绿色发展；支持改革创新，积累了医药医保医疗"三医联动"、林业资源变资产、解决农民担保难、长汀水土流失治理、武平林改、长连武扶贫开发、生态产品市场化、自然资源资产管理等典型经验
陆海丰革命老区	强化政策、财政支持，特别是完善均衡性转移支付、生态保护补偿等财政性转移支付制度；注重资源统筹，加快发展老区交通、乡村特色产业；设立老区苏区发展专项奖补资金，支持省级现代农业产业园建设；加大老区苏区农村科技特派员选派力度。注重发展壮大集体经济；加强红色资源保护利用，传承红色文化；实现生态补偿对生态发展区、生态红线区、禁止开发区及海洋特别保护区全覆盖，推动老区绿色发展

（续）

地区	典型探索与经验借鉴
太行革命老区	全面推进红色资源保护，积极培育红色精品景区，传承红色基因；开展污染防治攻坚战，实施太行山绿化工程，推进绿色发展；聚焦优势，发展山地特色农业、文化旅游业等产业，发展实体经济；有效衔接脱贫攻坚与乡村振兴，支持乡村振兴示范区建设；优化乡村生产生活环境；积极培育战略性新兴产业，着力推动产业园区提升，持续强化科技创新驱动发展
大别山革命老区	健全老区乡村振兴工作协同推进机制，强化叠加政策有效供给；加大对革命老区乡村振兴的项目、资金、人才等方面的帮扶支持力度，支持老区基础设施建设、产业发展和民生改善；以绿色发展为主攻方向，因地制宜推进生态建设与经济社会协调发展；以千亿级、百亿级产业集群为重点，加快培育主导产业，做大实体经济；强化红色基因保护传承，不断开创老区高质量发展新局面
川陕革命老区	突出功能定位，积极支持川陕革命老区融入宏观区域发展战略；分类指导，统筹推动不同类型革命老区乡村振兴发展；创新支持政策，着力改善革命老区发展基础条件和公共服务水平；统筹政府和社会力量，积极引导企事业单位、社会组织等社会力量参与革命老区发展工作

资料来源：课题组成员整理所得。

● 空间分布格局上：促进城乡互动互益的良性运行态势尚未形成，乡村对外开放水平仍需提高

区域协调发展正越来越成为我国经济社会发展面临的一个重大问题，其中革命老区发展是影响我国区域协调发展的关键短板之一。传统的城市偏向政策、城镇较高的资本增益效率使得多数区域形成"拱卫城镇"的经济发展、社会管理和公共服务格局，平滑城乡发展差距，弥合乡村发展空间塌陷，需要重新认识新时期人口、资本要素的充分流动，依托于以基础设施和公共服务为载体的空间网络体系，在建设新农村建设点的基础上，连点成线，延线至面，通过资源聚合基础上的乡村区域空间隆起、扩大开放基础上的快速发展，逐步融入区域发展主流系统，才能更好地促进城乡协同共建良性运行格局[①]。至 2021 年底，赣州革命老区共有行政村 3 461 个，新农村建设村点整治基本实现所有 25 户以上宜居村组"扫一遍"，全

---

① 孙久文，易淑昶．中国区域协调发展的实践创新与重点任务［J］．浙江工商大学学报，2022（2）：102 - 110.

南获评全国农村人居环境整治成效明显激励县，寻乌、全南、崇义、大余、龙南、定南获评省级美丽宜居示范县。考虑新型城乡关系构建过程中的革命老区乡村空心化、农民老龄化不断凸显的趋势，农村社会事业发展存在堵点、盲点问题，就乡村建设发展过程中的要素投入规模效应、发展共享共融局面的形成而言，革命老区乡村发展仍然存在"点上建设、面上突破，轴带发展参差不齐"的问题，"一村一策"基础上的乡村振兴示范带建设步伐尚需加快，要素乡城单向流动的总体状况尚未根本改变。已经启动的粤港澳大湾区"菜篮子"生产基地建设、农业对外开放合作试验区创建等项目，因为品牌建设、园区打造等关键环节处于初级阶段，联农带农益农水平有限，使之作为网络节点有效嵌入"双循环"新发展格局仍有较大进步空间，农业农村对外开放水平仍需提高，乡城功能互补、效益互促的发展格局尚未完全形成。

● 产业融合格局上：乡村产业同质化倾向明显，构建突出功能定位的乡村实体经济发展任重道远

产业振兴是乡村振兴的重要一环，是乡村居民就近就业、促进增收的重要基础。赣南革命老区乡村在全面建成小康社会的进程中，契合区域发展战略，充分发挥区域红色资源丰裕、生态资源富集、生产要素成本相对低廉等有利条件，初步夯实了乡村旅游、蔬菜种植、赣南脐橙、赣南油茶、生猪特色养殖等乡村一产，以及家具制造、电商服务、农产品绿色加工、乡村旅游等乡村二三产业，乡村产业融合水平不断提高。鉴于革命老区乡村产业更多是基于乡村本身的资源禀赋发展起来的，特别是在打赢脱贫攻坚战过程中选择较具益贫特征的乡村产业，同质化、低端化特征显著[①]。夯实新时代革命老区构建乡村振兴新格局的产业基础，应符合产业发展规律，结合持续改善优化的乡村资源禀赋，精准把握传统产业与乡村产业振兴在发展规划、业务创新等领域接续提档，促进传统产业向规模化、绿色化、品牌化、高端化演进。全面推进赣南革命老区乡村振兴，应明确革命老区发展定位，大力发展乡村实体经济，将乡村打造成为革命老区新发展高地；不仅要加快乡村现代农业发展，还应主动融入国家、省域

---

① 郑瑞强. 新时代推进乡村益贫性产业发展的学理阐释［J］. 内蒙古社会科学，2021（4）：121－128.

发展战略，促进形成乡村产业高级转型的持续改进的资源禀赋与不断优化的产业结构之间良性互动态势，围绕新能源、先进装备制造、生物医药、节能环保、新材料、数字经济等新型实体经济补链延链，准确选择合适的产品定位；理性建构让更多增值收益留在乡村的市场交易网络，做好制度创新、科技赋能、品牌增值以及金融支持等工作，逐渐使得乡村产业依靠自身力量立足市场，兴村富民。审视革命老区乡村产业园区发展滞后、科技创新驱动单薄、市场融入程度不高的发展状况，促进革命老区乡村推动传统产业转型升级、主动融入战略性新兴产业、大力发展实体经济并取得突破是长期的艰巨的任务。

● 乡村治理格局上：数字赋能乡村建设亟待重视，乡村治理现代化水平有待提升

加快数字赋能乡村发展，是乡村振兴的战略方向，利用数字赋能乡村发展，重在以数字化为手段，联通乡村物理空间、网络空间与社会空间，实现区域资源禀赋改善与乡村生产生活变迁中推进乡村发展空间重构与空间生产。2021 年赣州市作为全国 15 个城市之一、全省唯一入选国家区块链创新应用综合性试点；积极推进数字乡村建设，安远县入选国家数字乡村建设试点，宁都县、寻乌县、信丰县入选江西省数字乡村建设试点；坚持党建引领、以点带面，突出数字化改革重点，注重农村改革综合集成，逐步推进乡村经济、人居环境改善、文明乡风、基层治理与幸福生活一体化建设，全面提升赣州革命老区乡村信息化建设水平，特别注重扎实推动传统农业向智慧农业迈进。但对标发达区域如浙江、上海等地未来乡村试点、"邻里友好 & 智慧治理场景"乡村社区生活圈规划建设，以及国外如加拿大多伦多 Quayside 社区建设、德国"未来之城"规划及新加坡 COMPLEX 模式设计等国外代表性较强的智慧化乡村发展实践，赣州革命老区囿于新型基础设施条件、信息服务、发展理念等条件，围绕富民经济、宜居生态、文明乡风、治理高效、幸福生活等民生领域的应用场景创新单薄，数字化改革步伐仍需加快，农民数字素养有待提升。同时，老区乡村在打造全程全域覆盖的社会化服务网络、探索建立生态系统 GEP 核算制度和应用体系、提供乡村文化沉浸式体验服务、推进基本公共服务均等化集成改革、推动"四治融合"整合治理体系和治理能力现代化等领域探索仍显单薄，需要进一步补齐设施条件、产业基础、市场空间、资本人

才等要素禀赋的发展短板，全面提升老区乡村治理现代化水平，协同推动乡村高质量振兴①。

● 系统动力格局上：乡村振兴共同体发展水平不高，综合性改革需继续向纵深推进

乡村群众是乡村建设行动的当然主体，也是受益主体，需要什么样的乡村、建设什么样的乡村，群众自己最清楚②。革命老区推进乡村振兴，全面激发群众参与乡村建设的主动性、积极性、创造性，将为革命老区乡村发展提供持续不竭的内源性动力。乡村振兴战略实施以来，赣州革命老区全域完成农村集体产权制度改革，发展壮大新型经营主体，创新动员形式，鼓励工商资本、城市人才"进村入乡"，在一定程度上吸纳了多元社会力量参与到乡村振兴工作中来。总体来看，社会力量参与赣州革命老区乡村振兴工作的动员性、阶段性特征明显，考虑乡村振兴工作的持久性，老区乡村振兴社会参与机制尚需健全完善，乡村振兴共同体建设水平不高，特别是需要运用市场化思维完善社会资源的筹集、配置、使用机制，形成乡村振兴的"统一战线"，以便在更广领域和空间内通过建构协同平台、健全协作机制和完善行为主体的行为规范等工作，促进老区乡村振兴系统整体良性运行和循环，在资源协整、共享基础上共建共享、共生共长。赣州革命老区的发展离不开社会各界的帮扶和支持，但要从根本上改变老区乡村振兴中形式光鲜而实体空虚特征明显的"两张皮"或"上热下冷"现象，需将综合性改革继续向纵深推进，特别是着力农业农村"三改合一"改革工程、农村宅基地改革试点工程、集体经济强村建设工程等领域探索，推动农业农村改革走深走实，不断创新市场化配置机制，激活农村资源要素，优化乡村营商环境，激发乡村发展新动能，推进形成乡村系统参与主体利益分配均衡且具有活力的动力格局。

● 发展战略格局上：乡村发展活力释放空间广阔，未来乡村发展战略谋划模糊

革命老区构建乡村振兴新格局，既要立足区情乡情，又要科学谋划未来。赣州革命老区在新时代全面推进乡村振兴中聚焦产业发展、乡村建

---

① 黄祖辉，胡伟斌，鄢贞．以未来乡村建设推进共同富裕［J］．农村工作通讯，2021（19）：36－37.

② 朱启臻．利用乡村治理资源优势提升乡村治理能力［J］．红旗文稿，2020（7）：40－42.

设、文化传承、乡村治理等乡村振兴重点领域，创新性以县域为载体、以特色资源为支撑推进乡村振兴，分类推进建设了一批生态旅游强村、客家民俗文化村、红色名村、产业强村、田野乡村、现代宜居乡村等 0.45 万个特色乡村，约占赣州革命老区 4.4 万个乡村的 10.2%。有效衔接新时代赣南苏区振兴发展、打造对接融入粤港澳大湾区桥头堡和深入推进省域副中心城市建设"三大战略"，老区将在乡村现代农业发展、宜居康养乡村规模扩容、新业态集群（园区）建设等领域探索出一条具有赣南特色的乡村振兴之路。站在乡村现代化发展新征程上，虑前谋远，建设发展赣州革命老区乡村是一场对生态空间、产业发展、人居环境和乡村治理进行继承性重塑的乡村革命，突出高品质生活主轴，是融合和睦共治、绿色集约、智慧共享、功能完善、服务便捷等内涵特征的有机整体，核心要义是乡村服务居民全面发展。谋划建设赣州革命老区乡村振兴，是新时代全域建设品质生活新家园的系统性举措和逻辑性延伸，亦应结合江西全力打造乡村振兴样板之地的乡村发展战略，明晰赣州革命老区乡村未来的发展思路。

11.3　革命老区构建乡村振兴新格局的实施路径

赣州作为新时代革命老区的典型，构建乡村振兴新格局，要紧紧围绕乡村发展"人民中心，共同富裕"主题，以奋力打造"全国革命老区高质量发展示范区"目标为统领，以加快建设革命老区共同富裕先行区为指引，锚定争做全省巩固拓展脱贫攻坚成果同乡村振兴有效衔接排头兵、建设革命老区乡村振兴示范区的目标定位，兼顾新时代特色和赣南特色，契合发展阶段要求和区域特质，突出创新发展、绿色发展、智慧发展、精致发展和协同发展，多维发力、多措并举，防范化解各类风险，巩固拓展脱贫攻坚成果，夯实革命老区乡村振兴基础；优化空间分布，突出功能定位，打造赣州革命老区对外开放高地；强化科技创新驱动，推进乡村产业融合发展，大力发展老乡村实体经济；全面激活乡村发展要素，注重绿色资源禀赋发挥，增进革命老区乡村振兴动能；强化支持政策有效供给，提升乡村治理水平，优化老区乡村发展环境；持续促进农民稳定增收，创造老区乡村居民高品质生活，打造新时代革命老区乡村振兴的赣州样板，不断提升赣州革命老区农业农村现代化水平。

11.3.1 防范化解各类风险，巩固拓展脱贫攻坚成果

赣州革命老区构建乡村振兴新格局，必须进一步巩固拓展脱贫攻坚成果，做好过渡期巩固拓展脱贫攻坚成果同乡村振兴的有效衔接。过渡期需要正视政策调整优化质量与政策落实风险、新冠肺炎疫情与能力约束带来的失业风险、搬迁劳动力就业不够稳定与配套产业抗风险能力弱的可持续发展风险[①]、因灾致贫与因灾返贫风险等，通过抓好政策落实，关注敏感领域政策优化；推进帮扶产业向高级演进，紧密利益联结，促进产业增值收益更多留给脱贫人口；规范就业车间管理，调整优化公益性岗位帮扶政策，精准发力脱贫人口稳岗就业；创新搬迁扶贫人口发展机制，提供安置点定制化发展思路，确保易地搬迁人口脱贫致富；提高灾情预警水平，全面落实防贫保险政策，防范化解因灾返贫致贫风险，确保不发生规模性返贫。

尤其是要针对现阶段老区乡村群众关心的帮扶人员更换、医疗政策调整和扶贫资产管理问题，探索建立帮扶互动双赢机制，重点解决好结对帮扶"一头热"的问题；探索建立系统性的大病救治机制，解决好系统性因病返贫致贫的问题；强化脱贫人口动态监测及责任落实，重点解决好应纳而不想纳不愿纳的问题；探索"信息化建设、阳光化监管，全生命周期管护"的扶贫资产管理模式，全面提高扶贫资产治理水平。

11.3.2 优化空间分布，突出功能定位

升级乡村振兴示范点建设，强化乡村振兴试点示范引领，重视通过乡村振兴示范带建设带动乡村振兴连片突破，主动对接粤港澳大湾区建设战略、海西经济区发展战略，积极融入长江经济带、长三角区域协作体系，基于区域功能互补和等值发展原则，按照统筹规划、连片打造、产村联创的路径，聚焦农产品生产加工、休闲旅游服务、产业转移承接等，支持打造粤赣、湘赣、闽赣等边界合作区域乡村示范带（区）；聚焦特色资源，

---

① 牛胜强. 深度贫困地区巩固拓展脱贫攻坚成果的现实考量及实现路径［J］. 理论月刊，2022（2）：79－87.

打造红色旅游、现代村居、特色种养等乡村振兴示范带或乡村综合发展示范区，逐步形成"点上精美、线上出彩、组群突破，全面振兴"的赣州革命老区乡村振兴空间分布格局。

充分认识革命老区农村发展在"双循环"中的特殊地位，加快乡村振兴"三步走"：一是实施乡村建设行动，优化乡村生产生活生态空间，分类推进乡村发展，补齐农村基础设施和公共服务短板，全面提升生态宜居的农村环境；二是打造长三角地区、粤港澳大湾区等发达地区农产品供应基地和产业转移"大后方"，充分发挥赣州革命老区生态、红色、山水、民俗文化、便利交通等资源优势，谋划一批生产、康养、休闲等旨在乡村参与、价值共创的重大节点工程，综合打通城乡以及乡村一二三产业融合发展新路径。以革命老区乡村振兴为切入点，进一步拓展"双循环"的广度和深度，扩大开放促进乡村大发展，打造赣州革命老区对外开放高地。

11.3.3　推进乡村产业融合发展，强化科技创新驱动

坚持优势区域发展优势产业，深入推进农业供给侧结构性改革，及时回应农业和乡村居民现实期盼，稳定发展粮食生产，持续做大做强脐橙、蔬菜、油茶等三大农业首位产业，大力发展畜禽养殖和特色经作产业，加快农业产业链的业态创新和商业模式创新，围绕赣南脐橙、富硒蔬菜、赣南油茶等品牌建设行动、质量提升工程等关键行动，立足乡村特有的农业景观、自然风光、乡土文化，做足资源文章，多角度、多层次推进资源优势的发挥和转化，敢于和善于"无中生有"，扬优成势。探索按揭农业、合伙人制度、拎包入住等做法，创新构建"投资商＋运营商＋农户承租管理""公司＋科研机构＋专业合作社＋基地＋农户"等模式，创新运行机制，促进小农户与现代农业有机衔接，培育乡村产业发展新动能。

契合数字经济"一号工程"和"江西制造"发展战略，强化农业科技创新与现代设施装备升级，以智慧农业理念为引领，依托产业"链长制"，结合赣州革命老区"1＋3＋N"现代农业产业体系建设，重点发展覆盖全产业链的新型农机制造业，逐步占据产业链高端，提升现代农业产业综合竞争力。以服务业特别是高端服务业助推乡村产业提档升级，结合数字乡村建设，大力发展数字农业、农村电商以及其他涉农新业态新模式，重点

发展覆盖高质高值新型农机制造业，贯通产加销，融合农文旅，推动乡村产业发展壮大，让农民更多分享产业增值收益[①]。推动革命老区产业园区提档升级，加强专精特新乡村绿色产业集群、基地和创新平台建设。坚持市场导向、品质引领，坚持"最优即特色"的发展理念，强化全产业链集群式发展，以项目为载体，多点发力、多极突破、多元汇聚，打造具有持续创新力和竞争力的中小微企业群体，积极发展油菜等油料加工、脐橙等果品加工、信丰萝卜干等区域性蔬菜产品加工、香肠等肉食品制造、茶酒奶等饮料制造，以及添加莲子、荷叶、藕粉的面条、婴幼儿营养米粉、果脯等休闲食品加工，加快建设绿色食品产业链。把农业科技园区、丘陵山区特色产业科技示范基地、技术创新中心等创新平台建设作为推动赣州革命老区发展的重要举措，不断打造科技创新与转化、科技示范和人才培养基地，提升全产业链供应链现代化水平。

11.3.4 全面激活乡村发展要素，注重绿色资源禀赋发挥

坚持深化农村综合改革促进乡村振兴发展，深入推进农业农村"三改合一"工作，完善农村集体成员资格认定和退出规制，探索推进农村土地资源、集体资产股份有偿退出机制，围绕"地"的改革促进乡村发展进入"人—产业—生态"的良性循环[②]。创新新型农村集体经济"多样化组合"发展形式，注重经营性项目布局，推进租赁经营、管理服务、资产入股等混合所有制经济，尤其是通过规划设计、建章立制等方式规范村集体经济、新型经营主体与普通农户等利益主体间协调发展、利益分配等问题，避免规模土地流转带来的"乡村虚无化""居民原子化"现象。强化城乡融合与乡村开放，树立乡村大人才观，强化人才回流激励机制，大力发展职业教育，完善政校企村户五方协作的乡村人才培育模式。提升涉农资金整合效率，规范设立省、市、县三级乡村振兴发展投资公司，鼓励各商业金融机构成立乡村振兴风险投资资金，充分发挥金融兴乡作用。创新土地激励政策，鼓励先进镇、示范村优先申报使用市县下达建设用地指标、优先申报土地增减挂钩项目、优先安排土地整理和高标准农田建设等项目。

---

① 叶兴庆. 迈向 2035 年的中国乡村：愿景、挑战与策略 [J]. 管理世界，2021（4）：98 - 112.
② 余戎，王雅鹏. 以"三大改革"开创乡村振兴新局面 [J]. 人民论坛，2020（5）：86 - 87.

注重精致服务引领，强化环境赋能乡村振兴。

践行"两山理念"，坚持"梳理式整治、景区化打造、社区化管理和品质化生活"的工作主线，大力推进农村人居环境整治，着力解决群众反映强烈的农村厕所、生活垃圾和污水治理等问题；推广绿色种植技术，推进农业废弃物资源化利用，全面加强农业面源污染治理，让绿色发展的理念日益深入人心；分领域分步骤实施生产者责任延伸制度，推进农村人居环境整治专业化、市场化、社会化，以人居环境整治提升推动农村生活方式现代化。建设监测统计考核体系，规范碳交易内容和形式，探索城乡区域之间以及企业、农村集体组织、农户等主体之间生态价值实现机制[①]。省级财政加大财力支持力度，推动东江流域跨省上下游横向生态补偿，注重生态脆弱区修复；促进乡村绿色发展方式转型，推行"生态治理＋现代农业发展＋集体经济增收"的可持续发展方式，提高全要素生产率，促进乡村发展空间全维度拓展，实现生态优化、产业发展、群众致富的多方共赢。

11.3.5　强化支持政策有效供给，提升乡村治理水平

坚持"建设革命老区高质量发展示范区"为理念引领，用足用好国务院《关于新时代支持革命老区振兴发展的意见》等系列支持政策，高质量做好对口帮扶资源承接和转化；创新和精准叠加区域帮扶政策，在政策、项目、资金、体制创新等方面给予积极支持，助推老区乡村振兴发展。大力弘扬伟大建党精神和苏区好作风，强化高水平精致服务供给，提振环境赋能延链兴乡。创新"精致服务党支部"品牌建设，健全乡村振兴环境"四级联动服务机制"，拓展支部领办、业务托管等方式，转变传统"行为主导发展"为"行政服务发展"模式，加快构建自治、法治、德治相结合的乡村治理体系。建立赣州革命老区乡村振兴发展重点项目库，推进教育、卫生、文化等项目建设，大力发展乡村社会事业，着力提高老区乡村基础设施和公共服务均等化建设水平，促进基础设施和公共服务均衡基础上的城乡等值发展。实施乡村文化繁荣铸魂、文明新风培育、平安乡村建

---

① 左正龙. 绿色低碳金融服务乡村振兴的机理、困境及路径选择 [J]. 当代经济管理，2022 (1)：81 - 89.

设提升等乡村治理体系建设行动，聚焦红色文化保护传承，提炼赣南革命老区红色文化精髓，推动做深做实赣南革命老区红色旅游品牌，着力打造全国知名的红色文化传承区，推进红色基因传承，培育淳朴民风，焕发农村新风尚。

建设赣州革命老区县域乡村振兴发展共同体，统筹政府和社会力量，拓展乡村全维发展，促进区域间经济社会无碍联通，集聚各类资源、要素流向乡村、润泽乡村、振兴乡村，为推进革命老区乡村振兴提供良好发展环境，全面激活乡村振兴活力。高效开展"以人民为中心、共同富裕为指向"的乡村振兴绩效评价工作。强化"目标管理"，坚持以赣南革命老区乡村"一巩固五振兴"工作为抓手，完善乡村振兴考核评价制度、年度报告制度和监督检查制度，围绕乡村高水平发展环境、高浓度创新策源、高能级产业体系、高标准绿色发展、高品质人民生活领域科学设计评价指标，分区、分类、分层设计乡村振兴可量化考核体系，进行科学的差异化绩效评价；强化绩效评价结果运用，结合乡村发展实际，重视问题发现与后续工作辅导，进一步优化老区乡村振兴帮扶政策及各项工作举措，精准惠及更多群众。

11.3.6 持续促进农民稳定增收，创造老区乡村居民高品质生活

做好"三农"工作，要切实促进农民增收，促进新时代农村中低收入群体持续稳定增收则是巩固拓展脱贫攻坚成果、在全面推进乡村振兴中促进农民共同富裕的基础性任务。赣州革命老区要拓宽农民增收渠道，确保农民增收内驱动力充足，收入稳定增长，要进一步推动一二三产融合发展，进一步完善"经营主体带动、小额信贷促动、消费帮扶推动"的紧密利益联结机制，推进依托区域主导产业的产村融合和龙头企业带动的企村联建，突出产业联农，以丰收促增收。加强就业形势监测，建立乡村居民就业辖区主要领导负责制，深化区际间劳务协作、拓展就地就近就业渠道，加强乡村就业创业社会保障平台建设，突出就业提能，以稳岗促增收。深化创业致富带头人培育，创新具有群众主体、股份合作、要素分配、价值共创等特征的多样化新型集体经济组织形式，突出创业引才，以业兴促增收。分品种施策、渐进式推进，完善农产品价格形成机制，鼓励"受益主体捆绑式"发展，确保改变资源要素配置伴之以利益格局的相对

均衡①，保障涉农生产主体权益。大力发展乡村社会事业，促进基础设施和公共服务均衡基础上的市域城乡一体推进，尤其重视历史内涵与现代艺术元素在乡村建设中的有机融入，丰富乡村文化生活，提升农民文化自信。依据人口动态监测信息，科学优化布局教育资源，营造良好乡村教育生态，加强民生保障。

　　坚持分类推进，统筹推动赣州革命老区不同类型乡村振兴发展。对标江西省委提出的全面建设创新江西、富裕江西、美丽江西、幸福江西、和谐江西、勤廉江西的"六个江西"奋斗目标，聚焦富裕乡村、美丽乡村、和谐乡村、幸福乡村，结合革命老区乡村资源禀赋和特色优势，因地制宜建设"产业兴旺、农民增收""生态宜居、传承乡愁""红色治理、感恩奋进""城乡融合、赣才回归"等样板乡村，推动打造一批全国有影响、群众得实惠、各地可推广的乡村振兴示范点、示范带，逐步形成覆盖面广、辐射力强、特色显著的赣南秀美乡村网络，打造新时代革命老区乡村振兴的江西样板。

---

①　姜长云．建党百年优化城乡关系治理的历程、经验与启示 [J]．人文杂志，2021 (11)：1-12.

第 12 章

未来展望：在全面推进乡村振兴中促进农民农村共同富裕

☆ **主要观点** ☆

（1）实现共同富裕就要突出解决发展不充分不平衡问题，这决定了必须充分认识和践行共同富裕的发展性，要在高质量发展中推进共同富裕，核心要义即是要立足乡村发展阶段性特征和区域禀赋，持续推动乡村全面深化改革，主动适应社会经济主要矛盾变化，转变乡村经济发展方式、优化乡村社会发展结构、转换乡村系统增长动力，兼顾乡村发展系统全要素生产率提高与公共资源配置效率提升，推动广袤乡村在双循环发展格局尤其是新型工农城乡关系重构中实现全面振兴，促成乡村在新的战略机遇期实现跨越式发展阶段的转变再平衡，总体表现为乡村发展活力得以全面激发，乡村发展系统实现结构性变革和能级跃升，通过全域性的高质量发展逐步实现农业农村现代化，在全面推进乡村振兴中高效满足人民日益增长的美好生活需要。

（2）立足新发展阶段，完整、全面、准确贯彻新发展理念，高质量推进乡村振兴与促进农民农村共同富裕互为基础和前提，高质量乡村振兴是促进农民农村共同富裕的根本途径，农民农村共同富裕是高质量乡村振兴工作的核心目标，在高质量乡村振兴中促进农民农村共同富裕是目标与手段的有机统一。面对在全面推进乡村振兴中促进农民农村共同富裕过程中存在的乡村产业转型升级困难、益农增收利益联结机制松散、乡村发展支撑要素保障能力不强、生态产品市场价值实现方式亟待创新、传统乡村治理体系难以适应、民生服务供给提升空间较大等诸多障碍，要始终坚持党的全面领导，坚持以人民为中心，致力于高质量发展，强化顶层设计，突出创新驱动，做好五个领域的工作：推进产业发展"双融合"，打造高能级产业体系；勇于集成式惠民改革，增进高浓度创新策源能力；畅通拓宽"两山"双向转化通道，推进高标准绿色发展；进一步强化精致服务，全力营造乡村高水平发展环境；促进均衡优质发展，创新高品质人民生活。

治国之道，富民为始，共同富裕自古以来就是人类社会的基本理想，也是中国共产党初心使命的现实反映，是中国特色社会主义的本质要求和中国式现代化的重要特征。新时代开启全面建设社会主义现代化国家新征程，扎实推动共同富裕取得实质性进展，实现人民高品质生活，是在实践中坚持以人民为中心发展思想的根本体现。

系统梳理推动共同富裕的代表性研究成果，国内学界主要从五个方面展开研究：一是共同富裕思想的发展演进。王婷等梳理了共同富裕理论在新民主主义革命时期、社会主义革命和建设时期、改革开放和社会主义现代化建设时期以及新时代的创新发展历程，提出在新发展阶段应更好总结共同富裕新的时代内涵，探索新发展阶段通过经济社会高质量发展扎实推进共同富裕的有效路径[①]；郭瑞萍分析了中国共产党百年来对共同富裕内涵、基础、路径发展和深化，认为相关转变表现为"从同步实现单一物质性富裕深化为分阶段实现'五位一体'布局中的全面富裕，从建立社会主义经济制度、解放和发展生产力深化为不断完善中国特色社会主义基本经济制度、实现生产力平衡和充分发展，从重视生产力的发展深化为更加重视共享发展，推动实现全体人民的共同富裕"等领域[②]。二是共同富裕的科学内涵。刘培林等认为共同富裕实质是全体人民共创日益发达、领先世界的生产力水平、共享日益幸福而美好的生活[③]；万海远等认为公平与效率、发展和共享是人类发展永恒的两大命题，共同富裕的基本内涵是全面

① 王婷，苏兆霖.中国特色社会主义共同富裕理论：演进脉络与发展创新［J］.政治经济学评论，2021（6）：19-44.
② 郭瑞萍.论中国共产党共同富裕思想的百年演变［J］.陕西师范大学学报（哲学社会科学版），2021（6）：26-34.
③ 刘培林，等.共同富裕的内涵、实现路径与测度方法［J］.管理世界，2021（8）：117-127.

共富、全面富裕、共建共富、逐步共富①；赖德胜认为我国要实现的是全体人民的共同富裕而不是少数人的共同富裕，要促进人的全面发展和社会的全面进步，强调过程和结果都要公平②。三是共同富裕的实现逻辑。唐任伍等构建市场、政府与社会三轮驱动共同富裕的分析框架，明确扎实推进共同富裕应是经济社会发展成果在有效市场、有为政府和有爱社会共同驱动下，通过三次分配向全体社会成员扩散并不断缩小差距和巩固共享分配结果的动态过程③。王生升依据生产力与生产关系矛盾运动的展开逻辑，提出必须紧扣新一轮科技产业革命的脉搏建设现代化经济强国，巩固公有制和按劳分配的主体地位，充分发挥社会主义国家的治理效能优势，逐步实现共同富裕④。四是共同富裕目标的实现路径。针对促进共同富裕仍存在的收入分配制度不完善、基本公共服务水平不高、财富差距扩大、社会诉求多元化和社会矛盾多样化等挑战，张来明等认为，推进共同富裕要基于经济社会发展的内在规律确立阶段性发展目标，将促进共同富裕融入区域协调发展战略、乡村振兴战略、新型城镇化战略，深化体制机制改革，稳步推进收入分配公平、基本公共服务均等化、精神文明建设和文化资源普惠等⑤。吴文新等提出可以通过运用好起决定作用的"劳主资辅"、辅助作用的"国家法策"、调节作用的"物价变动"、胀缩作用的资本市场等分配方式，充分释放正效应，扎实推进共同富裕⑥。与推进共同富裕的工作领域对应，部分成果进一步围绕共同富裕水平测度开展了共同富裕指标体系、共同富裕指数⑦等内容分析。五是农民农村共同富裕研究。黄承伟认为实现巩固拓展脱贫攻坚成果同乡村振兴有效衔接、推进高质量乡村振兴促

① 万海远，陈基平. 共同富裕的理论内涵与量化方法 [J/OL]. 财贸经济，https：//kns. cnki. net/kcms/detail/11. 1166. F. 20211207. 1415. 002. html.

② 赖德胜. 在高质量发展中促进共同富裕 [J]. 北京工商大学学报（社会科学版），2021（6）：10 - 16.

③ 唐任伍，李楚翘. 共同富裕的实现逻辑：基于市场、政府与社会"三轮驱动"的考察 [J]. 新疆师范大学学报（哲学社会科学版），https://doi.org/10.14100/j. cnki. 65 - 1039/g4. 20211014. 001.

④ 王生升. 论新时代共同富裕的实现 [J]. 马克思主义中国化研究，2021（10）：50 - 58.

⑤ 张来明，李建伟. 促进共同富裕的内涵、战略目标与政策措施 [J]. 改革，2021（9）：16 - 33.

⑥ 吴文新，程恩富. 新时代的共同富裕：实现的前提与四维逻辑 [J]. 上海经济研究，2021（11）：5 - 19.

⑦ 陈丽君，郁建兴，徐铱娜. 共同富裕指数模型的构建 [J]. 治理研究，2021（4）：5 - 16.

进共同富裕是建设社会主义现代化国家的历史性任务[①]；付夏仙等认为现阶段促进农民农村共同富裕可从巩固拓展脱贫攻坚成果、全面推进乡村振兴、加强农村基础设施和公共服务体系建设、改善农村人居环境等四方面重点着力[②]；李实等基于乡村振兴战略要求与实践探索，指出实施乡村振兴战略有助于巩固拓展脱贫攻坚成果、提高农业农村的现代化水平，以缓解我国城乡发展不平衡问题，从而扎实推进共同富裕建设[③]；亦有成果涉及《乡村振兴促进法》实施[④]、农地"三权分置"改革[⑤]等领域促进农民共同富裕的作用机制探讨，进一步丰富了新时代扎实推进共同富裕的研究。

促进共同富裕，最艰巨最繁重的任务仍然在农村[⑥]。立足新发展阶段，贯彻新发展理念，构建新发展格局，促进农民农村共同富裕，要准确把握其在高质量发展基础上共享发展的价值要义，着力破解农民农村共同富裕的约束因素，在全面推进乡村振兴中促进农民农村共同富裕目标。综观前述，现有研究围绕新时代推动共同富裕提出很多真知灼见，但相关分析多立足于国家发展全局且多是理论阐释，少有研究全面结合高质量发展理念系统探讨在全面推进乡村振兴中促进农民农村共同富裕问题。有鉴于此，本章通过剖析全面推进乡村振兴中促进农民农村共同富裕的障碍因子，依循高质量发展理念要求，提出了在全面推进乡村振兴中促进农民农村共同富裕的实现途径，并对其理论逻辑进行阐释。

12.1　促进农民农村共同富裕的价值意蕴

12.1.1　促进农民农村共同富裕的内涵解读

党的十九大做出了中国特色社会主义进入新时代的重大论断，认为我

---

① 黄承伟. 论乡村振兴与共同富裕的内在逻辑及理论议题 [J]. 南京农业大学学报（社会科学版），2021（6）：1-9.

② 傅夏仙，黄祖辉. 扎实促进农民农村共同富裕 [N]. 中国社会科学报，2021-11-25.

③ 李实，陈基平，滕阳川. 共同富裕路上的乡村振兴：问题、挑战与建议 [J]. 兰州大学学报（社会科学版），2021（3）：37-46.

④ 夏英，王海英. 实施《乡村振兴促进法》：开辟共同富裕的发展之路 [J]. 农业经济问题，2021（11）：20-30.

⑤ 侯银萍. 农地"三权分置"改革对共同富裕的制度保障 [J]. 中国特色社会主义研究，2021（5）：25-33.

⑥ 习近平. 扎实推动共同富裕 [J]. 求是，2021（20）：4-5.

国社会主要矛盾已经转化为人民日益增长的美好生活需要和不平衡不充分的发展之间的矛盾，而且我国经济由高速增长阶段转向高质量发展阶段，是中国特色社会主义进入新时代的基本特征；而高质量发展则是能够很好满足人民日益增长的美好生活需要的发展。实现共同富裕就要突出解决发展不充分不平衡问题，这决定了必须充分认识和践行共同富裕的发展性，要在高质量发展中推进共同富裕，核心要义即是要立足乡村发展阶段性特征和区域禀赋，持续推动乡村全面深化改革，主动适应社会经济主要矛盾变化，转变乡村经济发展方式，优化乡村社会发展结构，转换乡村系统增长动力，兼顾乡村发展系统全要素生产率提高与公共资源配置效率提升，推动广袤乡村在双循环发展格局尤其是新型工农城乡关系重构中实现全面振兴，促成乡村在新的战略机遇期实现跨越式发展阶段的转变再平衡。总体表现为乡村发展活力得以全面激发，乡村发展系统实现结构性变革和能级跃升，通过全域性的高质量发展逐步实现农业农村现代化，在全面推进乡村振兴中高效满足人民日益增长的美好生活需要。构建理论逻辑如图 12-1 所示。

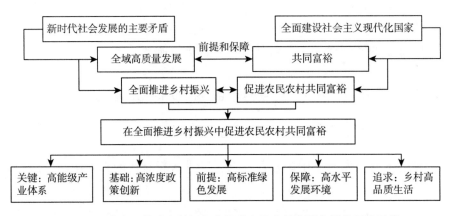

图 12-1 在全面推进乡村振兴中促进农民农村共同富裕的理论逻辑

12.1.2 系统理解促进农民农村共同富裕的五个维度

● 高能级产业体系是促进农民农村共同富裕的关键

高能级产业体系是有机联系供给、需求、资源配置、消费等环节的基础，促进农民农村共同富裕，切实保障和改善民生，打造富有竞争力和亲民性的乡村高能级产业体系可为农民持续增收致富提供坚实支撑。高质量发展视域下具有"稳定基础、富民强村、联通城乡"特征的乡村高能级产业体系建设，必须立足乡村功能与特色资源，加速科技创新、现代金融、人力资本、智能网络等高端要素融入与组合优化，在稳定和保障粮食安全与重要农副产品供给的基础上调优乡村经济结构，促进乡村生产要素向高质高值高效领域转移，深度融合乡村传统产业与新兴产业，不断培育新动能、发展新经济、营造新生态，深度促进乡村一二三产业融合，通过提高乡村产业的质量、效率和效益，接轨并渐进占据产业链高端，形成以集约化利用、集群化布局、生态友好型建设等为特征的高效产业关联网络，跨越城乡区隔，增进就业机会，提高乡村居民和乡村集体经济收益水平，实现乡村、环境、产业体系协同发展的良好格局。

● 高浓度政策创新是促进农民农村共同富裕的基础

全面推进乡村振兴，推动农业农村高质量发展，必须在增强乡村发展创新策源能力上下工夫，关键是在新时代新型工农城乡关系建设背景下，准确把握促进城乡等值发展阶段性特征，围绕乡村发展理念、支撑政策、治理机制等领域深化改革，尤其是坚持以政策创新为引领推动全面创新，赋权乡村创新体制机制方面先试先行，聚焦乡村人才等创新要素培育、乡村产权制度改革完善、发展壮大村集体经济、社区治理现代化水平提升以及涵盖组合式支持政策体系的乡村创新生态环境建设等重要领域，深化智慧服务和功能型平台体系建设，促进乡村联动和各区错位发展，让乡村成为区域发展创新思想策源地、创新要素集散地和创新活动试验场，实现乡村从要素驱动、投资驱动向政策创新驱动、效率驱动方向转变，优化配置乡村发展资源，协同耦合乡村多要素，拓展乡村发展空间，以乡村高水平的改革开放提升乡村系统发展整体效能，并使之朝着新时代区域增长极的发展目标迈进。

● 高标准绿色发展是促进农民农村共同富裕的前提

绿色是乡村发展的最美底色，良好生态是促进农民农村共同富裕的基本支撑。推进乡村高标准绿色发展旨在提升土地、能源、资源等要素效率，新时代构建乡村低碳环保、清洁高效的绿色发展体系实质是一场要素效率变革、产业形态变革和环境品质变革。通过推进乡村绿色发展基础设施和基础能力建设、完善规划政策引导、深化市场机制创新和健全绿色生态治理体系，倒逼乡村生态科学治理和绿色发展精准施策水平不断提升。推动乡村功能区布局优化，加强绿色技术示范应用推广，持续深入开展人居环境整治和推进乡村污染治理，增进乡村立体化开发水平，提高乡村发展资源尤其是自然资源的集约利用效率，构建具有生态健康、产业促进、功能复合等多维特征的乡村立体化生态空间体系，打造产村融合、宜居宜业典范，实现"三生"共赢和"三生"融合发展。

● 高水平发展环境是促进农民农村共同富裕的保障

高质量发展要坚持市场在资源配置中发挥决定性作用，激发各类市场主体活力。致力于在全面推进乡村振兴中促进农民农村共同富裕，短期靠项目，中期靠政策，长期靠环境，最终靠服务，培优乡村振兴高质量发展环境至关重要。乡村高水平发展环境建设要兼顾效率与公平，坚持以人民为中心的发展思想，围绕农业高质高效、乡村宜居宜业、农民富裕富足的发展主题，持续优化务实高效的政务环境和灵活有序的市场环境，转变传统的"以政府部门为中心进行管理"为"以用户为中心进行服务"理念与方式，不断推动城乡发展环境一体化治理，切实提高行政服务效率，优化行政服务方式，提升公共服务的稳定、透明和可预期性，促进乡村发展资源和创新要素自由流动，最大化激发市场主体潜能，提高市场运行效率，实现乡村发展中更大的价值释放和更高的产出水平，使得乡村发展"要素因环境而聚、农民因环境而富、村庄因环境而立、环境因农民农村富裕而更加优良"的良性发展循环。

● 乡村高品质生活是促进农民农村共同富裕的追求

高品质生活要以健全的社会保障体系和完善的公共服务体系为支撑，以便捷可及的基础设施建设和优美宜居的生态环境为前提。促进农民农村共同富裕，不断创造乡村高品质生活，既要聚焦当前社会民生文化领域发展不平衡不充分的突出问题，又要深化"三治"融合，坚持以群众需求为出发点，鼓励社会领域多元主体成长发育，着力加强基础设施建设，完善服务系统供给机制，健全乡村管理体制机制，推进全过程民主实践，加强乡村文化内涵的注入和渗透，营造崇尚科学、敬畏法律、劳动光荣的良好发展氛围，打造党建引领的共建共治共享乡村治理新格局，有效夯筑高品质生活的发展动力，持续改善乡村居民充分就业基础上的生活质量，实现更高水平的公共服务、社会保障和社会治理，不断增进乡村居民的获得感，持续打造美丽家园和幸福乡村，让农民农村共同富裕在广大乡村居民的现实生活中更加充分地展示出来。

12.2　促进农民农村共同富裕的障碍因子

党的十九大以来，旨在实现农业农村现代化的乡村振兴战略统筹乡村经济、政治、文化、社会、生态文明和党的建设等各项工作，取得了显著成就，尤其是在农业农村改革和乡村产业发展激活促进共同富裕的强劲动能、农村基础设施和公共服务改善夯实促进共同富裕的软硬条件、城乡融合发展和"三农"工作创新奠定促进共同富裕的机制保障等方面，为新时代扎实推进共同富裕取得实质性进展奠定了坚实基础。站在接续历史的更高起点上，我国进入了全面建设社会主义现代化强国的新发展阶段。然而，乡村发展仍具有人口总量大、收入整体不高、基础设施建设和公共服务供给总体水平较低等发展不平衡不充分的阶段性特征。在全面推进乡村振兴中促进农民农村共同富裕还存在着乡村产业发展质量亟待提升、乡村基础设施和民生领域欠账较多、农民主体意识不强、乡村发展环境有待进一步优化等问题，突出表现为以下五个方面。

12.2.1　乡村产业转型升级困难，益农增收利益联结机制松散

实现产业兴旺，要顺应产业发展规律，精准把握传统产业与乡村产业振兴在发展规划、业务创新等领域接续提档，促进传统产业向多样化、高级化、高端化演进。现阶段乡村产业融合水平不高，结构有待优化，传统农业相关产业规模较小，精深加工程度低，产业链上下延伸不足，农业产业发展中与文化、旅游、教育、康养等产业互动不多，农业其他的价值功能发挥不彻底，乡村一二三产业之间关联松散，造成产品附加值低且产业价值链增值效应较低，传统产业高阶演进困难较多。农户与经营主体利益联结松散，相互关系淡薄，农户依然以传统资产收益为主，局限于单纯的产品或要素买卖关系，没有真正参与产业当中，联农带农机制中"利益联结、价值共创"等实质性内容不多，很少形成农户与新型主体间同负担、同收益的共同体。加之产业主体与农户之间没有惩戒机制约束，两者利益联结关系不强，缺乏互促共益的可持续性。

12.2.2　乡村发展支撑要素保障能力不强，农村综合改革需要持续深化

人才短缺仍是制约乡村高质量发展的最大制约，乡村人才主要流向城市的趋势依旧没有改变，回乡创业平台缺乏吸引力；"头雁"式人才、致富带头人稀缺，"田秀才""土专家"等农村实用人才缺口较大，基层农技人员青黄不接，通过定向培育招录的农技人员大部分被安排在乡镇行政岗位，占编占岗不履职，缺位现象普遍；高素质农民培养效果停留在"发了多少结业证"上，而缺乏培训后的跟踪服务。农村"三块地"改革亟待深化，农村土地承包权有偿退出尚待破题，土地经营权流转不规范、不彻底，农村集体经营性土地入市、宅基地"三权分置"改革的配套政策尚未完全到位和细化。在全面推进乡村振兴中促进农民农村共同富裕的资金投入机制亟待健全，需要加大资金投入，进一步加大财政涉农资金整合力度，尽量避免多头下达、零敲碎打、撒胡椒面等问题，而且土地经营权抵押贷款等农村金融产品创新不足，社会资本参与乡村建设与发展的力度仍待加强。同时在城乡要素交换关系中依然存在城市偏向导向，存在要素交换主体不对等、交换"边界效应"导致的分割配置等现实问题[①]。

12.2.3　乡村绿色发展仍需提质，生态产品市场价值实现方式亟待创新

面对人民群众日益增长的优美生态环境需要和现实农业农村资源环境约束，"三农"实践主题离不开绿色元素，绿色发展是实现农业强、农村美、农民富的乡村振兴战略目标的必然选择、必然要求和必由之路[②]。推进乡村绿色发展，要牢固树立和践行"绿水青山就是金山银山"的理念，坚持山水林田湖草是生命共同体的整体观，系统规划，综合治理，全方位、全地域、全过程开展生态环境保护，构建人与自然和谐共处的绿色发展体系。伴随城镇化对农村生态环境资源的占用和污染物从城镇向农村转

---

① 高杰，郭晓鸣. 乡村振兴战略视域下城乡要素交换关系研究［J］. 财经科学，2020（6）：66-73.

② 杨世伟. 绿色发展引领乡村振兴：内在意蕴、逻辑机理与实现路径［J］. 华东理工大学学报（社会科学版），2020（4）：125-135.

移，农村的生态环境压力与日俱增。对标找差距，乡村居民绿色发展理念薄弱、生产方式绿色化转型滞后等导致发展陷入地域空间管理散乱无序、资源利用效率不高，环境污染、生态系统退化、资源浪费等影响乡村绿色发展的问题依然存在①。关乎农民农村增收致富的生态产品价值实现政策有待于科学设计，市场发现机制、交易机制不健全，产品设计、交易平台、交易环节等存在瓶颈，政策抓手尚待清晰。诸如一些生态资源的价值评估与资本市场估值脱节，金融资本难以规模化、如何更好地惠及普通民众以及梯次推动城乡生态联动治理等涉及广泛利益调整的深层次问题尚待研究解决。

12.2.4　传统乡村治理体系难以适应，乡村发展环境仍需改善

城乡差距现象的客观存在以及城乡交流的日益频繁，农村利益主体呈现多元化特征，农村社会由熟人共同体走向陌生人共同体，农村利益冲突增多，加之农村青壮年劳动力人口不断外流，乡村自我社会修复和调适的能力降低，依靠激发农民群众内生动力化解各种矛盾的难度加大，且通过不断引入外部资源推动乡村发展的外部性高成本威权管理模式又在一定程度增加了乡村发展被动依赖性，使得传统层级化、封闭化的乡村治理体系受到较大冲击②。发展壮大新型集体经济，是发挥社会主义公有制度优势、促进农村共同富裕的必然要求，诸多乡村集体经济发展实践中村两委干部担任专业合作社理事长、村办企业法人、村集体经营项目承包主体的现象已较为普遍，大部分农户对村干部的经营主导地位表现出认可，但对以村干部为主导的村集体经营活动中的收益分配以及村集体经济收益的分配方式存在疑虑并表达出强烈的协商意愿，提高乡村发展事务中民主议事水平变得日益重要。实施乡村振兴战略以后，我国实施《农村人居环境整治三年行动方案》，村容村貌焕然一新，农民群众的生活条件得到明显改善，但不同地区、不同村庄之间农村人居环境差异明显；且持续深入开展的农村人居环境改善，增进乡村颜值的同时更应遵循乡村发展规律，努力

---

①　段艳丰．新时代中国乡村绿色发展道路的时代价值、现实困境及路径选择［J］．农林经济管理学报，2020，19（1）：118-125.

②　范和生，郭阳．新发展格局下乡村振兴机制创新探析［J］．中国特色社会主义研究，2021，19（2）：37-45.

让乡村拥有更丰富的精神内涵，为乡村发展注入新动能。

12.2.5　民生服务供给提升空间较大，城乡融合发展任重道远

农业农村基础设施和公共服务是乡村振兴总体任务的强大支撑，是实现农业强、农村美、农民富的重大抓手。长期以来，我国农村在义务教育、医疗、养老、社会保障、环境卫生等方面与城市相比存在一些短板，巩固拓展脱贫攻坚成果，接续推进乡村振兴，乡村民生服务供给水平大幅提升，但也存在农村基础设施和公共服务既有总量不足，也有质量不高的问题。城乡差距依然明显，据 2020 年数据，我国农村人口依然有 5 亿左右，占据 1/3 比重，其中有 4 亿农村人口收入低于年收入 30 000 元的全国中等收入最低标准[①]；城镇、农村居民人均可支配收入分别为 43 834 元、17 131 元，前者约为后者的 2.6 倍，人均 GDP 最高省份和最低省份相差近 4.6 倍。为此，亟须充分发挥有力政党、有为政府、有效市场和有效方法的协同作用，通过要素流动消减资源禀赋空间差异，弥合空间发展差距，加快推进农村基础设施达标建设和公共服务城乡水平均等化、标准统一化和制度一体化等工作，推进全域发展[②]。

12.3　乡村高质量发展中促进农民农村共同富裕[③]

扎实推进共同富裕问题是直接关系着全国人民共同过上幸福生活的"国之大者"，在全面推进乡村振兴中促进农民农村共同富裕关乎补齐短板和筑高底板问题，具有长期性、艰巨性和复杂性等特点，并非一蹴而就，也难以齐头并进。策应新时代全面推进乡村振兴促进农民农村共同富裕目标，未来乡村发展应始终坚持党的全面领导，坚持以人民为中心，坚持人民主体地位，依循乡村发展规律，强化顶层设计，突出创新驱动，接续全面小康，致力于城乡融合背景下持续推动乡村高质量发展。

---

①　刘旭雯. 新时代共同富裕的科学意蕴［J/OL］. 北京工业大学学报（社会科学版），https://kns. cnki. net/kcms/detail/11. 4558. G. 20211122. 1745. 014. html.

②　李周. 中国走向共同富裕的战略研究［J］. 中国农村经济，2020（10）：2-23.

③　郑瑞强，等. 促进农民农村共同富裕：理论逻辑、障碍因子与实现途径［J］. 农林经济管理学报，2021（6）：780-788.

12.3.1　促进农民增收：推进乡村产业发展"双融合"，打造高能级产业体系

战略先行，推进产业发展"双融合"，拓展乡村产业发展赋能空间。及时回应农业和乡村居民现实期盼，有效对接城镇和城市居民发展诉求，促进乡村一二三产业小融合，强化城乡一二三产业大融合。牢牢牵住产业发展这个"牛鼻子"，推动科技创新和绿色发展，充分认识到信息技术推进产业融合的关键作用。着力现代种业、智慧农业等重点领域及关键技术突破，完善农业服务、资金、科技、基础设施和信息技术等配套网络，为农民联动外部市场和推动乡村发展转型提供支持条件，不断为农民致富增收配置"金钥匙"和"新密码"，逐步实现居民收入增长和经济发展同步、劳动报酬增长和劳动生产率提高同步。

调优结构，强势推动传统产业转型升级，促进乡村产业扩链增效。坚持产业发展与扩大就业兼顾，实现多渠道增收，强化乡村产业发展规划引领、政策保障、项目支持、培训指导、责任落实五个到位，优化区域有特色主导产业、产业有发展梯次、新型经营主体有多元组合的乡村产业发展格局。立足资源禀赋和产业基础，辅以现代化的生产组织管理，加速产业集聚、延伸产业链条、唱响特色品牌，提高乡村产业发展质量和效益。

跨越发展，强化要素保障，助力现代化生产引领带旺乡村。推动城乡人才共享，实施"时代特色、效果导向"的多维乡村人才培育，进一步健全技能人才的市场价值实现机制。探索乡村产融良性互动发展模式，完善乡村信用体系，创新绿色信贷、"保险＋期货"等特色金融益农产品。适度推进柔性供地个性化服务试点，优化"要素跟着项目走"保障机制，着力打造一批现代农业示范区，加快"专精特新"乡村产业集群发展。

12.3.2　激活乡村活力：勇于集成式惠民改革，增进高浓度创新策源能力

纵深推进乡村综合改革，大力夯实乡村振兴制度基础。强化县域统筹，深化农村五项重点改革，优化土地、劳动力、资本、技术等要素组合，积极回应群众关切，因地制宜打出一套乡村惠民改革组合拳。尤其是要注重从土地制度改革入手，推动乡村振兴，提高农村居民财富保有量和

财产性收入。关注农村集体经营性建设用地入市与入市后建筑物抵押贷款联动、村干部专职服务村级集体经济发展模式构建、工商资本进入农村公共服务领域等新情况，完善农村产权制度和要素市场化配置机制，注重发挥改革的整体联动效应，不断加快农村转型和结构转型，促进城乡融合发展。

完善乡村治理体系，全面激发乡村发展内生动力。共同富裕是人民的共同富裕，共同富裕的落脚点在于人民。站在人民的立场之上积极探寻富裕问题是马克思主义共同富裕理论的关键所在①。未来的乡村治理水平提升，应强化"三治"融合，更精准地锚定群众实际需要，增强乡村公共服务有效供给，让公共服务资源真正发挥作用、惠及群众，尤其是要建好用好新时代文明实践中心，教育服务群众，激发农民群众参与精神文明建设的热情，升级文明供给。坚持以党建引领为核心，继续夯实党的基层战斗堡垒，持续激发党员干部的使命担当，充分发挥党的领导核心作用，以区域化党建思维实现区域化联动发展，通过议事决策机制民主化、产业发展一体化、人才结构多元化促进治理有效，建立政府规划引领、市场建设运营、村级协调资源、群众全程参与的"一核三化四协同"发展机制，有效引导群众有序参与村内公共事务。

发展壮大新型村级集体经济，融合发展促进价值共创。理顺乡村生产力发展机制，有效盘活各类资产资源，弥合利益边界，创新具有群众主体、股份合作、要素分配、价值共创等特征的多样化新型集体经济组织形式，用好土地等相关政策，做大经营性资产，鼓励多元化经营，加强供销社、农信社、农民专业合作社等主体联动融合发展。推深做实村企联建、产村共建，建立企业、村集体、合作社、农户等协作主体间稳定紧密的利益联结机制，推动"小农户"和"大主体"互利共赢，形成相互融合、价值共创的发展态势。

12.3.3 优化乡村生态：畅通拓宽两山双向转化通道，推进高标准绿色发展

全面盘点乡村生态家底，健全生态产品价值实现机制。加快自然资源

---

① 付文军，姚莉. 新时代共同富裕的学理阐释与实践路径［J］. 内蒙古社会科学，2021（9）：1-8.

资产产权制度改革，开展乡村生态产品调查与统计，摸清生态存量。健全完善生态农产品、文旅等乡村生态产品的市场价格形成机制，分类分层搭建生态资源交易转化平台，创新拓展生态补偿、绿色银行、"生态＋"多业态融合等生态产品价值实现方式，健全对限制开发区、生态涵养区等欠发达地区的生态补偿机制，推动生态要素向生产要素、生态财富向物质财富转变。

扩大乡村优质生态产品供给，促进生态资产保值增值。加快乡村绿色发展方式转型，以更加优质的乡村规划撬动乡村资源集约化利用，赋以文化内涵，紧密市场关联，着力提高乡村生态产品品质和层次。紧紧抓住碳达峰与碳中和带来的机遇，激活乡村生态资产价值，大力发展碳汇经济，着力发展生态农业、生态旅游、康养产业和生态林业经济，创造更多的绿色生态品牌，拓展和丰富乡村优质生态产品呈现形式，促进生态资产保值增值。

加速乡村生态产品市场化经营开发，梯次推进城乡生态联动治理。培优育强乡村生态产品市场经营开发主体，致力于乡村全域生态综合体建设中推进产业生态化和生态产业化。推行"生态治理＋现代农业发展＋集体经济增收"的可持续发展方式，提高乡村全要素生产率。优化城乡主体功能区划分，完善生态产品市场化机制，规范城乡区域之间以及企业、农村集体组织、农户等主体之间碳交易市场行为，全维拓展乡村发展空间。

12.3.4 打造宜居乡村：进一步强化精致服务，营造乡村高水平发展环境

持续开展人居环境整治，加快推进数字乡村建设。坚持梳理式整治、景区化打造、社区化管理和品质化生活的人居环境整治提升主线，深入开展农村厕所革命和人居环境整治行动，推动乡村面貌持续改善。多维拓展数字党建、数字兴业、数字治理、数字惠民等未来乡村发展场景，探索新时代乡村振兴智慧化之路，不断推动乡村生产生活方式现代化。

精准对接乡村居民差别化诉求，优化乡村公共服务供给。关注不同阶段农民利益诉求的变化，合理区分不同区域社会中的农民类型及利益诉求差异，进一步提高农村基本公共服务的资金保障能力，不断优化农村基本公共服务项目设置，建立健全农村基本公共服务项目监管长效机制。做深

做实乡村公共服务供给改革文章，通过市场化方式在特色产业、乡村旅游、污水垃圾处理等领域吸引社会资本尤其是工商资本参与乡村建设和社会化服务等，充分发挥公共服务的空间生产效应。

统筹城乡基础设施建设，促进城乡等值发展。重视村集体资产清查基础上传统已有基础设施的运维管护与提档升级，加快城镇基础设施和公共服务向农村延伸覆盖，推进城乡基础设施互联互通、共建共享，创新农村基础设施和公共服务设施决策、投入、建设、运行管护机制，不断提升城乡居民的社会保障与公共服务水平，促进人民物质生活和精神生活共同富裕，实现基于人的全生命周期的优质公共服务共享[①]。充分利用乡村资源禀赋，协同美丽乡镇建设，规划并逐步建设覆盖面广、辐射力强、特色显著的秀美乡村网络，形成集群发展态势，提高乡村建设普惠水平，促进城乡等值发展。

12.3.5 增进民生福祉：促进均衡优质发展，提升高品质人民生活

更新理念，提升服务引领发展意识。要构建有利于推动高质量发展的行政服务机制，把推诿扯皮的事情从体制机制上彻底理顺，探索出推动高质量发展的模式和经验[②]，持续开展乡村振兴服务再提升活动，全面推进"放管服"改革向乡村延伸，强化主动服务意识，提高主动服务能力和水平，做到真担当、真服务、真有效。开展科学的"差异化"绩效评价，推动有效市场和有为政府更好结合，全力打造长期稳定可预期的乡村振兴环境，赋能乡村振兴。

创新方式，打通精致服务"最后一公里"。切实推进乡村全过程民主实践，进一步完善村民议事、听证等程序，建设群众诉求联络员队伍，健全居民诉求回应联动机制。供需对接，接续选派驻村第一书记和工作队，紧密联系当地群众，组建专业化、现代化的乡村管理团队，健全各种现代社区工作方式。统筹三级服务体系，加大乡镇便民中心建设力度，加快村级公共服务综合信息平台建设，建立以民生需求为导向的赋权机制，坚持零距离服务，为乡村群众提供"一站式、全领域、高水平"精致服务。

---

① 李军鹏.共同富裕：概念辨析、百年探索与现代化目标［J］.改革，2021（10）：12-21.

② 张占斌，吴正海.共同富裕的发展逻辑、科学内涵与实践进路［J］.新疆师范大学学报（哲学社会科学版），2022（1）.

汇聚合力，构建全社会参与乡村振兴的工作格局。以共享理念整合资源，扎实推进巩固拓展脱贫攻坚成果同乡村振兴有效衔接，坚决防范规模性返贫，携手社会力量建设"服务乡村振兴共同体"，培养与吸引更多人才、资金、技术等要素进入乡村振兴相关领域。鼓励丰裕社会资源精准高效参与乡村振兴，将解决城乡差距、收入差距作为主攻方向，将资源更多向乡村、欠发达地区倾斜，向困难群众倾斜，依据乡村发展的阶段性矛盾，引导形成多元共治格局。通过共建共治共享，破解乡村普遍存在的要素流失、农民主体缺位、内生能力不足以及政府或资本单边主导引致利益失衡、矛盾冲突的困境，形成"共治保共享、共享促共建"的良性循环。

在全面建成小康社会之后，习近平总书记对扎实推动全体人民共同富裕做出重大战略部署，把实现共同富裕从理想信念一步步发展为直接的实践目标和实践方案，充分体现了以人民为中心的发展思想，彰显了党治国理政的不变初心与使命担当。全民要共富，乡村须振兴。解决好发展不平衡不充分问题，重点难点在"三农"；全面推进乡村振兴，推动共同发展尤其是促进农民农村共同富裕是实现全体人民共同富裕的必然要求。立足新发展阶段，完整、全面、准确贯彻新发展理念，高质量推进乡村振兴与促进农民农村共同富裕互为基础和前提，高质量乡村振兴是促进农民农村共同富裕的根本途径，农民农村共同富裕是高质量乡村振兴工作的核心目标，在高质量乡村振兴中促进农民农村共同富裕是目标与手段的有机统一。面对在全面推进乡村振兴中促进农民农村共同富裕过程中存在的乡村产业转型升级困难、益农增收利益联结机制松散、乡村发展支撑要素保障能力不强、生态产品市场价值实现方式亟待创新、传统乡村治理体系难以适应、民生服务供给提升空间较大等诸多障碍，要始终坚持党的全面领导，坚持以人民为中心，致力于高质量发展，强化顶层设计，突出创新驱动，做好五个领域的工作：推进产业发展"双融合"，打造高能级产业体系；勇于集成式惠民改革，增进高浓度创新策源能力；畅通拓宽"两山"双向转化通道，推进高标准绿色发展；进一步强化精致服务，全力营造乡村高水平发展环境；促进均衡优质发展，提升高品质人民生活。

中国特色社会主义共同富裕理论是马克思主义中国化的重要组成部分，是不断创新和发展的理论体系。共同富裕是一个动态中前进、系统而漫长的过程，是一项长期任务，要循序渐进，久久为功。要在全面推进乡村振兴中促进农民农村共同富裕，应准确把握不同乡村不同发展阶段的异质化特征与促进农民农村共同富裕的时代内涵，充分考虑发展实际，因地制宜。尤其是实践进程中要进一步深化有关高质量乡村振兴的典型模式与路径创新、促进农民农村共同富裕的阶段性重心工作与目标设定、农民农村共同富裕评价指标体系以及从整体上系统把握促进农民农村共同富裕与推动全体人民共同富裕政策的整体协调性等内容的理解，这仍需要进一步探索。

附　　录

附录一　在更高起点上推进乡村全面振兴[*]

习近平总书记曾指出，"脱贫摘帽不是终点，而是新生活、新奋斗的起点""要千方百计巩固好脱贫攻坚成果，接下来要把乡村振兴这篇文章做好，让乡亲们生活越来越美好"。我们即将站在打赢脱贫攻坚战、全面建成小康社会的历史拐点，也将面临在新的发展阶段谋划乡村全面振兴新征程的更高起点。正确认识、客观把握这一新的更高起点的深刻内涵，既是全面打赢脱贫攻坚战的现实需要，更是持续推进乡村全面振兴的逻辑起点。深入贯彻落实习近平总书记重要讲话精神，就要巩固脱贫攻坚成果，推动减贫战略和工作体系向乡村振兴平稳转型，努力走出一条农业强、农村美、农民富的具有江西特色的农业农村现代化之路。

建立稳定脱贫的长效机制。防止返贫和继续攻坚同样重要。一要保持脱贫攻坚政策稳定。从脱贫攻坚到乡村振兴，不是要另起炉灶，要防止搞政策"急刹车"。要将巩固拓展脱贫成果作为"十四五"时期的减贫新目标，严格按照摘帽不摘责任、摘帽不摘政策、摘帽不摘帮扶、摘帽不摘监管的要求，主要脱贫攻坚政策保持总体稳定，对已摘帽的贫困县、贫困村、贫困户不能马上撤摊子、甩包袱、歇歇脚，要"扶上马送一程"。二要构建防止返贫监测和帮扶机制。建立数据预警监测系统，加强对贫困边缘户、非持续稳定脱贫户以及因疫情或其他原因收入骤减或支出骤增户的监测和预警，织密防止返贫"保障网"，对易致贫返贫对象开展精准、有效帮扶。三要全力做好易地扶贫搬迁"后半篇文章"。保障水、电、路、

---

[*] 张宜红. 在更高起点上推进乡村全面振兴［N］. 江西日报（"学与思"理论版），2020 - 10 - 19.

网等基础设施，配套公共服务体系；坚持搬迁安置与产业配套同步推进，开发就业岗位，健全安置地区公共就业服务体系，加大就业帮扶；构建安置社区人人有责、人人尽责、人人享有的社会治理共同体。

提升产业可持续发展能力。调研发现，一些扶贫产业仍存在"散、小、弱"的特征，亟须推进扶贫产业从"有"到"强"的转变，提升产业可持续发展能力。一是延伸产业链条。围绕扶贫产业，打通加工、流通、销售等上下游产业，将依托乡村资源衍生的新业态融入产业大链条，重点扶持和培育各个产业链条上的龙头企业，促使一二三产业融合发展。二是提高抗风险能力。实施"产业特派员"进村工程，创新开发产业扶贫保险险种目录，支持更多农业保险品种上市，实现主要农业保险应保尽保，提高产业抵御自然风险、市场风险、技术风险的能力。探索政府和帮扶单位从生产到销售全部包揽的逐步"退出"机制。三是建立更加稳定的利益联结机制。构建"订单收购＋分红""保底收益＋按股分红""要素入股＋务工工资＋返利分红"等多样化利益联结模式，让农民能在产业链条上或与产业经营主体建立利益联结，共享乡村产业振兴的红利。

推动减贫战略和工作体系向乡村振兴平稳转型。绝对贫困解决后，减贫战略和工作体系必须统筹纳入全省乡村全面振兴的框架中去，实现平稳转型。一是推动减贫战略向相对贫困治理现代化转型。科学划定"相对贫困监测线"，实行农村减贫与城市减贫并重，全面统筹解决城乡贫困治理。二是推动减贫工作体系向乡村振兴常态化推进体系转型。直接或改造沿用脱贫攻坚的组织领导、驻村帮扶、资金投入、金融服务、社会参与、责任监督、考核评估等工作体系，推动减贫工作体系向乡村振兴常态化工作体系衔接，不断完善乡村振兴体制机制，激发市场、主体和要素活力。三是推动减贫政策向乡村振兴制度化保障体系转型。对于基础设施、公共服务、人居环境整治、扶贫公益性岗位、控辍保学等政策措施，可直接纳入乡村振兴的常规性政策中；对于易地扶贫搬迁等政策，尚需要做好后续扶持工作；对于产业扶贫、扶贫就业车间等措施，在调整升级后可纳入乡村振兴的常规性政策中；对于保障兜底、医疗扶贫等措施，在经过改造完善后可纳入统一的社会保障体系。

增强欠发达地区和农村低收入人口发展的内生动力。应更加注重激发群众内生动力，把扶志扶智提升至推进乡村全面振兴的突出位置，让群众真正从"帮我脱贫"转变为"我要振兴";同时,更加注重组织领导衔接,形成"五级书记"齐抓乡村振兴的局面。一是涵养现代文明乡风。以社会主义核心价值观为指导,出台移风易俗建设乡风文明的实施方案,倡导广大农村家庭加强良好家风家训建设,推动乡村文化振兴。二是发展乡村文化特色产业。依托乡村特色文化资源,实施"文化+"战略,运用市场化机制,推动文化与旅游业、制造业、农林业等相关产业融合,发展以乡村文化为内生驱动力的产业发展新模式与新业态,激发乡村自主造血的能力与动力。三是提高低收入人群参与度。采取生产奖补、投工投劳等鼓励式、竞争性的方式,引导低收入人口积极参与致富产业培育、人居环境整治、基础设施改善等工作,提升他们的参与感和获得感,激发自我奋斗的内生动力。

实施精准帮扶以促进逐步实现共同富裕。一是加快资源要素向农村倾斜。要"人"尽其才。重点实施贫困地区脱贫攻坚帮扶干部的"人才留住行动计划",选优配强村级党组织书记,培育新型职业农民,加大农技推广人员和防疫人员的定向培养力度,鼓励外出农民工、退伍军人等人群返乡创业,实施新乡贤参与乡村振兴计划。要"地"尽其用。坚持推进农村土地"三权分置"改革,促进土地等生产要素达到优化配置,让土地成为乡村振兴的核心要素。要"钱"尽其效。延续脱贫攻坚期间专项资金转移支付、金融信贷等政策,探索建立乡村振兴农业产业发展贷款风险补偿基金制度,出台关于支持社会资本参与乡村振兴的意见。二是提升低收入人群能力。建立低收入人群技能培训和就业机制,以及低收入人群社会保障兜底政策体系。三是增加乡村公共服务供给。探索建立完善统筹城乡公共服务优先投入机制,加快提升农村教育、医疗、卫生、社会保障、文化体育等公共服务水平。推动社会保障制度城乡统筹并轨,推动县一级的公共服务下乡,推动县乡一级的行政服务向行政村延伸,建立村级公共产品产权清单制度,规范乡村公共产品和服务管理,构建具有江西特色的乡村公共服务供给体系。

附录二　以乡村建设高效赋能乡村振兴[*]

党的十九届五中全会审议通过的《中共中央关于制定国民经济和社会发展第十四个五年规划和二〇三五年远景目标的建议》提出"实施乡村建设行动",这为"十四五"时期高质量推进乡村振兴工作明确了工作重心和努力方向。"十四五"时期,要系统聚焦江西乡村建设工作实际,客观审视农村基础设施仍较薄弱、产业竞争力不强、农产品结构层次偏低、长效机制建设不够完善等短板,着力开展智慧型、特色型、活力型、人文型、秀美型乡村建设行动,实现科技赋能、产业赋能、秩序赋能、文化赋能、生态赋能,努力建设彰显产业兴旺之美、文明淳朴之美、共建共享之美、自然生态之美、和谐有序之美的新时代"五美"乡村。

推进智慧型乡村建设,强化科技赋能因地制宜,前瞻布局乡村"新基建"。大力推进新型基础设施建设,打造5G乡村社区,推动乡村智慧广电网络建设;发展融合基础设施,建设乡村集中自动采集和跨行业数据共享平台,构建乡村互联网产业发展与社会治理生态;培育创新基础设施,优化"乡村带动型"龙头企业研究中心和研发平台空间布局。激活要素,释放科技"新动能"。整合科研院所、企业和农村等主体资源,推动科技创新由单纯技术供给向制度建设、布局规划、决策咨询等领域拓展,利用农业科技发展现代农业,确保粮食安全、食品安全和生态安全,创新关键核心技术支撑高质高值产业发展;利用农村科技建设宜居乡村,支撑智能服务和环境治理,激活要素聚集促进城乡融合发展;运用大数据开发等信息技术助力巩固脱贫攻坚成果,实现农业农村发展的质量变革、效率变革、动力变革。

推进特色型乡村建设,强化产业赋能构建"四个体系",推动农业高质量发展。建立高匹配度的生产供给体系,供需对接,提高绿色优质农产

---

[*] 郑瑞强,等. 在更高起点上推进乡村全面振兴〔N〕. 江西日报("学与思"理论版),2021 - 01 - 25.

品供给能力，增强供给结构对需求变化的适用性和灵活性；建立高效率的生产组织体系，优化农业生产要素投入结构，创新提质新型经营主体、专业合作社与田园综合体等生产组织形式；建立高效益的现代产业体系，以延长产业链、提升价值链为重点，推进产业融合，解决农业大而不强、多而不优，好产品优质不优价等问题；建立以绿色生态为导向的可持续发展政策制度体系，以绿色有机农产品示范省建设为契机，提升农业生产与资源承载能力和环境容量的协调度。促进乡村多样化发展，关注特色优势产业提质增效。乡村振兴要保持乡村特色，应立足特色资源优势，结合江西出台的《关于加快推进绿色食品产业链高质量发展的指导意见》，夯实乡村产业尤其是特色产业发展，避免同质化，促进多样化，打造特色化。坚持积极开发"人无我有、人有我优、人优我特"的特色优势资源，推进特色农产品基地建设，支持建设一批特色产业优势区，加快发展农产品精深加工、主食加工、中央厨房、综合利用加工业，延长提升农产品加工产业链条，不断将资源优势转化为产业优势，提升价值链。

推进活力型乡村建设，强化秩序赋能抓住产权改革"牛鼻子"，激发乡村发展活力。准确把握逐步构建归属清晰、权能完整、流转顺畅、保护严格的中国特色社会主义农村集体产权制度的改革目标，以农村集体资产清产核资工作为基础，在加快完善现代农村产权制度、培育农村产权流转交易市场体系、建设现代农业园区培育农村改革载体平台、促进小农户和现代农业发展有机衔接、强化农业农村发展要素支撑保障等方面下硬功夫，积极做好农村土地经营权确权与农村宅基地改革后的高阶资源要素组合优化和高效利用工作，盘活农村"沉睡资源"，发展多种形式的适度规模经营，重视促进乡村发展的工商资本引进，着力发展壮大新型集体经济，推广资源开发、股份合作、服务创收等发展模式，实现优势互补、合作双赢、兴村富民。用好党建统领"金钥匙"，提高乡村治理水平。坚持党建引领，建强村民小组助力乡村有效自治；构建"田园党建""产业链党组织"，丰富和拓展"党建＋"活动，实施农民合作社质量提升工程，实现党建工作从"有形覆盖"迈向"有效覆盖"；通过在线评定、群众评议，推动党组织补齐工作短板；创新基层社会治理新平台，推动多元主体参与，建立健全政治、法治、德治、自治、智治"五治"融合基层综合治理体系，推动共建共治共享，激发社区治理活力。

推进人文型乡村建设，强化文化赋能深挖文化价值培根铸魂，激发乡村发展内生动力。扎实推进新时代文明实践中心建设，提升村级综合文化服务能力；挖掘独特资源打造乡村文化旅游 IP，充分发掘江西乡村"红""绿"资源，打造特色亮点，通过乡村文创产品、民俗表演、乡村文化体验活动等形式提升乡村文化可视度；串联整合耕读文化、乡贤文化等乡村文化记忆成分，形成富有特色的乡村文化体系，充分利用乡村文化礼堂集中展示乡村优秀文化成果，文旅结合，让乡村文化"活"起来，在传承基础上创造性开发，让文化艺术赋能乡村，以文化民、以文惠民、以文富民。全面发展彰显人文关怀，提升乡村居民幸福体验。乡村建设更加关注人的感受、人的体验、人的生活，把以人为本的理念落实到乡村建设全过程，推动乡村基础功能、公共服务、社会保障、生活环境全面升级；开展多维立体的乡村教育，致力于培养乡村人才，疏通乡贤回归政策通道，不断增强乡村居民的获得感和幸福感。

推进秀美型乡村建设，强化生态赋能全面推进乡村人居环境整治，建设外美内秀的精致乡村。完善和推广县、乡、村三级联动的全域生态宜居乡村创建模式，坚持硬件和软件一起抓、基础设施和长效机制一起建、"美丽乡村"和"美丽经济"相得益彰；内外兼修，突出群众习惯养成，培育良好社会风尚，将农村人居环境整治提升工作纳入新时代文明实践活动，通过开展群众喜闻乐见的健康小知识、生活小技巧等宣传宣讲，引导群众养成良好习惯；探索建立政府购买服务、市场化运作的人居环境治理机制，聚力打造"家美人和业兴"的精致乡村。健全完善多元融合生态产业体系，践行"两山论"推进绿色发展。绿水青山就是金山银山，改善生态环境就是发展生产力。系统推进秀美型乡村建设，高位谋划加快构建以乡村融入为基础的现代农业、文化旅游、城乡建设、生态建设等多元融合生态产业体系，建立生态资源开发利益共享机制，实现资源优势与经济优势良性转换、互促互益。

附录三 做好"五篇文章" 振兴乡村产业[*]

产业是富民之本、致富之源；产业兴旺，乃乡村振兴之基。振兴乡村产业，实现要素向乡村聚集增益，激活生产关系、提高生产力，有助于增强乡村吸引力，促进农业高质高效、乡村宜居宜业、农民富裕富足，重点要做好以下五篇文章。

做好"接续"文章。做好巩固拓展脱贫攻坚成果同乡村振兴的有效衔接，关键在于扶贫产业与产业振兴的衔接。"十三五"以来，江西乡村产业不断发展壮大，新产业、新业态、新模式持续涌现，但应该看到乡村产业存在规模小、布局散、链条短、品质较低以及同质化突出等诸多问题，今后应顺应产业发展规律，精准把握扶贫产业与乡村产业振兴在发展规划、分类分级、利益联结、要素市场、组织保障等领域接续，提档升级，促进扶贫产业有效融入。

做好"特色"文章。进一步立足江西特色，做足、做好"特"字文章，加快开发特色资源，选优培强优特新产品。因地制宜发展特色种养、特色手工业和乡村旅游等乡土产业，增加特色品牌产品和个性化服务供给；组建名优特农业产业化联合体，不断加快特色农产品深加工基地建设，打造区域特色农产品品牌，以农业特色产业发展助推乡村产业振兴。

做好"育强"文章。坚持"龙头驱动"，壮大农业产业化龙头企业，引导新型经营主体向龙头企业方向发展，充分发挥龙头企业示范引领作用；优化产业布局，立足区域资源建设园区，引导加工企业向主产区、优势产区、产业园区集中，推进多样化乡村产品加工业集群发展，逐步形成"一核引领、多点突破、全域协同"的发展格局。

做好"融合"文章。促进农村一二三产融合发展，有效提高乡村产业经济发展的质量和效益，在生产、流通、消费等各环节做好规划引领，发

---

[*] 郑瑞强，等. 做好"五篇文章"振兴乡村产业［N］. 江西日报（"魅力乡镇"专版），2021 - 01 - 28.

展种植、初加工、精深加工一条龙项目，强化产业跨域联动发展，推动乡村产品向价值链高端延伸，促进乡村产业全环节提升、全链条增值和全产业融合。

做好"高质量"文章。加快推动乡村产业发展的质量变革、效率变革、动力变革，坚持党建引领，深化农村重点领域和关键环节改革，加快建设高标准市场体系，突出科技创新，强化政策支持，注重高质量市场建设，增进资金、技术、人才等核心资源要素支撑，深入推进结构调整，优化乡村产业布局，完善利益联结机制，外引内联，逐步实现资本盈利、农民增收、产业壮大、城乡融合，以乡村产业高质量发展助力乡村全面振兴。

附录四 "十四五"时期江西实现巩固拓展脱贫攻坚成果同乡村振兴有效衔接研究[*]

2020年3月6日，习近平总书记在决战决胜脱贫攻坚座谈会上的讲话中指出：脱贫摘帽不是终点，而是新生活、新奋斗的起点，要接续推进全面脱贫与乡村振兴有效衔接。正值全面建成小康社会、开启全面建设社会主义现代化国家新征程"第二个百年奋斗目标"的历史交汇时期，党的十九届五中全会明确提出，实现巩固拓展脱贫攻坚成果同乡村振兴有效衔接，将是"十四五"的重点之一。江西实现巩固拓展脱贫攻坚成果同乡村振兴有效衔接有基础，但仍应注意衔接难点，推动减贫战略和工作体系平稳转型，统筹纳入乡村振兴战略统筹规划、一体实施。

一、江西实现巩固拓展脱贫攻坚成果同乡村振兴有效衔接的基础扎实

（一）脱贫攻坚取得决定性成效

近年来，江西牢记习近平总书记寄予江西"要在脱贫攻坚上领跑，不让一个老区群众在全面小康中掉队"的厚望重托，坚持把脱贫攻坚作为头等大事和第一民生工程，聚焦重点难点，下足"绣花"功夫，全省脱贫攻坚取得决定性成效。井冈山市在全国率先脱贫，25个贫困县全部脱贫摘帽，"十三五"时期3 058个贫困村全部退出，贫困人口减至9.6万人，贫困发生率降至0.27%，在2019年省级党委和政府脱贫攻坚成效考核中被评为"好"的等次，在国家2019年度财政专项扶贫资金绩效评价中被评为"优秀"等次。

（二）乡村振兴实现良好开局

全省基本建立了实施乡村振兴战略的组织领导体系，形成了"1＋1＋N＋1"政策框架体系，健全了乡村振兴实绩考核制度和激励机制，"四梁

---

* 此建议获省级领导批示并批转职能管理部门参阅。

八柱"基本构建。一是现代农业根基进一步巩固。截至 2019 年年底，全省高标准农田占耕地面积比重达 54.89％，连续 7 年粮食产量稳定在 430 亿斤以上，生猪出栏 2 546.8 万头、外调生猪 1 186 万头，为保障国家粮食安全、生猪供应作出了"江西贡献"。二是乡村产业发展提质增效。主要农产品抽检合格率稳定在 98％以上；农产品加工业做精做细，2019 年农产品加工业总产值 6 223 亿元、同比增长 9％；休闲农业和乡村旅游业蓬勃发展，总产值 945 亿元，接待游客突破 6 500 万人次；永修县、南丰县等 6 县市入选全国农村一二三产业融合发展先导区创建名单。三是乡村面貌发生显著改观。全省 65％的村组完成新农村整治建设任务，93.6％的村庄纳入城乡环卫一体化体系，农村集中供水率达到 88％，自来水普及率 83％，村庄生活垃圾有效治理率达到 97.6％，具备通车条件的建制村通客车率达 100％，累计改造危旧房 35.74 万户，农村人居环境明显改善。四是乡村治理取得新成效。2019 年全省共配齐配强村党组织书记 252 人、调整撤换村党组织书记 131 人，基层党组织建设不断加强。余江区等 5 个县（区）成功申报全国乡村治理体系建设试点单位，3 个乡（镇）、30 个村被列为全国乡村治理示范村镇。五是农村改革深入推进。截至 2019 年底，全省土地承包经营权确权登记颁证率达 97.31％，农村土地流转率达 46.6％，同比提高 0.9 个百分点。全省近 21.2 万个农村集体完成清产核资工作，核实资产 994.5 亿元；近 6 500 个农村集体认定集体经济组织成员 3 580 多万人，量化集体资产 140 多亿元。农村集体经济不断壮大，村集体年经营收入 5 万元以上的村占 79％左右。

（三）衔接实践模式新探索形式多样

近年来，江西省各地在推进脱贫攻坚和乡村振兴发展的过程中，已初步探索形成了一批可复制可推广的发展模式。一是"宅改"推进乡村善治。余江区以农村宅基地制度改革为契机，激发当地基层干部和村民参与乡村治理的"双向积极性"，探索出一条乡村善治的道路。二是"党建＋"引领乡村振兴。横峰县坚持"党建＋脱贫摘帽、富民强县实现乡村振兴战略"，创建"秀美乡村、幸福家园"的探索已成为全省的样板。三是新型农业经营主体带动乡村发展。永丰县大力发展以家庭农场为主力军的新型农业经营主体，因地制宜探索农业产业化联合体带动、订单收购带动、入股分红带动、土地流转带动等紧密型利益联结机制模式，带动农户特别是贫困户增收致富。这些新模式的探索与成功实践，为江西实现巩固脱贫攻坚成果同乡村振兴有效衔接起到了很好的示范和引领作用。

二、"十四五"时期江西巩固脱贫攻坚成果同乡村振兴有效衔接的主要困难

随着绝对贫困的彻底解决，将向解决相对贫困问题宣战，实现巩固脱贫攻坚成果同乡村振兴有效衔接仍存在诸多困难。

（一）防止返贫压力仍然较大

打赢脱贫攻坚战后，绝对贫困消除了，但大部分贫困地区仍然是欠发达地区，大部分贫困群众仍然是低收入人口，在技能、资产、志智等方面还存在较为明显的短板，处在脱贫和返贫的临界线边缘，抵挡自然风险、市场风险、人身风险的能力较弱，存在脱贫的不稳定性。另外，还有一些收入处于贫困线边缘的农户存在致贫风险，一旦遭遇疾病、灾害或意外，可能陷入贫困陷阱。

（二）扶贫产业升级迭代缓慢

脱贫攻坚以来，全省各地发展了一大批扶贫产业基地，实现了乡村产业从"无"到"有"全覆盖，但从"有"到"强"的产业振兴之路任重道远。一是产业"小、散、弱"，同质化较重。全省不少扶贫产业刚刚起步，大多是初级农产品生产；产业个数不少，长效主导产业少，形不成支柱，叫不响品牌，"一县一业、一村一品"的发展格局尚未形成，同质化现象严重。二是产业可持续性不强。在脱贫攻坚过程中，江西一些地方扶贫资金主要投向周期短、见效快和易评估的扶贫产业项目，对预期的市场前景和市场风险考虑不足，产业竞争力不足，成为"烂尾"产业，与乡村振兴产业发展要求不相符。三是贫困户参与度不高。调研发现，江西贫困农户参与扶贫产业的意愿不强、能力不足，基本上就靠简单的"分红了之"。实地调研发现，大多数种养项目实质上以土地入股，领取租金和直接分红，基本上是财政资金或贷款贴息，没有真正让贫困户参与到产业价值链当中，与产业兴旺相悖。

（三）主体内生动力不足

一方面，江西一些地方在激发贫困群众内生动力方面重视不足、做得不够，有的发钱发物"一发了之"，有的统一入股分红"一股了之"，有的

低保兜底"一兜了之"，导致有的贫困户依赖感越来越强，"政策养懒汉"时有发生，同时还引起了其他群众的不满。另一方面，贫困户脱贫内生动力不足，一些贫困户仍然存在"要我脱贫"的依赖思想和"我穷我有理"的心安理得；江西一些地方在实施乡村振兴过程中，大多是政府在唱"独角戏"，农户参与乡村振兴主动性不够，在"要我振兴"向"我要振兴"的动力上仍有差距。

（四）体制机制衔接不畅

一是政策机制衔接缺乏"顶层设计"。虽然江西大多数地方已经制定乡村振兴规划实施方案和脱贫攻坚行动方案，但如何衔接，尚未制定具体的衔接举措、路径，缺乏系统性的衔接设计。二是组织协调"各管一段"。江西成立了实施乡村振兴战略工作领导小组，但涉及产业、生态、文化、组织、人才等不同部门，脱贫攻坚与乡村振兴分属扶贫和农业农村两个部门，出现"铁路警察、各管一段"的状况，组织协调没有形成合力。三是项目规划"两张皮"。江西未完全做到乡村振兴项目与脱贫攻坚项目的有效衔接、统一部署。不少地方在项目具体实施工作中，往往就乡村振兴谈乡村振兴，就脱贫攻坚搞脱贫攻坚，存在"两张皮"现象。

（五）要素保障能力不强

一是乡村人才匮乏。在脱贫攻坚过程中，江西打造了一支"不走"的工作队伍，但与人才振兴要求相比，仍有一定差距。调研发现，江西乡村人才依旧主要流向城市，回乡创业平台缺乏吸引力；"头雁"式人才、致富带头人稀缺，"田秀才、土专家"等农村实用人才缺口较大，基层农技人员青黄不接，通过定向培育招录的农技人员大部分被安排在乡镇行政岗位，占编占岗不履职，缺位现象普遍；高素质农民培养效果停留在"发了多少结业证"上，而缺乏培训后的跟踪服务。二是农村"三块地"改革亟待深化。全省农村土地承包权有偿退出尚待破题，土地经营权流转不规范、不彻底，农村集体经营性土地入市、宅基地"三权分置"改革的具体操作细则、相关配套政策尚未细化出台，农村产权制度改革滞后，一定程度上制约了江西实现巩固拓展脱贫攻坚成果同乡村振兴有效衔接。三是资金投入机制亟待健全。江西接续推进乡村全面振兴，需要大量资金投入。但全省财政涉农资金整合不到位，多头下达、零敲碎打、撒胡椒面等问题仍较突出；全省土地经营权抵押贷款仍然停留在探索阶段，农村金融产品创新不足，农村金融机构仍起着资金"抽水机"的作用，社会资本参与脱贫攻坚与乡村振兴明显不足。

三、"十四五"时期江西实现巩固拓展脱贫攻坚成果同乡村振兴有效衔接若干关键举措

"十四五"时期，江西要实现巩固拓展脱贫攻坚成果同乡村振兴有效衔接，需根据贫困状况的变化对减贫战略和帮扶方式及时进行转型调整，与实施乡村振兴战略统筹规划、一体实施，进一步激发欠发达地区和农村低收入人口发展的内生动力，促进贫困人口稳定脱贫和逐步迈向富裕。

（一）巩固脱贫攻坚成果，建立可持续减贫长效机制

防止返贫是"十四五"时期江西实现巩固脱贫攻坚成果同乡村振兴有效衔接的重要标志。一是保持过渡期政策稳定。从脱贫攻坚到乡村振兴，不是要另起炉灶，要防止搞政策"急刹车"。明确"十四五"作为过渡期，严格按照"四不摘"要求，"扶上马送一程"。二是构建防止返贫监测和帮扶机制。建立数据预警监测系统，加强对贫困边缘户、非持续稳定脱贫户以及因疫情或其他原因收入骤减或支出骤增户的监测和预警，对易致贫返贫对象开展精准、有效帮扶。三是全力做好易地扶贫搬迁"后半篇文章"。完善水、电、路、网等基础设施，配套公共服务体系；坚持搬迁安置与产业配套同步推进，开发就业岗位，加大就业帮扶；构建安置社区人人有责、人人尽责、人人享有的社会治理共同体，加强搬迁群众的社会融入。

（二）提升产业可持续发展能力，统筹衔接产业扶贫与产业振兴

提升扶贫产业可持续发展能力，统筹衔接产业扶贫与产业振兴，是"十四五"时期江西实现巩固拓展脱贫攻坚成果同乡村振兴有效衔接的核心。一是延伸整合产业链。围绕扶贫产业，打通加工、流通、销售等上下游产业，重点扶持和培育各个产业链条上的龙头企业，促使一二三产业融合发展。二是提高产业抗风险能力。实施"产业特派员"进村工程，创新开发产业扶贫保险险种目录，推动险种设立权限下移，增加具有江西农产品特色险种，提高产业抵御自然风险、市场风险、技术风险的能力。三是建立更加稳定、紧密、互利的利益联结机制。探索政府和帮扶单位从生产到销售全部包揽的逐步退出机制，构建"订单收购＋分红""保底收益＋按股分红""要素入股＋务工工资＋返利分红"等多样化利益联结模式，

让农民共享乡村产业振兴的红利，促进小农户和现代农业有机衔接。

（三）统筹政策机制衔接，推动减贫战略和工作体系向乡村振兴平稳转型

绝对贫困问题解决后，减贫战略和工作体系必须统筹纳入到全省乡村全面振兴的框架中去，实现平稳转型。一是减贫战略向相对贫困现代化治理转型。制定出台《江西农村扶贫开发纲要（2021—2030）》，科学划定"相对贫困监测线"，明确把促进收入增长、缩小收入差距、实现公共服务均等化作为减贫战略重点目标，把低收入和自身发展、生计能力不足的老弱病残群体作为减贫战略重点对象，并在此基础上出台《江西省实现巩固拓展脱贫攻坚成果同乡村振兴有效衔接的实施意见》，将贫困县纳入到乡村振兴重点县支持范围。二是减贫工作体系向乡村振兴常态化推进体系转型。做好规划统筹衔接，把脱贫攻坚需持续推进的任务、工程、项目等纳入江西乡村振兴战略中去，直接或改造沿用脱贫攻坚形成的组织领导、驻村帮扶、社会参与、监督考核等工作体系，不断丰富和完善乡村振兴体制机制。三是减贫政策向乡村振兴制度化保障体系转型。保留一批：基础设施、公共服务、人居环境整治、扶贫公益性岗位、控辍保学等，直接纳入乡村振兴的常规性政策中。延期一批：对易地扶贫搬迁等政策，做好后续扶持。整合一批：调整升级产业扶贫、就业扶贫等，纳入乡村振兴的常规性政策中；改造完善保障兜底、医疗扶贫等，纳入统一的社会保障体系。取消一批：取消临时性或者已经完成历史使命的政策措施。

（四）增强欠发达地区和低收入人口发展的内生动力，推动从"被动扶"向"主动兴"转变

实现巩固拓展脱贫攻坚成果同乡村振兴有效衔接，应将激发群众内生动力摆在乡村振兴的更加突出位置，实施乡村建设行动。一是实施基础设施提升行动。加快完善乡村水、电、路、气、通信、广播电视等基础设施，重点补齐冷链物流基础设施短板；加快推进乡村教育、医疗卫生、社会保障、文化娱乐等公共服务设施建设，构建具有江西特色的乡村公共服务优先机制。二是实施农村人居环境改善行动。加大农村人居环境整治资金扶持力度，持续推进农村"厕所革命"，加快推进农村生活垃圾处理、生活污水处理、农业面源污染治理、农业废弃物资源化利用等，不断改善农村人居环境，拓展和创新"两山"转换通道，实现生态振兴。三是实施

镇村规划引领行动。注重镇村规划引领作用，强化乡镇服务为民功能建设；深入推进志智双扶行动，尽快落实全省移风易俗建设乡风文明的实施方案，深入推进移风易俗；构建县乡村联动机制，实施村党组织带头人素质提升行动，持续整顿软弱涣散村党组织，探索在村党组织领导下开展村民说事、百姓议事等自主协商活动，探索积分制等激励管理方式，提高乡村治理效能。四是实施低收入人群自我发展能力增强行动。建立低收入人群技能培训机制，采取生产奖补、投工投劳等方式，引导江西低收入人口参与致富产业培育、人居环境整治、基础设施改善等，提升参与感和获得感，激发自我奋斗的内生动力。

（五）实施精准帮扶，促进逐步实现共同富裕

实现共同富裕是实现乡村振兴的根本目的，关键在于加快构建资源要素配置机制。一是人尽其才。重点实施人才留村行动计划，培育新型职业农民，加大农技推广人员和防疫人员的定向培养力度，鼓励外出农民工、退伍军人等人群返乡创业，实施新乡贤参与江西乡村振兴计划。二是地尽其用。完善农村承包地"三权分置"制度，加快农村集体经营性建设用地入市步伐，打通进城落户农民自愿退出的宅基地入市渠道，让土地成为乡村振兴的核心要素。三是钱尽其效。延续脱贫攻坚期间专项资金转移支付、金融信贷等政策，以"政府出资为主、银行出资为辅"，探索建立江西省乡村振兴贷款风险补偿基金制度，出台江西关于支持社会资本参与乡村振兴的意见。

附录五 现阶段江西早稻生产形势研判与粮丰农稳的对策建议

——基于 5 个产粮大县的调研*

在农资价格上涨、极端异常天气多发等因素叠加影响下，全省粮食生产特别是早稻生产形势如何？特别是粮农种粮积极性怎样？粮农丰产增收还存在哪些瓶颈制约及其破解之策何在？为此，课题组于 2022 年 4—5 月赴鄱阳、余干、高安、丰城、泰和等产粮大县（市）开展实地走访，走进田间察看水稻长势、询问夏粮收成，与当地农业农村局、乡村振兴局、财政局、农调队、供销社、气象等部门及种粮大户、粮食加工企业、农资经销商主体开展形势分析座谈会，科学研判阶段性粮食生产形势，明确突出问题并提出具体政策建议，助力江西打造保障粮食等重要农产品供给的乡村振兴样板。现摘要报告如下。

一、现阶段早稻生产形势研判

全省上下坚决扛起粮食主产区的责任与担当，紧盯"巩固粮食主产区地位，提升粮食和重要农产品供给保障能力"目标，高站位扛起政治责任，高标准落实补贴政策，高起点夯实生产基础，高水平保障粮农综合收益，当前粮食生产特别是早稻生产形势总体向好。

（一）早稻播种面积稳中有升

全省各地全面落实粮食安全党政同责，全力落实各项支农惠农、种粮补贴、粮食最低收购价、完全成本保险等政策，扎实推进水稻生产"单改双"，坚决遏制耕地"非农化"、严格管控耕地"非粮化"，全省早稻播种面积稳中有升。2022 年全省早稻播种面积 1 830 万亩，同比增加 1.8 万亩。调研数据也显示，鄱阳、余干等地早稻播种面积分别超出下达任务

---

* 此建议获省级领导批示并批转职能管理部门参阅。

0.8 万亩和 0.3 万亩，基本实现宜种则种、应种尽种。

（二）产量预期与上年同期持平

全省各地重视良种推广、科技提升，大力推广机耕、机插、无人机直播等技术，积极鼓励代耕代种、联耕联种、土地托管、统防统治，全面推进规模化经营和集约化生产，但受 5—6 月出现的大范围低温寡照、多轮强降雨引发局部暴雨洪涝灾害影响，导致早稻生育期较往年有所推迟，受访种粮大户纷纷表示，今年早稻推迟了 3～7 天的收割期，后续也会影响晚稻生产，特别是寒露风带来的减产风险，每亩产量预期与上年同期持平或略减。综合估算，结合全省早稻面积情况，总体产量预期与上年同期持平。

（三）粮农早稻种植利润空间较大幅度收窄

由于农资、人工、机收等成本快速上涨，种植收益特别是早稻收益被大大压缩。受访种粮大户纷纷反映，今年种植早稻基本赚不到钱，不亏就不错了！鄱阳县农调队负责人表示，今年农资等亩均生产成本较上年同期增长 60%，加之产量略降，田间管理好的种粮大户，每亩早稻收益将在 200～400 元，亩均收益将减少 150～200 元，若是"层层分包"式粗放管理，基本赚不到钱，粮食生产特别是早稻种植利润受到挤压，适度规模种植与田间精细管理或成为增收关键。

（四）早稻种植积极性明显受挫

近年来，全省各地多措并举，全面激发农户种植积极性，助力早稻生产。但调研发现，受种植收益减少的影响，多数受访种粮大户表示，"明年早稻种植即使有补贴，不管政府说什么，也不打算种了或者要减少种植面积。"受访农业农村局领导普遍表示，对于中大规模种粮大户（种植面积在 200 亩以上）来说，考虑今年粮库收粮指导价格与上年持平，且双季稻价格一般不及中稻价格，赚了就 3 万～5 万元，亏了就十几万元，致使粮农规模化种植早稻风险增大，极大挫伤了种粮大户早稻种植积极性。总体预判，对明年粮食生产尤其早稻种植，大部分受访种粮大户秉持悲观预期或观望态度。

二、粮农丰产增收的瓶颈制约

（一）政策设计层面："单改双"促进政策亟待优化

"上面制定的政策要接地气"，这是很多基层干部对于调研组常说的一句话。调研发现，政策"不接地气"主要表现在三个方面：一是补贴政策执行过程标准不一。有的在早稻种植前按照粮农"种植意向"发放，有的按照实际种稻"飞测"面积发放，各地在发放政策补贴时行为差异较大，有损政策权威性。二是"单改双"政策执行"变形走样"，存在"为种而种"现象。据受访农业农村局领导反映，为了完成早稻生产面积任务，部分乡镇基层政府代耕代种，等检查过后，翻耕种植一季稻；多地通过农事服务中心或种粮大户"代耕代种"形式扩大播面，但没有考虑后续田间管理和收获等过程监管，补贴实施与政策目标缺乏衔接，致使补贴资金绩效受限。三是粮食作物收益保险亟待开展。调研发现，丰城、高安、鄱阳、余干等产粮大县均开展了粮食作物完全成本保险，但粮食作物收益风险进展较为缓慢。

（二）成本投入层面：农资等种粮成本持续攀升

由于原材料、能源等价格高企，带动化肥、农药等农资价格持续走高。据在余干县调查数据，2022 年上半年柴油价格由 1 100 元/桶升至 2 200 元/桶，草甘膦由 38 元/瓶升至 66 元/瓶，尿素由 95 元/百斤升至 195 元/百斤，复合肥由 120 元/百斤升至 180 元/百斤。另据泰和县种粮大户反映，由于柴油价格快速上涨，耕田费用上涨 20 元/亩，收割费用上涨 20 元/亩，同时人工费用也上涨了 10～20 元，综合测算下来，2022 年早稻生产成本在每亩 900 元左右，亩均种植成本较上年同期上涨 160～190 元。

（三）基础支撑层面：高标准农田建管水平落后

一是超七成已建成高标准农田亟待改造提升。调研发现，已建成高标准农田特别是 2017 年以来建成的高标准农田存在不同程度的功能退化现象，如出现沟渠破损、杂草丛生、淤泥堆积，甚至损后无人修复等情况。二是设计标准"一刀切"，不能与当地自然环境匹配。未能从洪涝灾害防治、耕地产能提升、机械化全程可操作、现代生态农业发展等方面综合考虑项目设计，影响高标准农田效益发挥。如鄱阳县濒湖多雨，按照 5 年一遇标准设计建设的高标准农田常因当地 20 年一遇及以上水平的大雨带来较多损失。三是"重建轻管"现象突出。后续管护存在"最后一公里"问题，管护力量单薄，体制机制还没有完全理顺。管护主体履责不到位，村集体"有心无力"、新型农业经营主体"只用不管"、管护人员"巡护随意"，多元主体管护格局尚未形成，特别是数字化或智能化建后管护监管体系尚未建立。

（四）经营方式层面：农业社会化服务体系仍需健全

一是农业社会化服务仍有短板，良种、良法推广力度不够，品种繁杂多样、主推技术示范效应尚不显著、农机装备不能有效满足差异化田块等，精细化水平较高的社会化服务体系仍需健全。调研发现，受访各地均积极开展工厂化育秧、机耕、机插、机防、机收、烘干等单环节或全环节服务，但其中能够高产增效的机插技术推广程度较低，如鄱阳县、余干县机插推广率分别不到13%和10%，主要原因在于机插技术待完善、机插手紧缺，"人、机、技"依然是推进粮食生产高质量发展的关键约束。二是粮食作物种植中的减排增效与绿色生产压力较大，短期内粮食作物播种面积增加带来农药、化肥等施用量增加，同时江西又面临着2022—2025年"农药化肥使用量连续四年负增长"的目标要求，虽然部分地区已经开展了生物农药代替化学农药、有机肥替代化肥、绿色防控等循环农业发展试点，同时加强粮食生产区生态环境管理，压实耕地土壤污染属地防治责任等，防止农业生态系统退化，但距离全面推广使用仍有较大差距。

（五）市场服务层面：粮食流通监管存有障碍

一是地方国有粮食企业发展面临困境，存在人员老化、仓储设施陈旧、储粮偏少、经营模式单一的问题。随着国家去库存化力度加大，现在有的地方国有企业空仓率达到60%，预计今年国家最低收购价政策依旧难以启动，商品经营存在巨大风险。二是县级粮食质检机构改革运行不畅。事业单位改革后，县级粮食质检机构职能大多合并到市质量技术监督局下属检测中心，而粮食行政职能有的在发改委，有的在农业农村局，有的成立了粮食流通服务中心，造成粮食质量监管局面混乱。

（六）产业链整合层面：粮食产业市场综合竞争力亟待提升

"藏粮于地，藏粮于技"，更在"藏粮于人"。产业链视角下分析江西粮食产业短板，一是稳粮增收"主力军"扶持力度仍需加大。调研发现，种粮大户仍被视为传统意义上的"农民"，身份的社会认同、福利保障供给等激励不足以激发其内生动力，获得感和幸福感基础上种田持久积极性不足。二是产业链环节整合水平不高，联农带农、兴村富民领域仍是弱项。农业产业化龙头企业、区域公用品牌建设、粮油类现代农业产业园区、产业强镇及特色优势产业集群等建设不高，很大程度上影响了区域粮食产业的综合效益。从调研的 5 个产粮大县来看，江西粮食产业链主要集中在水稻种植、大米初加工与贸易等环节，粮食类龙头企业"规模小而不强"，鄱阳湖大米、宜春大米等区域公用品牌"多而不响"，粮食产业链综合效益不高，同时农户很难分享农产品加工和销售等高附加值环节收益，联农带农、兴村富民效果不好。

三、推进粮农稳产增收的若干建议

（一）完善"单改双"粮食生产促进政策条款

结合粮食生产政策稳产量、保安全要求，一是建议统一并严格执行早稻补贴政策实施标准，按照实际播种面积进行补偿，委托第三方进行"实飞"核定。二是建议针对代耕田块开展全程监管考核，杜绝"重播轻管"，始终坚持"保面与稳产相结合"的原则，以绩论奖。三是明确县级粮食质检机构或者第三方服务结构确定质检办法，尽快结束粮食质量监管混乱局面。四是探索建立省、市、县三级农资商业化储备制度，平抑农资价格过快上涨。

（二）多渠道整合各方力量促进粮食生产

一是制定出台江西省高标准农田建后管护实施方案，设立高标准农田建后管护专项，编制高标准农田管护责任清单，明确管护对象、主体和标准，设立全省高标准农田建后管护专项资金，建立高标准农田建后管护的奖惩机制，推行"网格化"管护模式或进行建后管护市场化试点。探索建立农田水利设施使用收费制度和毁损补偿制度，探索形成土壤碳汇市场交易机制、高标准农田建设项目建后管护金融保险试点等。二是鼓励国有粮食企业积极参与粮食增产增收工作，承担代耕代种、科技示范、产业拓展提升等功能，助力提升区域粮食等重要农产品供给能力。三是探索创新农业社会化服务模式。进一步完善流转服务平台建设，夯实土地流转基础，提高土地集约化经营水平；支持订单生产、单环节或全环节托管等农业社会化服务模式，推行"代耕代种代收"全过程服务，让村集体组织和农民共享收益分成。

（三）强化科技创新降本增效

一是合力实施水稻等高产攻关行动，突出抓好耕地质量提升、农业防

灾减灾等工作，集中示范推广高产抗逆、优质专用品种与配套技术，引导
鼓励新型农业经营主体优化农机装备结构，提高农业信息化、智能化水
平，大力发展智慧农业，努力提高单产水平。二是重视粮食绿色生产示
范，推动相关农业补贴与农业绿色生产行为相挂钩，加大对生物农药、水
肥一体化农业绿色生产技术和设施的补贴力度，积极开展病虫害绿色防控
集成示范技术推广行动，推进粮食绿色生产。三是加强产地生态环境管
理，压实耕地土壤污染防治属地责任，减少农业面源污染，探索废旧农膜
多元回收利用处置模式等，维护农业生态安全。

（四）培育增进粮食全产业链竞争实力

一是支持农业产业化龙头企业发展，建设一批粮油类现代农业产业园
区、产业强镇及优势特色产业集群，有效融入绿色食品产业链，提升农业
产业化水平。二是开展全产业链标准化建设，做大做强粮食区域公用品
牌，强化涉粮标准宣贯和跟踪评价，开展粮食全产业链质量安全专项风险
监测行动，重点打造1～2个全国叫得响的粮食区域公用品牌。三是拓宽
农业产业链，延展粮食生产至食品加工领域，围绕农业生产发展仓储、冷
链、运销配套产业，推动现代化的工业生产、商贸服务、金融保险等与传
统种养业紧密结合，有效吸纳农民获取产业增值收益。

（五）切实提升和保障粮农种粮内生动力

一是抓好高素质农民培育，响应乡村振兴战略，培育"一懂两爱"支
农爱农人才，安排专项经费，落实"一村一名责任农技员"制度，开展多
样化农技培训推广行动，培养一批机插手、无人机手等农村技能人才，充
分发挥农业科技、农业装备的最大效能。二是做好粮农权益保障提升工
作，加快推进新型职业农民专业认证，尽快出台种粮大户发展扶持专项政
策，给予规模性种粮主体一定比例的社保投保补贴等，提高粮农主体社会
地位，增进粮农获得感、幸福感。

附录六　破解江西高标准农田建后管护
"最后一公里"难题的对策建议[*]

粮食安全是"国之大者"。习近平总书记强调，要扛稳粮食安全重任，稳步提升粮食产能，建设高标准农田，真正实现旱涝保收、高产稳产。近年来，江西大规模推进高标准农田建设，截至调研时日，累计建成高标准农田 2 622.7 万亩，完成中央下达江西省到 2025 年、2030 年累计建成高标准农田任务的 85.18%、78.76%，逐渐向"建管并重、管用结合"的高质量发展阶段迈进。高标准农田"三分建、七分管"。由于制度、资金等各种原因，建后管护一直是江西高标准农田建设的一大难题。为破解这一难题，课题组先后深入丰城、泰和、龙南、鄱阳、乐平、德安等县（市）调研，形成研究报告如下。

一、有益探索

2019 年 5 月江西出台了《江西省统筹整合资金推进高标准农田建设项目建后管护指导意见》，建立健全了"县负总责、乡镇监管、村为主体"的高标准农田建后管护机制，从 2020 年起省财政专门安排了省级高标准农田建后管护引导性奖补资金，各县（市、区）按照亩均 10～25 元的标准将管护资金纳入财政预算，创新形成了"田长制""网格化""智慧田管家""EPC＋管护"等有效管护模式。

（一）"田长制"管护模式

"田长制"管护主要是从制度层面构建农田管理责任机制，逐级落实农田管护地方事权，以鹰潭四级"田长制"最为典型。该市在全域推行田长制，建成市、县、乡、村四级"一把手"担任责任人体系，逐级成立田长制工作领导小组，强化各相关部门沟通协作，建立田长制联席会议、落实月报、问责办法等制度，构建起问题发现、处置、解决的全流程管理闭

　＊　此建议获省级领导批示并批转职能管理部门参阅。

环。截至调研时日，全市共有 1 700 名干部担任各级田长，四级田长组织体系和责任网格化体系已全面建立，探索形成了一套集护、养、用于一体的农田精细化管养新模式。

(二)"网格化"管护模式

"网格化"管护主要是通过明确管护主体、选定管护人员等，建立一种监督和处置相互分离的形式，从而实现高标准农田的系统化管护，其中最为典型的是安福县。安福县按照"建管并重""谁受益、谁管护"的原则，对高标准农田实行网格化管理，建立健全了县、乡、村、组四级网格长，实现"网格长制"全覆盖、无盲区。县财政按照 20 元/(亩·年)、每 1 000 亩左右安排 1 名管护人员的标准，共投入管护经费 360 余万元，建立了农田水利专业管护队伍 116 名，对已建成的 16 万亩高标准农田实施网格化管理，近 5 年来全县累计新增耕地 1 700 多亩，增加粮食产能 1 700 吨。

(三)"智慧田管家"管护模式

"智慧田管家"管护是通过数字化手段赋能农田建设与管护，探索出巡护分离、互相监督的管护模式，最为典型的地区是赣州。赣州率先创新运用信息化手段，打造田管家智慧高标监管平台，通过 GIS 地理信息系统支撑，实现线上预览农田区域、分配管护范围、管理管护队伍。智慧田管家 APP 为巡护员提供在线巡护农田功能，管理员则可通过田管家监管平台查看巡护人员的巡护轨迹覆盖范围，实现对巡护人员的监督。调研发现，赣州市已有赣县区、石城县、兴国县等 10 个县区运用田管家智慧高标监管平台进行建后管护，累计完成 50 多万亩建成的高标准农田数字化入库，200 多名管护人员完成系统账号注册，累计巡查记录近 70 万米，巡查时长超 200 小时，上报 300 多个问题清单，打卡 1 000 多次，农田的建设监管与建后管护难题得到显著改善。

(四)"EPC+管护"模式

"EPC+管护"模式是采用市场化运作方式，在高标准农田项目招投标中落实建后管护资金，推动实现建管一体。永修县创造性地提出"EPC (工程总承包)+管护"模式，在高标准农田建设项目招标过程中，县政府与工程承包方约定，如果承包方超额履约，超过约定标准部分的新增耕地收益，承包方可享受收益分成，同时返还部分收益给高标准农田项目部，作为高标准农田建后管护资金。2019 年，中标单位江西中煤水利水电有限公司超额完成新增耕地面积 1 073.29 亩，公司在获得收益分成的同时，返还 900 万元给高标准农田项目部作为建后管护资金，仅这一项资金就可满足全县两年高标准农田的管护需求。通过"EPC＋管护"，既保证了工程建设进度和质量，又解决了建设中新增耕地出地率不高和建后管护资金落实难的问题。

二、面临的实践困境

江西在高标准农田建后管护进行了有益探索，但仍面临着诸多实践困境亟待破解。

（一）应纳未纳的农田管护比重高

按规定，2011 年以来已建成的高标准农田应全部纳入管护范围，但调查发现，有 77％的已建高标准农田未纳入管护范围或者管护标准不高。其中，2011—2016 年全省建成高标准农田面积达 1 128.82 万亩，占比43％，但绝大部分没有落实管护责任，没有开展日常管护，设施设备损毁严重，常年带病运行，使用年限缩短，亟待将其纳入管护范围。2017 年以来新一轮高标准农田建设强调建管并重，2017—2019 年建成高标准农田 889.68 万亩，占比 34％，管护标准普遍偏低，存在沟渠破损、杂草丛生、淤泥堆积的现象，甚至有的地方存在损后无人修复的情况，亟待提高管护标准。

（二）管护主体履责不到位

一是村集体有心无力。村集体是未流转高标准农田管护实施主体。调研发现，有的县（市）未完全落实管护资金，只给了村集体一年的管护资金，其余年份需要村集体自筹，尤其是对集体经济薄弱的村来说，心有余而力不足，想管而"管不了"。二是新型农业经营主体只用不管。新型农业经营主体是已经流转的高标准农田管护实施主体。调研发现，企业、农民合作社、种粮大户、家庭农场等新型农业经营主体基本表现为"只用不管"的状态，甚至破坏沟渠、机耕道。三是管护人员巡护随意。由于缺乏有效的监管手段，加上管护人员工资偏低，每年每亩仅 3～5 元，日常巡护较为随意。

（三）管护资金筹集难

一是管护资金需求大。按照全省已建成的 2 622.7 万亩高标准农田来算，若按照 15 元/亩的最低标准，每年需近 4 亿元建后管护资金，而省级高标准农田建后管护引导性奖补资金规模较小，难以满足管护资金需求。二是筹资渠道单一。建后管护属于地方事权，江西高标准农田建后管护资金主要由县（市）政府年度财政负担，其他筹资方式受限。江西高标准农田建设结余资金虽然可用于管护，但随着建设难度加大和成本增加，3 000 元/亩的建设补助标准难以满足建设需求，更何况用于管护；而新增耕地指标核定越来越难，出地率越来越低，新增耕地跨区域调剂收益十分有限；农村水价综合改革收取的水费难以满足主干渠管护支出，更别说田间地头"毛细血管"式的支渠管护。三是地方政府筹资压力大。一般来讲，高标准农田主要集中在粮食生产功能区、重要农产品生产保护区等所在县（市），其往往是欠发达地区，财政实力十分有限，难以负担每年几百万元的管护资金。

（四）多元管护格局尚未形成

一是建后管护以传统管护模式为主。江西高标准农田建后管护模式主要以"田长制、网格化"等为主，大多依靠管护人员巡护方式来进行管护，管护效果较为有限；而建管护一体化、第三方购买服务、建后管护金融保险等市场化管护模式仍处于探索阶段，实际运行过程仍存在诸多制约，如建后管护金融保险相关责任风险认定缺乏数据支撑。二是建后管护利用监管机制有待健全。调查发现，江西高标准农田建后管护利用监管手段仍以乡镇田长或乡镇管理人员实地查看为主，数字化或智慧化建后管护监管体系尚未建立，尤其对已建高标准农田撂荒、非农化、非粮化问题难以有效监管。

三、破解之策

为破解江西高标准农田建后管护"最后一公里"难题，亟须在以下五个方面寻求突破。

（一）制定出台建后管护实施方案

对全省存量高标准农田建后管护开展第三方评估，全面摸清全省高标准农田建后管护规模、亟须提升标准等现实情况，制定出台江西省高标准农田建后管护实施方案，将 2011 年以来建成并上图入库的高标准农田全部纳入管护范围，分类分步骤分区域落实高标准农田建后管护优先序，优先对 2011—2016 年各部门建成并已上图入库的 1 128.82 万亩高标准农田全面落实建后管护主体、资金、标准，重点对 2017—2019 年高标准农田按照"缺什么补什么"的原则，完善建后管护机制，对 2020 年以后新建高标准农田则按照建管一体化严格落实建后管护机制，确保建成的高标准农田长久持续发挥效益。

（二）通过立法明确管护责任主体职责

严格落实"县负总责、乡镇监管、村为主体"建后管护机制，加快推进农田建设立法，在全国率先出台《江西省农田建设管理条例》，用立法的形式赋予村集体组织清晰的管护权责，采取以奖代补、政府和社会资本合作、贷款贴息等方式，强化专业大户、家庭农场、农民合作社等新型农业经营主体管护职责，编制高标准农田管护责任清单，明确管护对象、主体和标准。与此同时，提高建后管护绩效考评奖励权重。

（三）多渠道筹集建后管护资金

一方面，设立高标准农田建后管护专项。高标准农田属于省、市、县共同事权，管护成为高标准农田建设的重点任务，每年管护资金需 4 亿～5 亿元（按照最低 15 元/亩/年测算），应由省、市、县三级财政共同承担。因此，省、市、县可按一定比例（5∶3∶2）建立管护经费分担机制，设立全省高标准农田建后管护专项资金，并根据物价指数、人工成本等因素，逐步增加资金投入。另一方面，拓展管护投入渠道。整合高标准农田项目结余资金、新增耕地指标交易收益、村组集体经济收益等，探索建立农田水利设施使用收费制度和毁损补偿制度，探索形成土壤碳汇市场交易机制，鼓励支持用高标准农田建设项目未来的收益为担保的"投贷结合"模式，多渠道筹措管护经费。

（四）探索创新多元化建后管护模式

一方面，鼓励创新委托村民理事会或公益岗位管护、新型农业经营主体流转管护等多样化的管护模式，重点推进高标准农田管护"田长制"、项目建管护一体化、专业管护机构或专业协会等第三方社会化服务组织参与管护等模式。另一方面，借鉴广东等地做法，在依法合规、风险可控的前提下，按照市场化原则，支持有条件的地区将整合的管护资金，用于探索开展高标准农田建设项目建后管护金融保险试点，建立高标准农田工程质量＋建后管护与保险相结合的良性互动机制，高质量保证高标准农田

"有人管，有人修"。

（五）构建农田管护利用数字化监管体系

依托正在推进建设的全省农业农村大数据中心或者江西省农村人居环境治理"万村码上通"5G＋长效管护平台，结合全省数字乡村建设，建立全省高标准农田管护利用智慧监管平台，运用卫星遥感、大数据平台、视频监控、手机 APP 等数字化科技手段，对高标准农田建后管护、利用实现移动巡查、在线监管，提升高标准农田管护治理，严格管控耕地"非农化"、防止"非粮化"。同时，在建后管护后续发展中，要注重把高标准农田管护与全域旅游、农村人居环境整治有机结合，引进龙头企业，延伸产业链，着力打造特色品牌，大力建设数字农田、生态农田，提升农田综合效益。

附录七　江西数字乡村建设的实践探索、现实挑战及对策建议

——基于 4 个国家数字乡村试点的调研[*]

数字乡村建设是全面推进乡村振兴的重要战略方向，是贯彻落实江西省委、省政府双"一号工程"的重要抓手，是聚力打造新时代乡村振兴样板之地的重要内容。为深入了解并准确把握江西数字乡村建设的"痛堵点"与撬动数字乡村建设的"突破点"，调研组于 2022 年 8 月赴安远、井冈山、进贤、玉山 4 个国家数字乡村试点开展实地调研，形成如下调研报告。

一、智质双升：数字乡村试点实践探索各具特色

江西国家数字乡村试点地区对照试点任务，高位推进，取得了显著的阶段性成效，有力推动了乡村发展要素资源重组、治理结构重塑、发展环境优化。

（一）着力数字经济驱动，打造县域主导产业创新集群，让数字产业更具活力

借力数字乡村项目建设，改造传统产业，发展新型业态，实现增产降本增效。如进贤县结合县域产业优势，按照"1＋4＋N"的电商发展思路，建设了医疗器械、文化用品、特色农产品、军山湖大闸蟹四大电商基地，2021 年电商交易额突破 160 亿元。

（二）着力搭建数字桥梁，促进城乡优质资源共享，让数字惠民服务更加便捷

利用数字技术链接群众服务资源，通过提供智慧教育、智慧医疗、智慧养老、智慧政务等服务，以优化服务供给满足群众需求升级。如井冈山

＊ 此建议获省级领导批示并批转职能管理部门参阅。

市已实现政府服务代办点行政村 100％ 覆盖，乡镇（街道）级政务服务事项网上可办率达 100％，真正实现了乡村社区管理、服务网上办事、掌上办事、快捷办事。

（三）着力数字治理体系整合，优化资源配置效率，让数字乡村更加智慧

以民所需，持续梳理乡村发展涉及领域的可集成纳入数据接口，推进建设"一脑掌控、一图感知、一屏服务"的数字乡村综合性智慧平台。如玉山县打造"数字乡村"指挥中心，涵盖城市安全、精准治理、政务服务、交通出行、民生服务、生态旅游、产业经济、数智底座等 8 个应用场景，整合数字党建、数字安防、数字商贸等信息，运用数字技术整体提升乡村善治水平。

（四）着力重构富民增收空间，有效衔接县乡生产消费，让城乡发展更加融合

借助数字网络平台，促进城乡生产消费互联互通，拓展了乡村居民生计空间，实现农民增收。如安远打造"智慧园区＋数字平台＋智运快线"三位一体城乡绿色发展新模式，实现"一点多能、一网多用、多站合一"，畅通农副产品上行、工业品下行与区域间货物平行通道，缓解"买难卖难、买贵卖贵"等问题，促进县域仓配服务一体化、城乡配送智能化和城乡居民生产生活数字化，促进乡村居民增收，增进精准便捷服务体验。

二、现实挑战：数字乡村建设与乡村发展需要存在脱节

随着江西双"一号工程"深入推进、数字技术加速渗透、数字产业蓬勃发展以及乡村振兴新发展格局加快形成，为数字乡村建设提供了良好发展环境。但对标对表国家数字乡村试点要求，江西数字乡村顶层设计、内涵建设等领域仍需创新突破。

（一）管理体制有待健全，农业农村领域数字化基础底座仍需夯实

一是数字乡村建设跨部门统筹协调有待加强。据受访基层干部反映，数字乡村建设面广事繁，统筹部门如网信办等在项目设计、资金使用等领域自主权受限，推进数字乡村建设缺乏主线任务、主导项目，加之具有指导性的实践范本和相对明确的标准规范欠缺，出现了"牵头部门悬空，其他部门本位推进，难以实现精准协同"的现象，其根源性问题在于数字乡

村建设边界尚未廓清，特别是数字乡村建设涉及的社会治理、公共服务、产业发展等领域建设及其对应责任主体尚未明确。二是数字乡村信息运管基座建设仍需加速。夯实数字乡村建设基础，需要从基础设施转型升级和健全管理体系双向发力。调研发现，试点地区乡村信息基础设施薄弱，数字经济产业链上下游业务匹配水平仍然存在较大差距，亟待提档升级。据某县宣传部领导反映，同样一套信息监控系统，在本地要 10 万元左右，而在浙江只需 1 万～2 万元，主要原因则是设施制造与信息服务行业水平差距较大所致。同时绩效考核大多从建设情况着眼，而不是从客户服务对象应用评价的角度开展等，这一系列问题对数字乡村建设进度、方向和质量形成束缚。

（二）数字兴农惠民场景拓展受限，社会主体数字化转型活力不足

一是数字乡村功能拓展滞后于现实需要。调研发现，江西数字乡村建设工作主要聚焦村域内线下资源的线上实现，数字产业低端徘徊、同质竞争，创新引领作用不强；数字治理缺乏互动、质量不高，数字服务意识不强，拓展空间有限，与产业、项目、治理、服务等内容相结合的跨应用场景持续迭代更新与拓展创新不足。调研还发现，江西数字乡村建设重心大多为硬件提升基础上的传统业务智慧化，而对于数字乡村文化建设重视不够。二是数字乡村建设处于追赶模仿阶段。调研发现，江西本土领军型、创新型信息化服务企业相对缺乏，数字乡村试点地区的数据中心、智慧平台等建设普遍外包给省外企业或团队，一些符合本地实际的数字乡村应用场景创新，常常因为技术困境或者设施成本较高而搁置，大多试点地区数字乡村处于追赶模仿阶段。三是社会主体尤其是中小企业数字化转型积极性不高。数字乡村建设虽有一系列优惠政策支持，但其资金需求量大、回报周期长，如一套数字乡村综合治理平台，动辄百万元级或千万元级的投资，部分有投资意愿的农业企业和移动、电信等社会主体不敢轻易投资，更别说对经营规模小、数字基础弱、抗风险能力差的中小企业和新型农业经营主体，大多不愿转、不敢转，不会转，数字化转型积极性和意愿均不高。

（三）数字资源体系建设薄弱，数据壁垒依然存在

一是数字乡村基础数据资源体系建设较为迟缓。调研发现，由于人地分离、居住分散以及信息智能采集技术受限等因素影响，江西数字乡村试

点地区全面高质量的乡村数据资源采集较为困难，进而导致农业农村基础数据资源体系薄弱，数据价值挖掘不充分，完整数据要素供应链和数据产业体系尚未形成。二是数据壁垒亟待破除。江西数字乡村建设实践中，部门内纵向、部门间横向的信息系统协同不足，跨层跨域数据共享不充分，应用程度不高，政企数据双向流通不畅，存在"调控难、签字难、监管难"等问题。如玉山县在推进国家数字乡村试点过程中，共梳理出 23 个单位共计 20 类大项 70 余种小项数据资源，涵盖民生、政务、经济、教育等内容，但这些数据存在交叉、重复、差异和不完整的问题，可利用性不强，且多数数据资源库由省市垂直管理部门建设，涉及的 61 个数字资源库可集成纳入玉山县数字乡村指挥平台的不足 10 个，其余数据资源库均需省市相关单位授权开放接口方可使用，甚至有的部门开放一个数据接口需 50 万元。

（四）群众数字素养亟待提升，专业人才缺乏

一是乡村居民数字素养整体水平偏低。随着工业化、城镇化的持续加速，农村高学历的青壮年多外出务工，常住农村的居民平均年龄偏大、学历层次偏低，部分老年人受教育水平较低、对现代科技的接受能力较弱。诸多因素很大程度上影响了基层群众对于乡村数字产业、数字治理和数字服务的接受程度和过程待办事项的互动水平，导致出现数字工具功能利用不全面、便捷化享受不充分的问题。二是数字乡村人才供给不足。县域数字高技能人才的引育留用政策不完善，政产学研合作不足，尚未形成充盈有力的数字技能人才培养供给体系，无法满足数字乡村人才日益增加的需求。调研发现，试点地区虽然成立了电商办、大数据中心等专门机构，但推进数字乡村建设工作的干部专业素养有待提升，特别缺乏既具有乡村管理经验又懂数字化服务的复合型人才。

三、对策建议：加快形成数字乡村创新实践与群众需求良性互动

（一）强化顶层设计，加快数字乡村资源整合

一是尽快出台江西省数字乡村建设指导性意见。在数字乡村发展要点的基础上尽快出台江西省数字乡村建设指导性意见，尽快把数字乡村建设全面融入相关规划，厘清数字乡村建设的门槛性标准体系、应用场景打造、数据系统运维、核心技术研发及设施设备支撑等关联内容，确保数字

乡村建设规划统领基础上的靶向发力。二是明确数字乡村建设标准及参与力量。加快推出由政府、企业、行业协会和互联网平台等参与建设的数字乡村建设标准体系。原则上明确基础设施建设、乡村治理服务等公共领域由政府牵头负责，强化企业主体在产业相关的数字经济领域的责任担当，积极吸纳社会资本进入并支持数字乡村建设。三是树立以群众受惠的绩效考核导向。明确以乡村居民诉求为导向，增加客户满意度、数字经济惠民水平等指标，吸纳群众参与到数字乡村建设中来，着力推进数字乡村建设有方向、有资源、有实效。

（二）补齐建设短板，优化数字乡村发展生态

一是实施"三个一批，一个加强"基建提升工程。对于传统基础设施、传统服务站点、传统产业实体改造一批，特别要加快推动江西乡村农田、水利、公路、电力、冷链物流、农业生产加工等基础设施数字化、智能化转型；对于新型基础设施、新型经营主体新型业态、新型服务网络发展一批，推进乡村智慧水利、智慧农业、智慧物流等系统建设；对于乡村产业、风貌、文化、邻里、健康、低碳、交通、智慧、治理等场景创设拓展一批，激活未来乡村发展活力；加强基础数据资源体系建设，特别是做好信息的智能采集、价值挖掘工作，夯实数字乡村信息底座。二是开展乡村数智专业人才培训及技能认定。结合江西农业农村实际，加大资源投入，充分利用江西较为成熟的乡村振兴学院教育网络等培训资源开展乡村数智专业人才培训及技能认定工作，创新数字乡村创业发展风险信贷政策，搭建农村电商培训等提升农民数字技能平台，整体提升其数字化理念和运用水平，增进农民数字化素养与技能。三是加大核心技术研发创新力度。主动融入数字经济"一号工程"和"智联江西"发展战略，以数字乡村建设所需技术和设施装备为发力点，在赣州、吉安等具有一定基础的区域建设瞄准数字乡村建设的装备制造业集群，同时加快孵化培育江西优质信息服务企业，夯实数字乡村发展的降本增效提质基础。

（三）立足三大重点，创新拓展数字乡村应用场景

一是以"农"为核，推进乡村产业数字化。依托全省七大产业以及区域特色产业基础，推动江西乡村产业产供销全链路数字化升级，重视利用新技术、新业态，将当地特有的历史、文化、产业和科技融为一体，打造并发挥"智慧种（养）示范区"引领效应，努力实现农业生产消费与数字

化的深度融合，实现农民增收。二是以"合"为策，推进乡村治理精准化。准确把脉乡村居民生产生活发展诉求，由省级层面数字乡村建设领导机构统筹协调，在注重数据安全基础上对照群众需求统一开放层级授权标准，协同整合"雪亮"工程等数字资源，建立并完善"省市县乡村五级数字农业农村平台"，打破数据壁垒，重视数字赋能传统治理，开展新时代乡村治理流程再造，着力推动传统管理向"数智治理"转型，高标准推进"一网通办"。三是以"民"为本，推进乡村服务高质化。面向群众关切，推进智慧城市平台和服务向乡村延伸，跨越"数字鸿沟"，聚焦数字教育、数字医疗、数字社保等重点领域，为优质公共服务资源下沉乡村提供便利，助力城乡公共服务均等化。

（四）创新文化供给，提亮数字乡村成色

数字乡村建设是乡村发展水平的全域提升，乡村文化这一核心组成不可或缺。江西文化底蕴深厚，"红、古、绿"文化交相辉映，应抢抓数字乡村建设契机，进一步丰富创新文化供给，为乡村振兴提供强有力支撑：一是聚焦"传承"，强化原生态乡村风貌的数字化呈现。因地制宜，分类施策，充分发挥示范乡村榜样引领作用，挖掘展示乡村生活细节，独特表达乡风民俗风物，描摹乡村人文风情，科学选定并逐步实现艺术性数字化呈现。二是聚焦"创新"，强化新时代乡村文化的数字化提升。牢牢把握信息技术发展趋势和乡村振兴战略要求，围绕乡村文化样态、文化场景、文化产业、文化主体等内容开展重构创新，推动新时代乡村文化深层次变革，将乡村文化振兴带入高质量发展新赛道。三是聚焦"监管"，强化乡村文化氛围主阵地的数字化营造。坚持正确理性的价值观，筑牢网络安全防线，着力营造未来乡村清朗雅洁乡村文化氛围，深入开展"新时代赣都云上乡村文化展演平台"等乡村文化品牌打造，以全方位满足群众不断提高的多样化精神文化新需求，持续增强群众文化获得感幸福感。

附录八　江西推进乡村生态振兴的基础条件、存在的主要问题与对策建议[*]

乡村生态振兴是乡村振兴战略的重要组成部分，是习近平生态文明思想的生动实践。2022年中央1号文件明确提出，要出台推进乡村生态振兴的指导意见。江西作为国家生态文明试验区、农业大省和国家绿色有机农产品基地试点省，推进乡村生态振兴有基础、有条件，更有使命、有作为在乡村生态振兴上走在前列。为此，课题组深入赣州、抚州、上饶、宜春等地调研，在总结江西乡村生态振兴建设成效的基础上，剖析存在的问题、短板与弱项，进而提出相应的思路与举措，助力打造新时代乡村振兴样板之地。

一、基础条件

近年来，江西始终牢固树立保护优先、绿色发展的理念，乡村生态环境不断改善，有基础、有条件推进乡村生态振兴。

（一）绿色生态优势不断彰显

近年来，江西统筹推进农业农村领域污染防治攻坚战，农药化肥减量化行动成效明显，连续五年实现零增长。有序有力推进28个畜禽粪污资源化利用整县推进项目实施，2021年全省畜禽粪污综合利用率达到80%以上，规模养殖场粪污处理设施装备配套率达99.8%，比2015年提高了20多个百分点。农作物秸秆综合利用率达93%以上，比2015年提高8个百分点，农膜回收率超80%。集成推广统防统治、绿色防控等一批绿色高质高效技术模式，截至2021年年底全省统防统治覆盖率和绿色防控覆盖率均超45%，建设各类绿色防控示范面积达132万亩，建设化肥减量增效示范面积达40.99万亩。积极推行种养结合、绿色循环发展模式，推广绿色种养循环试点面积达155万亩以上，创建畜禽养殖标准化示范场

＊ 此建议获省级领导批示并批转职能管理部门参阅。

914 个。

（二）农村人居环境明显改善

坚持因村施策，农村人居环境整治连续四年荣获国务院督查激励表彰，走出了一条具有江西特色的美丽乡村建设新路。一是农村生活垃圾污水处理和厕所革命扎实推进。启动实施新一轮农村人居环境整治提升五年行动，截至 2022 年 6 月底全省农村水冲厕普及率达 95.53%、卫生厕所普及率达 83.26%；城乡环卫一体化垃圾收运处置体系实现行政村全覆盖，82 个县（市、区）实现城乡环卫"全域一体化"第三方治理，垃圾治理市场化率达 87%，农村生活垃圾基本实现有效治理；累计建成农村生活污水处理设施 6 285 座，完成 26 个国家监管农村黑臭水体整治任务。二是美丽乡村建设成效明显。深入实施新农村建设"五大专项"提升行动，截至 2021 年年底，全省 76% 的自然村基本完成了"七改三网"整治建设，水泥路、动力电、光纤网等实现村村通，农村自来水普及率达 85%，打造了美丽宜居乡镇 623 个、美丽宜居村庄 7 027 个、美丽宜居庭院 81 万个、美丽宜居示范带 577 条，创建全国休闲农业重点县 2 个、美丽休闲乡村 53 个。三是村庄环境长效管护机制成为全国典型。在全国率先推进"五定包干"村庄环境长效管护机制建设，被中宣部和国家发改委列入《国家生态文明试验区改革举措和经验做法推广清单》。创新搭建了"万村码上通"5G＋长效管护平台，91 个县（市、区）基本完成或正在建设平台，全省 16 万个宜居村庄全部纳入监管范围。

（三）绿色发展动能得到增强

近年来，江西坚持质量兴农、绿色兴农，大力推进省部共建全国绿色有机农产品基地试点省建设，绿色发展动能不断增强。一是绿色有机成为江西农产品的代名词。江西依托绿色生态优势，让越来越多的乡村生态资源变成生态产品走向全国。截至 2021 年年底全省创建全国绿色食品原料标准化生产基地 49 个、居全国第 6 位，主要食用农产品监测合格率连续 8 年保持在 98% 以上，绿色有机地理标志农产品达到 4 413 个，其中有机产品 2 996 个，居全国第 3 位。二是绿色生态产业不断壮大。近年来，江西不断拓展乡村生态功能，大力推进生态产业化、产业生态化。截至 2021 年年底，全省休闲农业和乡村旅游综合产值突破千亿元大关。出台"绿色食品产业链发展 13 条"，全省绿色有机农业企业达到 1 633 家。据不完全统计，2021年全省绿色有机农业产值达到1 002亿元。三是"两山"实践创新基地示范创建不断强化。截至2021年年底，全省累计创新国家"绿水青山就是金山银山"实践创新基地6个，居全国第3位，省级"绿水青山就是金山银山"实践创新基地25个。通过实践基地示范创建，有效推动了乡村生态产品价值实现。

二、存在的主要问题

近年来，江西乡村生态振兴建设取得了一定的成绩，但是依然存在不少问题，主要有以下五个方面较为突出。

（一）乡村生态振兴制度体系不完善

一是乡村生态振兴意见或实施方案尚待出台。全省有关乡村生态振兴的政策举措散落于《江西省乡村振兴条例》《关于推进农业农村高质量发展奋力打造新时代乡村振兴样板之地的意见》《江西省农村人居环境整治提升五年行动实施方案》《江西省乡村建设行动推进方案》等文件中，尚未专门出台江西省乡村生态振兴意见或者实施方案，而安徽省于2022年已印发《安徽省乡村生态振兴实施方案》。二是相关配套制度尚待健全。江西出台了《江西省农业生态环境保护条例》，对农用地、农用水、农业污染防治等作出了立法规定，但对废弃农膜回收利用、农村垃圾分类处理、农村污水处理等缺乏地方法规。此外，江西乡村生态环境治理市场化机制尚待健全。

（二）绿色农业生产瓶颈制约依旧

一是绿色农业发展示范创建优势不突出。作为全国唯一省部共建绿色有机农产品试点省，国家绿色农业发展先行区创建理应走在全国前列。然而，从发布的三批国家绿色农业发展先行区创建名单来看，江西共有丰城、万载、泰和、婺源、瑞昌5个县（市）入选，而浙江是整省推进，湖北和湖南均入选6个，存在一定差距。二是化肥农药减量增效目标与粮食生产面积增加要求相矛盾。2021年全省粮食播种面积同比增长2.22%，部分地区已开展了生物农药代替化学农药、有机肥替代化肥、绿色防控等试点，但由于生物农药、有机肥见效慢、价格高等因素，距离全面推广使用仍有较大差距，给全省实现"到2022年化肥农药减量10%的目标"增加了一定难度。三是农业废弃物资源化利用质量不高。调查发现，江西畜禽粪肥就地就近还田利用"最后一公里"不畅，畜禽粪污资源化利用质量有待提高，秸秆利用大多以还田为主，农膜回收利用率不高。

（三）农村人居环境仍存在诸多短板

一是"多规合一"实用性村庄规划编制进展较为缓慢。截至 2022 年 6 月底，全省仍有 45.19％省定重点帮扶村未完成实用性村庄规划编制。二是农村生活污水处理仍较难。调研发现，省农村污水处理率为 20％多一点，低于全国 28％的平均水平。江西农村污水处理设施大多集中在乡镇或行政村，但覆盖水平参差不齐，有的县污水处理设施覆盖行政村比重达 68％，有的县则仅为 4.28％。此外，由于污水处理设施配套管网建设成本高而覆盖率普遍偏低，仅能收集粪污、洗浴等污水，其他污水难收集，部分设施运行负荷率较低。三是"万村码上通"5G＋长效管护平台作用有待增强。调研发现，江西"万村码上通"5G＋长效管护平台村级层面推广应用不够，有的县仅在 7 个村推广使用，有的县覆盖了 10％左右的村。而且，"万村码上通"5G＋长效管护平台与平安乡村、"雪亮工程"协同联动不够。

（四）乡村生态产品价值有效实现机制不足

一是乡村生态产品价值转化路径单一。江西乡村拥有优良生态资源，生态产品类别丰富，但大多数乡村并未有效建立生态产品价值实现机制，部分乡村生态产品价值转化也大多通过发展生态农业、休闲旅游、研学实践等方式实现，路径较为单一、同质化现象严重。二是乡村生态产品变现难。调研发现，江西立足乡村生态资源优势，开发形成的生态产品，因缺少市场交易平台，增加了其价值变现的难度。江西拥有大量的绿色有机农产品，但优质不优价，如全国小有名气的靖安白茶，能卖 500 元/斤，但由浙江贴上安吉白茶的品牌，价格则翻倍达 1 000 元/斤。三是乡村生态产品价值实现的政策保障不足。一些偏远乡村，尤其是一些位于生态功能保护区的乡村，因受生态功能区划政策影响，只能利用有限资源发展生态种植、绿色养殖、林下经济等产业，难以形成规模化、集约化的产业，生态资源价值实现受到明显制约。

（五）乡村生态治理效能有待提升

一是存在多头、交叉管理现象。乡村生态振兴涉及发改、农业农村、水利、林草、自然资源等多个部门，当乡村实施生态环境项目时，各部门是条块管理而"各管一块"，容易导致重复建设、重复投资和监管空白，往往也存在多头管理、交叉管理的情况。二是农民主体参与不够。调研发现，江西推进乡村生态振兴过程中，缺少多元参与的平台和协同治理机制，主要是政府在推动实施，农民主体作用发挥不够。如在实施乡村生态开发与治理项目过程中，除少数参与以工代赈的农民或管护员之外，大多数村民是"不关心、不参与"。三是现代治理技术应用不足。江西对乡村饮用水源地、污水、垃圾、化肥农药污染等生态环境治理、生态资源信息调查、生态资源开发与产业监测等，更多采用的是人为管控的传统经验和技术手段，缺乏智能化的监测、响应，治理效能有待提高。

三、对策建议

乡村生态振兴是一项系统工程，不仅要强化顶层设计，完善制度体系，也要进行乡村生态环境保护治理，更要构建成熟的生态产业和生态经济体系，提供高质量的生态产品。

（一）强化顶层制度设计

顶层制度设计是推进乡村生态振兴的重要保障。一是加快制定乡村生产振兴实施方案。立足江西农业农村发展特点，综合考虑生态振兴思路、目标、任务和步骤，科学编制出台具有前瞻性、指导性和可操作性的江西省乡村生态振兴实施方案，明晰乡村生态振兴的施工路线图。二是完善乡村生态振兴制度体系。加快推进全省农村人居环境整治、生态环境监测、废弃农膜回收利用、农村生活垃圾分类处理、农村污水处理设施管理等地方性法规等立法工作。通过经济激励、法律惩戒、邻里监督和市场诱导等方式，分门别类地制定和完善与江西乡村生态资源环境特性相吻合的制度体系。在江西选择一批试点，率先探索乡村生态系统服务付费制度，推广PPP模式开展农村污水垃圾收集处置，探索水基金、土基金等模式，强化以效付费，实现生态保护、污染控制和农民增收的多重目标。

（二）大力保护乡村生态资源

保护乡村生态环境，维护良好的乡村生态环境，是推进乡村生态振兴的重要前提。一是实施乡村生态红线管理制度。率先在全国探索划定乡村生态红线，构建村域整体生态格局。按照"总量不减、质量不降、相对连片"的原则，由地方对已划定的涉林生态红线进行勘界落地，拓展乡村生产、生态、生活空间。二是加强乡村生态系统保护与修复。整合相关资金与项目，建立省级农业生态补偿基金，重点向污染严重、生态脆弱、资源环境压力大的耕地、草原、水面等倾斜，该改种的改种，该治理的治理，该退耕的退耕。加强国家绿色农业发展先行区、国家农业可持续发展试验示范区等对乡村绿色发展的示范引领作用。

（三）重视农业绿色生产示范

着力解决突出的农业面源问题，是推进乡村生态振兴的重要要求。一方面，全面落实农业产业准入负面清单制度，实施农药、化肥减量增效行动，提高畜禽养殖污染、秸秆、农膜回收综合利用水平，推广标准地膜和全生物降解地膜。另一方面，推动相关农业补贴与农业绿色生产行动相挂钩，加大对生物农药、水肥一体化等农业绿色生产技术和设施的补贴力度，积极开展病虫害绿色防控集成示范技术推广行动，推进农业绿色生产。

（四）持续改善乡村人居环境

持续推进乡村人居环境提升，是推进乡村生态振兴的重要内容。第一，探索建立农村厕所粪污清掏、农村生活污水垃圾处理农户付费制度，重点解决农村厕所粪污、农村生活污水和农村生活垃圾"三大治理"问题。第二，加快推进重点村庄"多规合一"实用性规划编制，落实乡村规划师制度，创新实施美丽乡村"五大专项提升行动"，尊重乡村肌理，保持乡村原真性，保留美丽乡村风貌。第三，整合天网工程、雪亮工程等平台资源，将所有宜居村庄纳入全省"万村码上通"5G＋长效管护平台监管范围，全面打造省市县三级长效管护监督网络体系。

（五）加快乡村生态产品价值实现

在产业生态化和生态产业化的有机互动中，把乡村生态资源和产品变为经济优势和产业，是推进乡村生态振兴的关键所在。一是打造生态产品价值实现示范村。在全省选择生态资源丰富、区位条件优越、基础条件好的乡村，创建一批生态产品价值实现示范村，探索不同类型乡村生态产品价值实现的多元化路径。二是壮大乡村生态产业。依托江西乡村田园风光、农耕文化、红色遗址、古村落等，因地制宜发展特色种植、特种养殖、文化体验、养生休闲等个性化、品质化的特色产业，大力发展文化体验、运动探险、养老服务等市场稀缺的"绿色＋"产业，打造独具特色、市场青睐、供不应求的生态产品与服务，培育具有影响力的特色产业或特色品牌，提供更加优质的生态产品和生态服务，延展乡村生态资源和生态产品的价值实现形式。三是拓展乡村生态功能价值。充分利用清洁、循环、低碳技术等改造落后产能，发展农村电子商务，壮大节能环保产业、清洁生产产业、清洁能源产业等。利用市场机制等各种方式，建立更加适合江西农业大省特点的碳汇计量和监测标准，探索完善林业、农业、湿地等碳汇交易体系与产业，助推乡村生态功能价值实现。

（六）提升乡村生态治理效能

提升乡村生态治理效能，是推行乡村生态振兴的重要基础。一是强化乡村生态振兴组织保障。强化江西省加强和改进乡村治理暨农村人居环境整治提升工作领导小组的综合协调能力，突出全省乡村生态振兴的统筹推进职能。二是搭建多元主体参与的共治平台。构建乡村环境治理的协同机制，推进不同主体在乡村生态保护、监测、建设、监督等方面的共同参与，尤其是通过口号、标语、版画、戏曲、村规民约等各种方式，将生态文明理念融入乡村生产生活中，促使广大村民共建共享乡村生态振兴发展成果。三是运用现代化乡村生态治理手段。充分运用数字化、信息化、智能化等现代技术建立智能监测系统和预警系统，建立全省乡村生态资源信息库，定期开展空气、水资源、土地、山林、湿地、荒漠等自然资源勘测，以及农业生态产品的基础信息调查，使生态环境治理向智治转变。

附录九　加快推进井冈山国家农高区升建的若干建议[*]

井冈山国家农高区升建已纳入《江西省国民经济和社会发展第十四个五年规划和二〇三五年远景目标纲要》，是加快江西现代农业强省建设和革命老区乡村振兴的强引擎，有望打造引领南方红壤丘陵农业综合高效开发可复制可推广的"井冈山"模式。2022年是升建井冈山国家农高区的关键一年，课题组就井冈山农高区建设成效、升建进展以及存在困难与问题展开调研，并提出思考和建议。

一、井冈山农高区升建重点工作取得明显成效

井冈山农高区认真贯彻落实易炼红书记视察吉安提出的"通过几年的努力，把井冈山农高区建设为全国一流的国家农高区"工作指示，聚焦红壤主题和主导产业，在基础设施建设、科创资源集聚、优势特色产业发展、创新主体培育等方面取得明显成效。

（一）高位启动实施省级科技专项"揭榜挂帅"项目

江西省委、省政府高位推动，在原先批复支持措施的基础上，省财政从2022年起连续两年每年给予1亿元支持井冈山农高区建设。为用准用好省级专项资金，吉安市财政、农发行、园区及相关科研单位配套投入2.5亿元，按照"统筹考虑、一并安排、分年实施"的原则，经与中科院、华南农大等省内外大院大所联系沟通，与吉安市财政局和科技局共同研究协商，形成《井冈山农高区升建省级专项资金安排方案》，通过"揭榜挂帅"方式启动实施，致力于推进红壤研究院、农机研究院、食品研究院和数字农业研究院建设及其应用场景打造。

（二）核心区整体框架基本成型

一是规划布局建设"一心四园"。根据《井冈山国家农业高新技术产

---

* 此建议获省级领导批示并批转职能管理部门参阅。

业示范区建设发展规划（2022—2026年）》，核心区7.39平方千米，布局建设"一心"即科技创新中心，"四园"即数字农业产业园、绿色食品产业园、智能农机产业园和生物科技产业园。二是基础设施"四梁八柱"基本确立。"七纵七横"路网基本成型，主干道科创大道全面竣工通车，13条市政道路、科创大桥有序推进；创新研发中心、实验楼、检测楼和人才公寓等项目主体全面完工，已进入装修阶段；食品产业园一期全面完工，食品标准厂房、企业孵化器项目即将封顶。三是产业能级加速提升。近两年成功签约中物冷链、吉泰生物、深圳斯玛等亿元以上项目11个，投资总额达72.8亿元；示范区发展绿色水稻9.5万亩、井冈蜜柚2.5万亩、千亩蔬菜基地以及规模葡萄、芦笋基地等；拥有作物种植、果蔬加工、生物技术、智能农机等入驻企业90余家，其中高新技术企业20家，省级龙头企业8家。

（三）科创资源加速向园区集聚

一是集聚了一批大院大所资源。通过战略合作方式，井冈山农高区与20家省内外院所校签订了合作协议。中科院地理所、中国农科院柑橘研究所、江西省科学院、江西省农科院、江西农大和井冈山大学已在园区设立研发机构，其中多家机构已在园区建立科研试验基地。园区拟与中科院南京土壤研究所共同组建红壤研究院，国家果蔬产品及加工食品质量检验检测中心即将入驻。二是院士创新基地加速崛起。聚焦红壤主题和主导产业，园区已引进罗锡文、赵春江、任发政、颜龙安和谢明勇等5位院士，其中罗锡文院士主要开展智慧农场关键技术试验研究，赵春江院士团队开展智慧农业关键技术与装备研发试验研究，谢明勇院士团队开展果蔬冻干食品关键技术研究，颜龙安院士团队开展水稻新品种研究与引试。

二、存在的困难和问题

（一）协同推进升建工作氛围不够浓厚

受疫情、升建组长职务变更等因素影响，升建工作领导小组暂未启动调度推进现场会，相关责任单位和部门协同推进升建工作的氛围还不够浓厚，相关支持举措不够多。南京、晋中和长春等国家农高区成功升建经验表明，升建工作是一项系统工程，省市领导高度重视、多部门协同推进至关重要，亟须以省领导为组长的升建工作领导小组开展多轮工作调度和专题研究，省市相关部门立足各自职能，提出切实有效的举措协同推进升建工作。

（二）政策瓶颈约束亟待突破

一是园区新型研发机构划拨科研试验用地存在障碍。为解决红壤"酸、板、瘠、污、旱、蚀"等关键问题，拟由中国科学院南京土壤所牵头组建红壤研究院，按照"一站两区"的模式打造鹰潭红壤生态实验站井冈山片区，建设长期野外试验观测示范设施，致力于打造红壤改良与治理"井冈山"模式。根据科技部及中科院对野外实验站建设的要求，必须获得用于野外观测试验示范土地的长期使用权，由此才能获得认可并从国家及中科院获得建设相关科研设施的经费支持。但是，林地只征不转，找不到政策依据将其转为国有用地，导致向园区新型研发机构划拨科研试验用地存在障碍。二是天然冰片使用的审批手续存在障碍。井冈山农高区生物技术板块拥有林科龙脑、文旭冰片等天然冰片生产企业，有望打造成世界最大的天然冰片基地，有助于加快推进全省中医药强省战略。但现已获准使用冰片（合成龙脑）投料生产相关药品的企业，如果改用天然冰片生产同名药品需走新药报批流程，手续繁琐且时间漫长，制约了产业发展。

（三）科创能力和显示度存在短板弱项

一是吉安本地缺乏原始涉农的本科院校和具有影响力的涉农科研机构，仅有一所综合类本科院校（井冈山大学）、一所大专院校（吉安职业技术学院）以及正在组建的综合性市本级农业科学院。省内大学和科研机构主要集聚在南昌，离井冈山农高区 200 多千米。二是入驻园区的高水平科研平台不够多，常驻园区科研人员不多，尤其是高精尖科研人才少。园区与 20 多家省内外科研院所签订了合作协议，引进的 6 家新型研发机构成立了领导班子，组建了科研团队，但合作深度不够，常驻园区基本为科研助理和管理人员。三是科技成果转化率和显示度还不够高，高端科技成果略显单薄。园区独立科技成果不多，尤其是国家级科技项目和省级以上科技成果奖少。依托省级专项资金实施的红壤研究院、农机研究院、食品研究院和数字农业研究院建设及其应用场景打造，实施周期三年，其建设成效尚未显现。

（四）项目建设进度需要进一步加快

2022 年 4 月，国务院正式批复同意建设吉林长春等 5 家国家农高区，意味着第三批国家农高区申报工作随时可能启动。受疫情、土地报批、项目审批报建等进度偏慢、与省市相关部门协调不够顺畅等因素影响，全面完工公建项目不够多，基础设施互联互通不足，重大科技项目处于启动实施阶段，部分产业项目还未开工建设。按照升建时间节点要求，时间紧、任务重，园区公建项目、科技项目和产业项目建设进度需要高位推进、持续加快，争取升建专家现场考察时，大院大所入驻科创中心，实验楼和检测楼全面启用，园区国宝牧攻等重点企业全面搬迁投产，科创资源精美呈现。

（五）农业龙头企业引进和培育有待加强

井冈山农高区大力发展水稻、井冈蜜柚、蔬菜等特色优势产业，但与之相匹配的重大龙头企业尤其是精深加工企业引进和培育相对不足，园区还没有一家国家级重点龙头企业，现有企业规模和数量还不够大。以南京农高区为例，已拥有省级以上龙头企业 20 多家，引进中饮巴比、丰码科技、中粮、华润、阿里巴巴、创业黑马等一批科技含金量足、产业契合度高的重点龙头企业。而井冈山农高区仅有省级龙头企业 8 家，一定程度上制约了产业发展质量、效益和竞争力的提升。

三、加快推进井冈山国家农高区升建的几点建议

井冈山国家农高区升建工作已进入攻关期，时间紧、任务重，必须对标升建标准和要求，按照"常规工作提前到位、提升工作梯次推进"的思路，着力扬优势、补短板、促提升，全力推进升建工作。针对升建过程中存在的困难和问题，提出"两个尽快、三个着力"的对策建议。

（一）尽快建立完善定期调度推进和沟通汇报机制

一是建立定期调度推进会制度。建议升建领导小组建立定期调度推进会制度，明确相关责任单位和部门任务分工，在政策、项目、资金等方面加大对井冈山农高区的支持，营造齐抓共管的浓厚氛围，压实责任、合力推进。二是建立定期沟通汇报机制。借鉴山西晋中、吉林长春等国家农高区升建成功经验，积极与科技部等相关部门对接升建工作，争取更多指导和支持。省市相关部门以及井冈山农高区可以专报形式或当面向科技部、

省委省政府、省科技厅等有关方面汇报升建进展情况，及时掌握升建的新标准和新要求。

（二）尽快设置急难问题处置的绿色快速通道

一是破解科研试验用地划拨难题。试点"特区"政策，推进解决向园区新型研发机构划拨科研试验用地的难题，以破解其从国家获得重大项目和建设相关科研设施的经费支持障碍。二是破解进度慢难题。借鉴河源灯塔盆地国家农高区建设经验，为升建工作开辟"绿色快速"通道，重点项目、重点企业和重点工程审批流程全过程优化，简化土地审批、项目审批报建等环节程序；实行"容缺机制"，边建边办边补，企业投资项目实现"拿地即开工、完工即验收"办理模式，促进项目早落地、早开工、早见效。三是补齐智能农机短板。可将省级智能农机研发平台设在井冈山农高区，补齐园区智能农机产业短板，打造国内一流的智能农机装备创新研发中心和智能农机装备制造基地。四是协调畅通天然冰片使用论证审批通道。加强与国家药品监督管理局沟通协调，加快推进恢复天然冰片使用的论证审批工作，优化推进程序，分类施策，加快提升药企选择冰片原料生产的自主化水平。

（三）着力引进一流大院大所建设四大研究院

用好用活现有科创资源，加快已入驻园区科研单位平台建设，组建院士专家咨询委员会，推进院士创新基地建设。围绕推进红壤研究院、数字农业研究院、智能农机研究院和食品研究院建设，重点刚性引进中国科学院、中国农业大学、中国农业科学院等院士专家、高精尖科技人才团队，招聘一批专业科技人才，常驻园区深入开展研究，梯次推进红壤改良、丘陵农机等一系列关键核心技术攻关。加快建立"特殊人才特殊政策"制度，在居住生活和福利待遇、教育医疗、科研资助和学术团队建设、突出贡献奖励等方面，为特殊高端人才铺路架桥，增强他们的成就感、获得感和幸福感，产生群贤毕至的示范效应。

（四）着力推进重大项目建设和升建迎检内容提升打造

成立工作专班，对标国家农高区建设要求和标准，倒排工期、挂图作战，牢牢把握好国家农高区"农、科、高"三大特征，全面推进基建项目、科技项目和产业项目建设，提升科创显示度。重点推进省级财政专项资金项目、智慧农业展示中心、设施蔬菜高效栽培基地和"金庐"田园综合体等项目建设；加快科创中心投入运营，加快实验楼和检测楼装修并投入使用；加速推进园区水、电、路、气、污水处理等项目，实现园区与城区全面互联互通；突出显示红壤主题，壮大主导产业，完善提升园区规划馆、红壤科技馆和红壤应用馆建设，精心打造红壤创新试验基地、孵化器、科创平台、重点高新技术企业、美丽乡村等升建迎检现场。

（五）着力培育和引进农业龙头企业和行业头部企业

农高区核心在科技，支撑在产业，关键靠企业。聚焦主题和主导产业，加快培育壮大农业龙头企业，大力支持和推进江西井冈山粮油集团有限公司等吉安市甚至全省农业产业化龙头企业和高新技术企业向井冈山农高区集聚。运用全产业链思维，开展农高区专题招商，锚定绿色农产品精深加工、生物技术、智能农机、智慧农业等产业，瞄准水稻、柑橘、蔬菜等特色优势产业集聚程度高的重点企业进行延链补链拓链靶向招商，着力引进产业链条长、科技含量高、品牌影响力强、示范带动广的行业头部企业、国家重点龙头企业和大型企业集团。

附录十　推进乡村全面振兴迈上新台阶[*]

民族要复兴，乡村必振兴。党的十八大以来，党中央把解决好"三农"问题作为全党工作的重中之重，打赢脱贫攻坚战，历史性地解决了绝对贫困问题，实施乡村振兴战略，推动农业农村取得历史性成就，为党和国家事业全面开创新局面提供了重要支撑。奋进新征程，我们要深入学习贯彻落实习近平总书记关于"三农"工作的重要论述，聚焦"做示范、勇争先"的目标要求，加快打造新时代乡村振兴样板之地，推动乡村全面振兴迈上新台阶。

准确把握"三农"工作战略定位。 新发展阶段，"三农"工作重心历史性转向全面推进乡村振兴。要准确把握"三农"工作新的历史方位和战略定位，聚焦"国之大者"，围绕"五大振兴"，推动乡村全面振兴迈上新台阶。一是升级乡村振兴示范点建设。立足乡村"红色摇篮、绿色家园、古色厚土"资源禀赋和特色优势，推动党建引领、产业富村、文化兴村等实践探索，因地制宜推动建设一批社会有影响、群众得实惠、各地可推广的"区域IP"乡村，强化乡村振兴试点示范引领作用。二是推进乡村振兴示范带建设。瞄准粮食主产区、红色基因传承示范区、生态文明试验区、内陆开放型经济试验区等战略定位，以省际边界合作区、革命老区高质量发展示范区、重要农产品生产加工集聚区、国家乡村发展改革试点等重点区域为主轴，全面实施乡村振兴样板创建"十百千"工程，打造一批赣风鄱韵特色乡村示范带（区），推动省域乡村发展格局动态发展。

扎实推进"三农"工作中心任务。 推动乡村全面振兴迈上新台阶，要扎实推动乡村产业发展、乡村建设、乡村治理等中心任务协同共进。一是强化党建引领，跨领域、跨行业、跨层级、跨地域组建党建联合体，构建全领域统筹、全覆盖推进、全方位引领的乡村大党建工作格局，形成新时

---

* 张宜红，郑瑞强. 推动乡村全面振兴迈上新台阶［N］. 江西日报（"学与思"理论版），2022 - 10 - 10.

代"党建＋"乡村治理新格局。二是提升服务水平，立足乡村资源禀赋和未来发展场景，充分尊重农民意愿，统筹规划乡村建设与农田保护、产业集聚、人居环境整治等工作，促进社会力量积极参与乡村筹资筹智、乡村经营托管、乡村物业提升、乡村特殊群体照护等工作，高水平建设乡村全面振兴发展生态。三是促进乡村产业提质增效，千方百计稳供给，巩固粮食主产区地位，融合互动强产业，推动农村一二三产业优势互补，鼓励龙头企业在县域布局，更多地把产业链主体留在县域、增值收益留给农民。探索全域旅游带动、特色产业黏连、"两闲"资源盘活、"飞地抱团"等新发展模式，做强"农业＋工业"、做优"农业＋服务业"、做精"农业＋旅游业"，做大做强绿色有机农业，实施"硒＋N"特色优势农业发展战略，加强"赣都正品"品牌体系建设，提升"生态鄱阳湖·绿色农产品"品牌影响力，不断推进乡村产业向产业链价值链高端爬坡跃升。

全面激活"三农"工作发展新动能。 推动乡村全面振兴迈上新台阶，要在改革创新、数字化建设、环境优化、增收致富上下功夫，为加快打造新时代乡村振兴样板之地注入澎湃动力。一是改革创新驱动。强化农村承包地、宅基地和集体经营性建设用地"三块地"改革，推动乡村生态产品价值实现机制、新型农村集体经济发展壮大、未来乡村经营托管、城乡融合发展机制等创新探索，高标准开展高素质农民培育，争取国家"百县千乡万村"乡村振兴示范创建，激发农村内在活力。二是数字乡村推动。建立省市县乡村五级数字农业平台，以技术研发和设施装备制造为发力点，孵化培育优质信息服务产业与企业，优化数字乡村发展生态，推进农业数字化与消费数字化的深度融合，不断拓宽公共文化服务渠道，打造特色乡村文化品牌，推进优质公共服务资源城乡均等共享。三是环境优化联动。强化政策宣传，多措并举推动乡村振兴服务再提升，全面推进"放管服"改革向乡村延伸，以"赣服通""村事民办、民事村办"和"便民服务"为重点，构建乡村便民服务体系，实行清单式管理，推广"物业进村"等新型社区服务机制，共建民生服务网，营造长期稳定可预期的发展环境。四是增收致富带动。着力推动巩固拓展脱贫攻坚成果同乡村振兴有效衔接，强化就业、产业、创业"三业"帮扶，确保脱贫不稳定户、边缘易致贫户和突发严重困难户稳得住、有就业、逐步能致富。

参考文献 ○○○○○○○○○○○○○○○○○ ·································

埃莉诺·奥斯特罗姆. 公共事务的治理之道 ［M］. 余逊达，陈旭东，译. 上海：上海译文出版社，2012.

白维军，田焱. 新型城镇化背景下的民族地区乡村养老服务模式构建 ［J］. 贵州民族研究，2018 (5)：41 - 44.

蔡普华. 推动内外双循环实现良性互动 ［N］. 联合时报，2020 - 08 - 25.

陈海贝，卓翔芝. 数字赋能研究综述 ［J］. 图书馆论坛，2019 (6)：53 - 60.

陈丽君，郁建兴，徐铱娜. 共同富裕指数模型的构建 ［J］. 治理研究，2021 (4)：5 - 16.

陈培彬，陈斯友，林家俊等. 乡村治理成效评价与分类提升策略 ［J］. 统计与决策，2022 (2)：174 - 178.

陈谦，肖国安. 我国乡村振兴与城乡统筹发展关联分析 ［J］. 贵州社会科学，2021 (2)：160 - 168.

陈锐，王红扬，钱慧. 治理结构视角的"乡村建设实验"特征考察 ［J］. 现代城市研究，2016 (10)：9 - 15.

陈潭，王鹏. 信息鸿沟与数字乡村建设的实践症候 ［J］. 电子政务，2020 (12)：2 - 12.

陈潭，王鹏. 信息鸿沟与数字乡村建设的实践症候 ［J］. 电子政务，2020 (12)：2 - 12.

陈文玲. 当前国内外经济形势与双循环新格局的构建 ［J］. 河海大学学报 (哲学社会科学版)，2020，22 (4)：1 - 8.

陈文胜. 脱贫攻坚与乡村振兴有效衔接的实现途径 ［J］. 贵州社会科学，2020 (1)：11 - 14.

陈洋庚，胡军华. 通往"乡村之治"：挑战与出路——以"新冠"疫情防控中的江西为样本 ［J］. 农林经济管理学报，2020 (4)：517 - 525.

程瑞山，任明明. 乡村"治理有效"的意蕴与考量 ［J］. 科学社会主义，2019 (3)：116 - 121.

程银，李建军，杨正军. 中国共产党乡村治理的百年变迁及经验启示 ［J］. 青海社会科学，2021 (5)：55 - 62.

崔凯，冯献. 数字乡村建设视角下乡村数字经济指标体系设计研究 ［J］. 农业现代化研究，2020 (6)：899 - 909.

崔元培，魏子鲲，薛庆林. "十四五"时期乡村数字化治理创新逻辑与取向 ［J］. 宁夏社会科学，2022（1）：103 - 110.

邓大才. 村民自治有效实现的条件研究——从村民自治的社会基础视角来考察 ［J］. 政治学研究，2014（6）：71 - 83.

邓大才. 积极公民何以形成：乡村建设行动中的国家与农民 ［J］. 东南学术，2021（1）：85 - 94.

丁国胜，彭科，王伟强，等. 中国乡村建设的类型学考察 ［J］. 城市发展研究，2016（10）：60 - 66.

豆书龙，叶敬忠. 乡村振兴与脱贫攻坚的有机衔接及其机制构建 ［J］. 改革，2019（1），19 - 29.

杜宝贵，李函柯. 社会工作介入精准扶贫：依赖与消解 ［J］. 理论月刊，2020（9）：109 - 117.

杜玉华. 创造高品质生活的理论意涵、现实依据及行动路径 ［J］. 马克思主义理论学科研究，2021（6）：98 - 106.

段德罡，陈炼，郭金枚. 乡村"福利型"产业逻辑内涵与发展路径探讨 ［J］. 城市规划，2020，44（9）：10 - 17.

范从来. 益贫式增长与中国共同富裕道路的探索 ［J］. 经济研究，2017（12）：14 - 16.

范和生，郭阳. 新发展格局下乡村振兴机制创新探析 ［J］. 中国特色社会主义研究，2021（2）：37 - 45.

范和生，郭阳. 新发展格局下乡村振兴机制创新探析 ［J］. 中国特色社会主义研究，2021，19（2）：37 - 45.

冯朝睿，徐宏宇. 当前数字乡村建设的实践困境与突破路径 ［J］. 云南师范大学学报（哲学社会科学版），2021（5）：93 - 102.

冯亚娟，祁乔. 乡村振兴视角下城乡一体化财政支出效率研究 ［J］. 广西社会科学，2018（11）：75 - 80.

冯勇，刘志颐，吴瑞成. 乡村振兴国际经验比较与启示 ［J］. 世界农业，2019（1）：80 - 85，89.

付文军，姚莉. 新时代共同富裕的学理阐释与实践路径 ［J］. 内蒙古社会科学，2021（9）：1 - 8.

傅夏仙，黄祖辉. 扎实促进农民农村共同富裕 ［N］. 中国社会科学报，2021 - 11 - 25.

甘犁，陈诗一，冯帅章，等. 全面建成小康社会后的贫困治理与乡村发展 ［J］. 管理科学学报，2021（8）：105 - 114.

高杰，郭晓鸣. 乡村振兴战略视域下城乡要素交换关系研究 ［J］. 财经科学，2020（6）：66 - 73.

高培勇，袁富华，胡怀国，等. 高质量发展的动力、机制与治理 ［J］. 经济研究，2020（4）：4 - 19.

戈大专，陆玉麒，孙攀．论乡村空间治理与乡村振兴战略［J］．地理学报，2022（4）：777-794.

郭晗潇．近代以来我国乡村建设的路径选择［J］．社会建设，2019（1）：84-89.

郭瑞萍．论中国共产党共同富裕思想的百年演变［J］．陕西师范大学学报（哲学社会科学版），2021（6）：26-34.

郭芸芸，袁九栋，曹斌，等．新中国成立以来我国乡村产业结构演进历程、特点、问题与对策［J］．农业经济问题，2019（10）：24-35.

国家统计局住户调查办公室．中国农村贫困监测报告（2016—2020）［M］．北京：中国统计出版社，2016—2020.

韩长赋．从江村看中国乡村的变迁与振兴［N］．经济日报，2018-06-05.

韩广富，辛远．2020年后高质量减贫何以实现——兼论与乡村振兴的有效衔接［J］．贵州师范大学学报（社会科学版），2022（3）：84-96.

韩广富，叶光宇．从脱贫攻坚到乡村振兴：乡村特色优势产业的战略思考［J］．西南民族大学学报（人文社会科学版），2021（10）：136-143.

韩瑞波．技术治理驱动的数字乡村建设及其有效性分析［J］．内蒙古社会科学，2021（5）：16-23.

何毅，江立华．产业扶贫场域内精英俘获的两重向度［J］．农村经济，2019（11）：78-85.

贺雪峰．"三分法"与"国家与社会"分析框架的深化［J］．学术探索，1999（6）：23-26.

贺雪峰．乡村振兴：乡村建设诸问题［M］．北京：东方出版社，2019.

贺瑜，刘扬，周海林．基于演化认知的乡村性研究［J］．中国人口·资源与环境，2021，31（10）：158-166.

贺祖斌，林春逸，肖富群，等．广西乡村振兴战略与实践［M］．南宁：广西师范大学出版社，2019.

洪名勇，李富鸿，娄磊等．探索从脱贫攻坚到乡村振兴的路径选择——来自2047县（区）2006—2018年的实践经验［J］．贵州财经大学学报，2021（6）：87-98.

侯银萍．农地"三权分置"改革对共同富裕的制度保障［J］．中国特色社会主义研究，2021（5）：25-33.

胡晓亮，李红波，张小林，等．发达地区乡村空间商品化的过程与机制解析——以苏州市西巷村为例［J］．地理科学进展，2021（1）：171-182.

黄博．村庄场域中的精英治理：分化、困顿与提升［J］．求实，2021（1）：72-86.

黄承伟．论乡村振兴与共同富裕的内在逻辑及理论议题［J］．南京农业大学学报（社会科学版），2021（6）：1-9.

黄辉祥．农村社区文化重建与村民自治的发展［J］．社会主义研究，2008（2）：72-76.

黄季焜，等．中国农产品供需与食物安全的政策研究［M］．北京：科学出版社，2021.

黄宗智．小农经济理论与"内卷化"及"去内卷化"［J］．开放时代，2020（4）：126－139.

黄宗智．中国乡村研究［M］．南宁：广西师范大学出版社，2022.

黄祖辉，等．现代农业的产业组织体系及创新研究［M］．北京：科学出版社，2021.

黄祖辉，胡伟斌，鄢贞．以未来乡村建设推进共同富裕［J］．农村工作通讯，2021（19）：36－37.

黄祖辉，胡伟斌，鄢贞．以未来乡村建设推进共同富裕［J］．农村工作通讯，2021（19）：36－37.

黄祖辉．准确把握中国乡村振兴战略［J］．中国农村经济，2018（4）：2－12.

加布里埃尔·阿尔蒙德，西德尼·维巴．公民文化——五国的政治态度和民主［M］．北京：东方出版社，2008.

姜长云．建党百年优化城乡关系治理的历程、经验与启示［J］．人文杂志，2021（11）：1－12.

姜长云．新时代创新完善农户利益联结机制研究［J］．社会科学战线，2019（7）：44－53.

蒋国河，刘莉．从脱贫攻坚到乡村振兴：乡村治理的经验传承与衔接转变［J］．福建师范大学学报（哲学社会科学版），2022（4）：60－71.

蒋辉，刘兆阳．乡村产业振兴的理论逻辑与现实困境［J］．求索，2020（3）：128－134.

蒋永穆，胡筠怡．从分离到融合：中国共产党百年正确处理城乡关系的重大成就与历史经验［J］．政治经济学评论，2022（2）：13－28.

蒋永穆，王丽萍，祝林林．新中国70年乡村治理：变迁、主线及方向［J］．求是学刊，2019（5）：1－10，181.

金玲，马良灿．从"国家—社会"到"政党—国家—社会"：乡村治理研究的视角转换［J］．党政研究，2021（2）：91－99.

景跃进．行政民主：意义与局限——温岭"民主恳谈会"的启示［J］．浙江社会科学，2003（1）：27－30.

孔繁金．乡村振兴战略与中央1号文件关系研究［J］．农村经济，2018（4）：7－14.

孔祥成，刘芳．中国乡村治理现代化的演进逻辑与路径选择［J］．江淮论坛，2022（2）：145－151＋193.

赖德胜．在高质量发展中促进共同富裕［J］．北京工商大学学报（社会科学版），2021（6）：10－16.

雷乐街，张斌．建党百年：中国农村改革回顾总结与乡村振兴展望［J］．中国农村经济，2021（7）：139－144.

李冬慧．中国共产党乡村治理的百年实践：功能嬗变与治理趋向［J］．探索，2020（3）：

107 - 117.

李海金，陈文华．稳定脱贫长效机制的构建策略与路径［J］．中州学刊，2019（12）：
77 - 82.

李嘉惠，刘清，蒋多．行为决策中诱饵效应的认知加工机制［J］．心理科学进展，2020，
28（10），1688 - 1696.

李建军，任继周．美丽乡村建设的伦理基础和新道德［J］．兰州大学学报（社会科学版），
2018（4）：8 - 14.

李军鹏．共同富裕：概念辨析、百年探索与现代化目标［J］．改革，2021（10）：12 - 21.

李宁慧，龙花楼．实现巩固拓展脱贫攻坚成果同乡村振兴有效衔接的内涵、机理与模式
［J］．经济地理，2022（4）：1 - 7，18.

李善峰．民国乡村建设实验的"邹平方案"［J］．山东社会科学，2020（12）：32 - 38.

李实，陈基平，滕阳川．共同富裕路上的乡村振兴：问题、挑战与建议［J］．兰州大学学
报（社会科学版），2021（3）：37 - 46.

李武，钱贵霞．农村集体经济发展助推乡村振兴的理论逻辑与实践模式［J］．农业经济与
管理，2021（1）：11 - 20.

李向振，张博．国家视野下的百年乡村建设历程［J］．武汉大学学报（哲学社会科学版），
2019（4）：193 - 200.

李小云，苑军军．脱离"贫困陷阱"——以西南 H 村产业扶贫为例［J］．华中农业大学
学报（社会科学版），2020（2）：8 - 14，161.

李严昌．"青县模式"与"麻柳模式"：两个基层民主创新案例的比较——兼论中国农村
民主治理的前景［J］．理论导刊，2011（8）：60 - 64.

李芸，战焰磊．新时代区域高质量协调发展的新格局与新路径［J］．南京社会科学，2018
（12）：50 - 57.

李周．中国走向共同富裕的战略研究［J］．中国农村经济，2020（10）：2 - 23.

李子联．中国经济高质量发展的动力机制［J］．当代经济研究，2021（10）：24 - 33.

梁洪松，赵敏娟．六产助推乡村振兴——产业融合发展案例集［M］．北京：经济管理出
版社，2021.

梁漱溟．乡村建设理论［M］．上海：上海人民出版社，2011.

刘昂．乡村治理制度的伦理思考——基于江苏省徐州市 JN 村的田野调查［J］．中国农村
观察，2018（3）：65 - 74.

刘金海．中国农村治理 70 年：两大目标与逻辑演进［J］．华中师范大学学报（人文社会
科学版），2019（6）：45 - 52.

刘婧娇．脱贫、发展、关联——中国农村贫困治理的反思与展望［J］．云南社会科学，
2018（4）：25 - 31.

刘俊浩，焦光前．乡村振兴中家庭的功能机理及其实现路径［J］．贵州社会科学，2021

（3）：159－168.

刘培林，钱滔，黄先海，董雪兵．共同富裕的内涵、实现路径与测度方法［J］．管理世界，2021（8）：117－127.

刘少杰，周骥腾．数字乡村建设中"乡村不动"问题的成因与化解［J］．学习与探索，2022（1）：35－45.

刘守英，程国强．中国乡村振兴之路——理论、制度与政策［M］．北京：科学出版社，2022.

刘魏．数字普惠金融对居民相对贫困的影响效应［J］．华南农业大学学报（社会科学版），2021（6）：65－77.

刘晓雪．新时代乡村振兴战略的新要求——2018年中央1号文件解读［J］．毛泽东邓小平理论研究，2018（3）：13－20＋107.

刘旭雯．新时代共同富裕的科学意蕴［J］．北京工业大学学报（社会科学版），2022（3）：40－50.

刘学武，杨国涛．从脱贫攻坚到乡村振兴的有效衔接与转型［J］．甘肃社会科学，2020（6）：87－93.

卢黎歌，武星星．后扶贫时期推进脱贫攻坚与乡村振兴有机衔接的学理阐释［J］．当代世界与社会主义，2020（2）：89－96.

陆汉文，刘杰，江立华．中国乡村振兴报告（2021）巩固拓展脱贫攻坚成果［M］．北京：社会科学文献出版社，2022.

陆静超．新时期金融精准支持乡村振兴对策研究［J］．理论探讨，2021（3）：145－149.

吕德文．治理技术如何适配国家机器技术治理的运用场景及其限度［J］．探索与争鸣，2019（6）：59－67.

吕方．脱贫攻坚与乡村振兴衔接：知识逻辑与现实路径［J］．南京农业大学学报（社会科学版），2020（4），35－41.

吕普生．数字乡村与信息赋能［J］．中国高校社会科学，2020（2）：69－79.

罗必良，等．农地产权及相关要素市场发育研究［M］．北京：科学出版社，2021.

麻国庆．乡村建设，实非建设乡村［J］．旅游学刊，2019（6）：9－10.

马克思，恩格斯．马克思恩格斯全集（第10卷）［M］．中共中央编译局，译．北京：人民出版社，1998.

马克思，恩格斯．马克思恩格斯文集（第1卷）［M］．中共中央编译局，译．北京：人民出版社，2009.

马克思，恩格斯．马克思恩格斯文集（第8卷）［M］．中共中央编译局，译．北京：人民出版社，2009.

孟东方．高品质生活的居民感知与创造路径［J］．西部论坛，2021（3）：44－56.

米歇尔·福柯．规训与惩罚：监狱的诞生［M］．刘北成、杨远婴，译．北京：生活·读书·新知三联书店，2003.

牛胜强．深度贫困地区巩固拓展脱贫攻坚成果的现实考量及实现路径［J］．理论月刊，
　　2022（2）：79-87.

潘家恩，吴丹，刘坤．乡村要素何以回流？——福建省屏南县文创推进乡村振兴的经验
　　与启示［J］．中国农业大学学报（社会科学版），2022（1）：75-90.

潘家恩，吴丹，罗士轩，等．自我保护与乡土重建——中国乡村建设的源起与内涵［J］.
　　中共中央党校（国家行政学院）学报，2020（1）：120-120.

潘家恩，张兰英，钟芳．不只建设乡村——当代乡村建设内容与原则［J］．中国图书评
　　论，2014（6）：32-41.

评论员．把解决相对贫困纳入乡村振兴战略［N］．农民日报，2020-09-02.

乔向杰．智慧旅游赋能旅游业高质量发展［J］．旅游学刊，2022（2）：10-12.

任路．文化相连：村民自治有效实现形式的文化基础［J］．华中师范大学学报（人文社会
　　科学版），2014（4）：23-28.

任晓刚．数字政府建设进程中的安全风险及其治理策略［J］．求索，2022（1）：
　　165-171.

任映红，车文君．乡村治理中的文化运行逻辑［J］．理论探讨，2014（1）：145-148.

荣开明．中国式现代化新道路几个基本问题的思考［J］．江西师范大学学报（哲学社会科
　　学版），2021（4）：3-10.

单德朋，王英，郑长德．专业化、多样化与产业结构减贫效应的动态异质表现研究［J］.
　　中国人口·资源与环境，2017（7）：157-168.

塞尔吉奥·德尔·莫利诺．断裂的乡村［M］．杭州：浙江人民出版社，2022.

上海市城市规划设计研究院乡村社区生活圈项目组．未来乡村社区生活圈［J］．上海城市
　　规划，2021（3）：67-71.

申丽娟，谢德体．美丽乡村建设中的政府与社会互动机制［J］．行政管理改革，2019
　　（7）：61-67.

申曙光，吴庆艳．健康治理视角下的数字健康：内涵、价值及应用［J］．改革，2020
　　（12）：132-144.

沈费伟，陈晓玲．保持乡村性：实现数字乡村治理特色的理论阐述［J］．电子政务，2021
　　（3）：39-48.

沈费伟，叶温馨．数字乡村建设：实现高质量乡村振兴的策略选择［J］．南京农业大学学
　　报（社会科学版），2021（5）：41-53.

沈费伟．民国时期的乡村建设流派兴起背景、经典案例与经验启示［J］．理论月刊，2019
　　（5）：142-148.

盛佳．论自主治理理论在我国农村治理中的适用性［J］．商业经济研究，2015（3）：
　　104-105.

师博．新时代现代化新格局下"十四五"规划的新要求与重点任务［J］．浙江工商大学学报，2020（5）：116-124．

师曾志，李堃，仁增卓玛．"重新部落化"——新媒介赋权下的数字乡村建设［J］．新闻与写作，2019（9）：5-11．

宋保振．"数字弱势群体"信息权益保障的法律路径［J］．东北师大学报（哲学社会科学版），2021（5）：91-100．

宋才发，张术麟．新时代乡村治理的法治保障探讨［J］．河北法学，2019（4）：2-13．

宋洪远，徐岗，夏芳．金融支持脱贫攻坚和乡村振兴理念与实践研究［M］．北京：中国农业出版社，2022．

苏岚岚，张航宇，彭艳玲．农民数字素养驱动数字乡村发展的机理研究［J］．电子政务，2021（10）：42-56．

孙久文，易淑昶．中国区域协调发展的实践创新与重点任务［J］．浙江工商大学学报，2022（2）：102-110．

孙若风，宋晓龙，王冰．乡村振兴蓝皮书：中国乡村振兴发展报告（2021）［M］．北京：社会科学文献出版社，2022．

谭昶，吴海涛，黄大湖．产业结构、空间溢出与农村减贫［J］．华中农业大学学报（社会科学版），2019（6）：8-17，163．

唐任伍，李楚翘．共同富裕的实现逻辑：基于市场、政府与社会"三轮驱动"的考察［J］．新疆师范大学学报（哲学社会科学版），2022（1）：49-58，2．

田毅鹏．脱贫攻坚与乡村振兴有效衔接的社会基础［J］．山东大学学报（哲学社会科学版），2022（1）：62-71．

田毅鹏．乡村未来社区：城乡融合发展的新趋向［J］．学术前沿，2021（1）：12-18．

仝志辉．中国乡村治理体系构建研究［M］．武汉：华中科技大学出版社，2019．

万海远，陈基平．共同富裕的理论内涵与量化方法［J］．财贸经济，2021（12）：18-33．

汪恭礼，崔宝玉．乡村振兴视角下农民合作社高质量发展路径探析［J］．经济纵横，2022（3）：96-102．

王春城，王帅．"十四五"财政政策供给的继承与创新——着眼脱贫攻坚与乡村振兴有效衔接［J］．地方财政研究，2021（1）：27-32，43．

王春光．乡村建设与全面小康社会的实践逻辑［J］．中国社会科学，2020（10）：26-47．

王济光．加快形成双循环相互促进的新发展格局［N］．人民政协报，2020-08-27．

王杰，曹兹纲．韧性乡村建设：概念内涵与逻辑进路［J］．学术交流，2021（1）：140-151．

王杰．新乡贤是传统乡贤的现代回归吗？［J］．西北农林科技大学学报（社会科学版），2019（6）：59-76．

王秋．打造乡村振兴的齐鲁样板［M］．济南：山东大学出版社，2019．

王生升．论新时代共同富裕的实现 ［J］．马克思主义中国化研究，2021（10）：50 - 58.

王胜，余娜，付锐．数字乡村建设：作用机理、现实挑战与实施策略 ［J］．改革，2021
（4）：45 - 59.

王婷，苏兆霖．中国特色社会主义共同富裕理论：演进脉络与发展创新 ［J］．政治经济学
评论，2021（6）：19 - 44.

魏三珊．乡村振兴背景下农村治理困境与转型 ［J］．人民论坛，2018（2）：64 - 65.

文丰安．全面实施乡村振兴战略：重要性、动力及促进机制 ［J］．东岳论丛，2022（3）：
5 - 15.

翁列恩，杨竞楠．大数据驱动的政府绩效精准管理：动因分析、现实挑战与未来进路
［J］．理论探讨，2021（1）：86 - 93.

吴加明．"电信网络诈骗"的概念界定与立法运用 ［J］．学海，2021（3）：183 - 190.

吴文新，程恩富．新时代的共同富裕：实现的前提与四维逻辑 ［J］．上海经济研究，2021
（11）：5 - 19.

吴易雄．乡村全面振兴何以实现？——基于对"四大法宝"的理论与实践分析 ［J］．当代
经济管理，2021（11）：46 - 52.

习近平．不断做强做优做大我国数字经济 ［J］．求是，2022（2）：32 - 35.

习近平．决胜全面建成小康社会　夺取新时代中国特色社会主义伟大胜利 ［M］．北京：
人民出版社，2017.

习近平．在经济社会领域专家座谈会上的讲话 ［M］．北京：人民出版社，2020.

习近平．扎实推动共同富裕 ［J］．求是，2021（20）：4 - 5.

夏英，王海英．实施《乡村振兴促进法》：开辟共同富裕的发展之路 ［J］．农业经济问题，
2021（11）：20 - 30.

向琳，郑长德．乡村振兴与民族地区高质量发展 ［J］．广西民族研究，2021（1）：
126 - 135.

邢振江．数字乡村建设的国家逻辑 ［J］．吉首大学学报（社会科学版），2021（6）：
58 - 68.

徐朝卫．新时代乡村治理与乡村产业发展的逻辑关系研究 ［J］．理论学刊，2020（3）：
85 - 92.

徐鹤，郑欣．关系泛化与差序传播：青少年网络语言使用及其人际交往研究 ［J］．中国青
年研究，2018（8）：23 - 31.

徐梦周．数字赋能：内在逻辑、支撑条件与实践取向 ［J］．浙江社会科学，2022（1）：
48 - 49.

徐勇．乡村治理的中国根基与变迁 ［M］．北京：中国社会科学出版社，2018.

许宝君．社区治理专业化：要素构成、误区甄别与实践路径 ［J］．中州学刊，2020（7）：
83 - 90.

许恒周．全域土地综合整治助推乡村振兴的机理与实施路径［J］．贵州社会科学，2021（5）：144－152.

许玲燕，吴杨．精准扶贫过程中的双重网络嵌入机理及其模式研究［J］．江苏大学学报（社会科学版），2018（2）：30－36.

亚当·斯密．国民财富的性质及其原因的研究［M］．王亚南，译．北京：商务印书馆，2014.

燕连福，程诚．中国共产党百年乡村治理的历程、经验与未来着力点［J］．北京工业大学学报（社会科学版），2021（3）：95－103.

杨宾宾，魏杰，宗义湘，等．乡村产业融合发展水平测算［J］．统计与决策，2022（2）：125－128.

杨发祥，杨发萍．乡村振兴视野下的城乡关系研究［J］．人文杂志，2020（3）：119－128.

杨锦秀，刘敏，尚凭，等．如何破解乡村振兴的内外联动而"内"不动——基于成都市蒲江县箭塔村的实践考察［J］．农业经济问题，2022（8）：1－11.

杨世伟．绿色发展引领乡村振兴：内在意蕴、逻辑机理与实现路径［J］．华东理工大学学报（社会科学版），2020（4）：125－135.

姚树荣，景丽娟，吕含笑．基于乡村异质性的宅基地发展权配置研究［J］．中国土地科学，2022（1）：10－19.

姚树荣，周诗雨．乡村振兴的共建共治共享路径研究［J］．中国农村经济，2020（2）：14－29.

叶敬忠，徐勇，张文宏等．多学科视角的乡村振兴与共同富裕——第一届"开化论坛"主旨发言要点摘编［J］．中国农业大学学报（社会科学版），2022（1）：5－29.

叶兴庆．迈向2035年的中国乡村：愿景、挑战与策略［J］．管理世界，2021（4）：98－112.

尹广文．乡村振兴背景下数字乡村建设的行动主体激活与培育［J］．社会发展研究，2021（4）：27－38.

尤尔根·哈贝马斯．作为"意识形态"的技术与科学［M］．李黎，郭官义，译．上海：学林出版社，1999.

游俊，冷志明，丁建军．中国连片特困区发展报告（2018—2019）［M］．北京：社会科学文献出版社，2019.

余戎，王雅鹏．以"三大改革"开创乡村振兴新局面［J］．人民论坛，2020（5）：86－87.

袁利平，姜嘉伟．关于教育服务乡村振兴战略的思考［J］．武汉大学学报（哲学社会科学版），2021（1）：159－169.

曾亿武，宋逸香，林夏珍，等．中国数字乡村建设若干问题刍议［J］．中国农村经济，

2021 (4)：21 - 35.

曾钰诚．谁的乡村建设？[J]．西北农林科技大学学报（社会科学版），2019 (3)：35 - 42.

张兵．从脱域到共同体：我国职业体育组织演化的经济社会学分析 [J]．体育科学，
　　2016，36 (6)：37 - 45.

张德海，金月，杨利鹏等．乡村特色产业价值共创：瓶颈突破与能力跃迁——基于本土
　　龙头企业的双案例观察 [J]．中国农村观察，2022 (2)：39 - 58.

张广辉，叶子祺．乡村振兴视角下不同类型村庄发展困境与实现路径研究 [J]．农村经
　　济，2019 (8)：17 - 25.

张国亚．农村集体行动的困局：动力机制与现实约束 [J]．中共南京市委党校学报，2018
　　(3)：64 - 68.

张鸿，杜凯文，靳兵艳．乡村振兴战略下数字乡村发展就绪度评价研究 [J]．西安财经大
　　学学报，2020 (1)：51 - 60.

张鸿，王浩然，李哲．乡村振兴背景下中国数字农业高质量发展水平测度——基于
　　2015—2019 年全国 31 个省市数据的分析 [J]．陕西师范大学学报（哲学社会科学版），
　　2021 (3)：141 - 154.

张静．基层政权——乡村制度诸问题 [M]．上海：上海人民出版社，2006.

张俊飚，等．农业科技创新体系与发展研究 [M]．北京：科学出版社，2021.

张峻恺．数智乡村振兴 [M]．北京：清华大学出版社，2022.

张来明，李建伟．促进共同富裕的内涵、战略目标与政策措施 [J]．改革，2021 (9)：
　　16 - 33.

张磊，曲纵翔．国家与社会在场：乡村振兴中融合型宗族制度权威的重构 [J]．社会主义
　　研究，2018 (4)：114 - 123.

张挺，徐艳梅，李河新．乡村建设成效评价和指标内在影响机理研究 [J]．中国人口·资
　　源与环境，2018 (11)：37 - 46.

张璇玥，姚树洁．2010—2018 年中国农村多维贫困：分布与特征 [J]．农业经济问题，
　　2020 (7)：80 - 93.

张毅，贺欣萌．数字赋能可以纾解公共服务均等化差距吗？[J]．中国行政管理，2021
　　(11)：131 - 137.

张远新．推进乡村生态振兴的必然逻辑、现实难题和实践路径 [J]．甘肃社会科学，2022
　　(2)：116 - 124.

张占斌，吴正海．共同富裕的发展逻辑、科学内涵与实践进路 [J]．新疆师范大学学报
　　（哲学社会科学版），2022 (1)：39 - 48，2.

张兆曙．城乡关系、市场结构与精准扶贫 [J]．社会科学，2018 (8)：65 - 75.

章寿荣，程俊杰．推动新时代文明实践中心标准化建设：理论本质与实现路径 [J]．现代
　　经济探讨，2020 (3)：42 - 45.

赵晓峰，冯润兵．村民自治研究三十年：回顾与前瞻［J］．长白学刊，2017（6）：110-117．

赵晓峰．认识乡村中国：农村社会学调查研究的理想与现实［J］．中国农村观察，2021（2）：131-144．

赵志君．数字经济与科学的经济学方法论［J］．理论经济，2022（2）：68-78．

甄新伟．从五个维度深刻理解"双循环"战略内涵［N］．第一财经日报，2020-08-20．

郑秉文．不设增速目标与保就业：应对危机的良性循环市场化改革新路子［J］．保险研究，2020（6）：3-19．

郑瑞强．贫困群众脱贫内生动力激发：行动框架拓展与实证［J］．贵州社会科学，2019（1）：109-117．

郑瑞强．新时代推进乡村益贫性产业发展的学理阐释［J］．内蒙古社会科学，2021（4）：121-128．

郑瑞强．新型城乡关系、乡村未来与振兴之路：寻乌调查思考［J］．宁夏社会科学，2018（3）：64-68．

郑素侠，刘露．数字乡村背景下农村居民信息能力及提升策略——以行动者网络的视角［J］．新闻爱好者，2021（2）：40-44．

郑义，陈秋华，杨超，等．农村人居环境如何促进乡村旅游发展［J］．农业技术经济，2021（11）：93-112．

中国扶贫发展中心，全国扶贫宣传教育．脱贫攻坚与乡村振兴有效衔接［M］．北京：人民出版社，2020．

周飞舟．从汲取型政权到"悬浮型"政权——税费改革对国家与农民关系之影响［J］．社会学研究，2006（3）：1-38，243．

周立．实施乡村建设行动与全面推进乡村振兴——中国共产党领导"三农"工作的百年历史抉择［J］．人民论坛，2021（12）：50-56．

周思悦，申明锐，罗震东．路径依赖与多重锁定：经济地理学视角下的乡村建设解析［J］．经济地理，2019（6）：183-190．

朱启臻．利用乡村治理资源优势提升乡村治理能力［J］．红旗文稿，2020（7）：40-42．

朱启臻．乡村建设行动该怎么行动？［N］．农民日报，2021-01-14．

祝志川，刘博，和军．中国乡村振兴、新型城镇化与生态环境协同发展测度分析［J］．经济问题探索，2022（7）：13-28．

左停，苏武峥．乡村振兴背景下中国相对贫困治理的战略指向与政策选择［J］．新疆师范大学学报（哲学社会科学版），2020（4）：88-96．

左正龙．"区块链＋契约链"绿色融资模式服务乡村振兴研究——基于契约经济学视角［J］．当代经济管理，2021（9）：81-88．

左正龙．绿色低碳金融服务乡村振兴的机理、困境及路径选择［J］．当代经济管理，2022

(1): 81 - 89.

A Sen. Poverty and famines: an essay on entitlement and deprivation [M]. Oxford University Press, 1982.

Castells M. Rise of the network society [M]. United Station of America: Blackwell, 1996.

David Hulme, Karen Moore, Andrew Shepherd. Chronic Poverty: Meanings and Analytical Frameworks, Institute of Development Policy and Management [M]. University of Manchester, 2001.

Dibden J, Potter C, Conklin C. Contesting the neoliberal project for agriculture: productivity and multifunctional trajectories in the European Union and Australia [J]. Journal of rural studies, 2009, 25 (3): 299 - 308.

Diekmann, M., L. Theuvsen. Value Structures Determining Community Supported Agriculture: Insights from Germany [J]. Agriculture and Human Values, 2019 (4): 733 -746.

Eisenhardt, K. M. and Graeber, M. E. Theory Building from Cases: Opportunities and Challenges [J]. Academy of Management Journal, 2007 (1): 25 - 32.

Hammer M. Reengineering Work: Don't Automate, Obliterate [J]. Harvard Business Review, 1990, 68 (4): 104 - 112.

Indah, P. N., R. F. Setiawan, H. Hendrarini, et. al. Agriculture Supply Chain Performance and Added Value of Cocoa: A Study in Kare Village Indonesia [J]. Bulgarian Journal of Agricultural Science, 2021 (3): 487 - 497.

Jason C Y. Rural Digital Geographies and New Landscapes of Social Resilience [J]. Journal of Rural Studies, 2019 (8): 66 - 74.

Krishna Hort, Walaiporn Patcharanarumol, The Republic of Indonesia Health System Review [J]. Health System in Transition, 2017 (1): 17.

Lefebvre. The production of space [M]. Translated by Nicholson Smith, Blackwell, 1991.

Makinen M. Digital empowerment as a process for enhancing citizens' participation [J]. E - learning, 2006 (3): 381 - 395.

Mirada, Marioj, et al. Warehouse receipt financing for smallholders in developing countries: challenges and limitations [J]. Agric. econ., 2019 (1): 566.

Mohammad, A. A. The Effect of Customer Empowerment and Customer Engagement on Marketing Performance: The Mediating Effect of Brand Community Membership, Business: Theory and Practice, 2020 (1): 30 - 38.

Prior, D. D., Mazanov, J., Meacheam, D., et. al. Attitude, Digital Literacy and Self Efficacy: Flow on Effects for Online Learning Behavior [J]. Internet& Higher

Education，2016 (29)：91 - 97.

Sarah R，Even G，Ian M，et al. Automated Pastures and the Digital Divide：How Agricultural Technologies are Shaping Labor and Rural Communities [J]. Journal of Rural Studies，2019 (5).

Simar L. ，Wilson P. Estimation and Inference in Two - stage，Semipara metric Models of Production Processes [J]. Journal of Econometrics，2007，136 (1)：31 - 64.

World Health Organization，Improving Retention of Health Workers in Rural and Remote Areas：Case Studies from the WHO South - East Asia Region [M]. New Delhi：World Health Organization，Regional Office for South - East Asia，2020.

Wright，W. ，A. Annes. Farm Women and the Empowerment Potential in Value - Added Agriculture [J]. Rural Sociology，2016 (4)：545 - 571.